税醒了的法治

刘剑文教授访谈录

北京大学出版社
PEKING UNIVERSITY PRESS

图书在版编目(CIP)数据

税醒了的法治:刘剑文教授访谈录/北京大学财经法研究中心编.—北京:北京大学出版社,2014.4
 ISBN 978-7-301-24111-0

Ⅰ.①税… Ⅱ.①北… Ⅲ.①税法-中国-文集 Ⅳ.①D922.220.4-53

中国版本图书馆 CIP 数据核字(2014)第 068359 号

书　　　名：税醒了的法治:刘剑文教授访谈录
著作责任者：北京大学财经法研究中心　编
责 任 编 辑：王　晶
标 准 书 号：ISBN 978-7-301-24111-0/D·3555
出 版 发 行：北京大学出版社
地　　　址：北京市海淀区成府路 205 号　100871
网　　　址：http://www.pup.cn　新浪官方微博:@北京大学出版社
电 子 信 箱：law@pup.pku.edu.cn
电　　　话：邮购部 62752015　发行部 62750672　编辑部 62752027
　　　　　　出版部 62754962
印　刷　者：三河市博文印刷厂
经　销　者：新华书店
　　　　　　965 毫米×1300 毫米　16 开本　22.5 印张　335 千字
　　　　　　2014 年 4 月第 1 版　2014 年 4 月第 1 次印刷
定　　　价：45.00 元

未经许可,不得以任何方式复制或抄袭本书之部分或全部内容。
版权所有,侵权必究
举报电话:010-62752024　电子信箱:fd@pup.pku.edu.cn

献给北大法学院暨中国法科教育110周年

前言

时光荏苒,刘剑文教授的第一本媒体访谈录《追寻财税法的真谛》(法律出版社)自 2009 年 5 月出版至今已近五年了。对于我国的财税法治建设来说,这的确是一个不平凡的五年。从"营改增"扩围到房产税改革,从"三公"经费公开到《预算法》修订,从车船税立法到呼吁设税权回归全国人大,从中央出台"八项规定"要求党政机关厉行节约到党的十八届三中全会对财税改革作出浓墨重彩的勾勒,实践表明,财税法与国家治理和人民福祉的紧密联系正日益凸显。因此,财税法也越来越受到官方和民间的共同关注,财税法学者的思想和建议常常成为上至主流媒体、下至普通百姓口中频频引用的关键词。回顾过去,在相当长的时间里,财税法在我国法治建设的大舞台上一直缺位,财政仅仅被视为单纯的经济问题,没有得到应有的重视与关注,这不能不说是我国法治建设中的一大遗憾。财税领域的法治化水平长期滞后于现实需要,在相当大的程度上也导致了国家治理和改革深化陷入了"瓶颈期",难以寻得有力的"抓手",直到新一代领导集体以高度的历史智慧发掘出财税制度在现代国家治理中的根本性地位。置身于实现"中国梦"的宏大背景下,在追求国家富强、民族振兴、人民幸福的伟大实践中,人们已经越来越真切地感受到财税法所承载的重要意义和所肩负的历史使命。

一、唤醒法治中国的财税之路

2013 年 11 月 12 日,中国共产党第十八届中央委员会第三次全体会议审议通过了《中共中央关于全面深化改革若干重大问题的决定》(以下简称《决定》)。这是在中国经济社会转型进入关键时期出台的一份改革的顶层设计方案,将拉开中国全面改革的大幕,吹响中国社会整体性和深层次改革的新号角。《决定》提出,全面深化改革的总目标是"完善和发展中国特色社会主义制度,推进国家治理体系和治理能力现代化"。虽然"治理"与过去惯用的"管理"只有一字之差,但却反映出治国理念的重大转变。在目标上,管理从政府本位出发、追求秩序与效率,而治理则要综合考虑多元价值追求。在主体上,管理由政府尤其是行政机关单向主导,而治理则强调社会自治与民众参与;在手段上,管理主要使用强硬的行政指令,而治理则更多地运用疏导和软权力,且最终要依靠法律制度。总体来看,治理更强调法治化、民主性、顶层设计和过程思维。而要从传统"管理"转型为现代"治理",关键就在于加强法治建设,将法治作为治国理政的基本方式。因此,《决定》在第九部分系统论述了"推进法治中国建设",对法治国家、法治政府、法治社会的一体建设提出了目标和要求。进一步看,除了该部分的总纲式论述外,法治的理念和要求其实贯穿了《决定》整体,体现在各个领域改革的法治化目标之中。改革的核心在制度,制度的核心是法治,改革与法治是相辅相成的同一过程。在这个意义上,全面深化改革之路,就是建设法治中国之路,也是"中国梦"的圆梦之路。而财税法,正是深化改革与法治建设的重要组成部分。

在《决定》提出的诸项改革任务之中,"深化财税体制改革"单独作为一个部分,且位居各项具体经济改革之首,这在党的重要纲领性文件中尚属首次。同时,财税问题作为重要主线,还贯穿在其他章节的始终。例如,在第二部分"坚持和完善基本经济制度"中,要求提高国有资本上缴国家财政的比例、完善国有资本经营预算制度等要求;在第八部分"加强社会主义民主政治制度建设"中,强调加强人大预算决算监督、国有资产监督,首次提出"落实税收法定原则";在第十部分"强化权力运行制约和监督体系",要求健全反腐倡廉法规制度体系,着力控制"三公"经费支出和楼堂馆所建设;在第十二部分"推进社会事业改革创新"中,收入分配改革、社会保障制度完善也与财税法紧密相关;在生态文明建设、司法改革等备受人们关注的焦点问题的背后,其实也离不开财税制度的支撑、促进与保障。不夸张地说,《决定》中至少有一半都在谈财税问题。这是因为中央已经转变了将财政视作单纯经济问题的传统思维,开始认识到财政是"国家治理的基础和重要支柱",科学的财税体制是"促进社会公平、实现国家长治久安的制度保障",并且主动接纳了"落实税收法定原则"等财税法学界大力倡导的主张。可见,财税体制改革与财税法治,既是全面深化改革的突破口和重点领域之一,又是国家治理现代化的基础和制度保障,更是国运所系、民心所向、大势所趋。

那么,为什么财税法对于现代国家治理如此重要呢?有人说"财政"是三分财、七分政。其实,它是七分财,三分政。财,是指财产、财产权利,包括私人财产权和公共财产权,而公共财产权最终还是建立在私人财产权基础之上的。政,是指政府,包括立法机关、行政机关和司法机关。政府的主要职责就是公平、有效地保护好私人财产权、行使好公共财产权,从而服务于全体纳税人。因此,财税不仅仅是"钱"的问题,"钱袋子"的背后实质上是国家与纳税人的关系。由这一对基本关系,还可以生发出中央与地方的关系,立法机关与行政机关的关系,以及政府与市场的关系。因此,对于古今中外任何一个国家的治理来说,财税的重要性都是不容忽视的,正所谓"财政不牢,地动山摇"!唐太宗说"水能载舟,亦能覆舟",现在我们要说"税能载舟,亦能覆舟",因为税的背后和依托是纳税人。而财税法的根本任务,就是要依靠法治来统摄财政收入、财政支出、财政管理的全过程,通过对权利、义务和责任在不同主体间的合理配置,来实现国家财政权与私人财产权的平衡与协调,达致国家治理的现代化。

进一步看,财税法治不仅是法治中国在财税领域的必然要求和终极体现,而且也是通往法治中国的优选路径。对于我国来说,建设法治国家和全面深化改革是同一历史进程。目前,我国的改革已经进入攻坚阶段,也是最困难、最复杂、最关键的阶段。未来的改革应当包括三个层面的高度融合:一个是自上而下的顶层设计,一个是自下而上的基层探索,还有一个是自外而内的外逼机制。在诸多可能的路径中,财税改革是共识最大、阻力最小、效益最高的,因为"它是低调的,不会过分提高人们的期望值;它是具体的,比抽象谈论'政治民主'更容易操作;它是务实的,可以在不太长的时间里产生看得见的变化"。[①] 例如,对于官员贪腐问题,如

---

① 王绍光:《美国进步时代的启示》,载《中国财经报》2001年8月18日。

果按照传统的严肃查办思路,或是想改革官员选拔考任制度,可能会涉及政治体制中的深层次问题,牵涉盘根错节的利益关系,从而遭到巨大的阻力,甚至陷入困境,最终不了了之。但是,如果我们从财税法治的思路出发,控制住各级政府的财权,让公共财产的收支管理都在阳光下运行,同样可以得到良好的效果。控制住资金的来源,各级官员的"敛财冲动"将会大为降低;而控制住资金的流向,就能真正厉行节约,让公款"花在刀刃上"。而且,由于改革公共财政收支体制并不直接触及官员自身利益,这一改革进路的阻力势必能够大大减小。进一步看,由于所有的社会成员都属于"纳税人"范畴,因此强调财税法治从根本上看是对全体民众有利的。当然,这并不是说财税体制改革就是一帆风顺、毫无障碍的。改革注定都会遇到来自思想观念、制度惯性和既得利益等各方面的阻力,但是财税体制改革无疑是各个可能选择中"投入产出比"最优的路径,是推进法治中国建设的突破口。

可以说,依法管好了政府的"钱袋子",也就牵住了深化改革和法治建设的"牛鼻子"。当然,财税改革涉及社会的各个领域,牵涉千家万户的切身利益,本身就是一个复杂的系统性工程,因此也需要找准突破口,并且要审时度势、循序渐进。客观地说,我国的财税法治建设也仍然存在着诸多观念羁绊和制度障碍,具体包括:人民代表大会对权力行使的重视不够;预算权配置失衡;中央与地方之间的关系尚未完全实现法治化;地方政府卖地推高房价;经济发展方式仍然较为粗放;地区、城乡、居民间贫富差距较大;社会基本公共服务分配不均衡;公民的基本权利实现不足;等等。这些亟需解决的难题纷繁复杂、相互咬合,给我国未来的发展路径提出了不可忽视的挑战。站在这个承前启后、继往开来的重要时点上,我们深深地期盼着,未来的财税改革能够以更大的决心、魄力与智慧来稳步推进,经由财税法制上升到财税法治,并通过依法管好"财"来管好"人"和"事",以税之"良法"实现国之"善治"。应当看到,法治中国离不开财税领域的法治化,离不开财税法的觉醒与振兴,离不开财税法学的发展和繁荣。只有"税醒了"的法治,才是真正"睡醒了"的法治。正因如此,我们将本书命名为《税醒了的法治》,以此寄托对于祖国的无限期许与深沉祝福。

二、走向繁荣发展的理财治国之法

在国际上,财税法,尤其是税法,是一个历史悠久、地位显赫的法学二级学科、成熟学科和特色学科。而中国的财税法研究则"先天不足",仅起步于20世纪80年代后期,比我国法学的整体发展晚了十余年。不得不说,在过去相当长的一段时期里,整个社会对财税法的极端重要性缺乏足够的认识,没有看到财税法在治理国家、保障纳税人权利等方面蕴含的无穷潜力。在法学界,财税法也没有得到应有的足够重视,没有认识到财税法的本来定性,财税法学的地位被相对边缘化,往往只被视为经济法项下宏观调控法的组成部分。毋庸置疑,在财税法发展初期,经济法学向社会普及了财税法知识,也为财税法学提供了分析视角,培育了一大批财税法专业人才,积累了较为丰富的财税法成果。但时至今日,仍然将财税法置于经济法的宏观调控法体系之中,就无法适应现代法学学科的发展和法治中国建设的现实需要。

在中国,财税法被归入经济法,这其实是一个有历史背景的误解。中国经济法学成长于改革开放初期,受计划经济的思维影响很深,曾一度主张"纵横统一"说,试图将所有与经济有关的法律规则纳入麾下。民商法学兴起后,经济法学退守纵向管理关系,并努力与行政法学切割。财税、利率、价格、外汇等,都被作为经济管理的工具,财税法因此被划入经济法。其实,财税法自成体系,其主体部分根本不是经济调控法,而是财政收入法、财政支出法和财政管理法,财税法在本质上是一种公共财产法。正如其跟行政法、刑法、国际法的交叉一样,财税法与经济法的小范围交叉,并不足以让经济法覆盖财税法的全部。和其他国家的经验一样,财税法应该是一个综合法律领域,财税法学是一个独立法学学科或者"领域法学"。

诚然,政府利用财税手段调节经济发展是一个普遍现象,但因此就把财税法贴上"宏观调控法"的标签,不免以偏概全。具体来说:第一,财税法的研究对象不同于经济法。宏观调控法的调整对象是宏观调控经济关系,仅仅包括政府在调控经济活动中发生的财税法律关系。而财税法关注的是筹集、管理和使用公共资金整个环节中的问题,它们既包括政府财政权与公民财产权的关系、政府间财政分权等宏观课题,也包括具体的各个税种法等微观问题——这些视角都是宏观调控法所不涉及的。第二,财税法的功能取向不同于经济法。财税法最主要的功能是组织公共财产(收入),其次是分配公共财产,而宏观调控是其次要的、补充的、非常态的功能。第三,财税法的研究视角不同于经济法。经济法学往往着眼于政府调控角度,而财税法学研究更多地立论于法治、民主和公民财产权保护原则——这些部分的内容在经济法学中都无法完全涵盖。概而言之,财税法与经济法在研究对象、研究视角和功能取向等方面都存在根本性的区别。"财税法是宏观调控法"的判断,将事物之间的交叉关系错认为从属关系,是一种"只见树木不见森林"的观点。如果硬要将财税法塞入经济法的体系之中,结果只能是"强扭的瓜不甜",既不利于财税法学科的发展、壮大,反过来,也不利于经济法学科的正常发展,更不利于我国法治建设和法学研究领域的拓展。

客观地说,传统法学学科孕育着财税法等新型学科,财税法等新型学科的演进也推动着传统法学学科的发展。我们应当真诚地感谢经济法等法学学科曾为财税法学科的早期发展所提供的平台和培养的人才。但是,随着社会经济的发展、法制建设的进步和法学理论研究的深入,财税法成长为一门新型的、交叉性的"领域法学"学科,是社会的客观需要,更是历史的必然。现代社会中的复杂性问题需要多管齐下、综合治理,而现代法学研究也越来越强调"问题导向"与"学科交叉",而且事实上现代法已经很难找到传统法学那样泾渭分明的所谓"调整对象",它们一般是围绕着所研究的问题而扩展到不同的法律学科,形成一种以研究对象为核心而非以部门法为藩篱的"领域法学"。财税法正是这样一种现代法学。如果将财税法规范分解到不同的法律部门,如宪法、行政法、经济法、民商法和国际法等,财税法学或许没有独立存在的价值。然而,面对一个相对完整的财税法规范体系,任何一个传统法律学科都容易陷入片面,都无法得出全面系统的研究结论。只有在坚持学术自主、知识自足的独立品格基础上,兼收并蓄、海纳百川,成长为一种以问题为中心的综合性法律学科,才能获得真正的生命力。财税法与经济法既非"谁吞并谁"的关系,更不是"老死不相往来",而应当是水乳交融、和谐共处。须知,实践与历史，而非偏好和成见，才是检验财税法等新型学科的标准。

事实上，经过中国财税法学人二十余年的孜孜以求与不懈探索，中国的财税法已进入学科发展的快车道，一个以公共财产法为主线和核心，包括财税法总论和财税法分论，融财政基本法、财政平衡法、财政预算法、财政收入法、财政支出法和财政监督法于一体的中国财税法学理论框架已经基本形成。在学科文化方面，财税法从强调征纳双方之间对抗的传统法学转型到重视国家与纳税人之间权益衡平的现代法学；在学科属性方面，财税法从封闭、保守的分支学科论转变为开放、包容的综合学科论、新型学科论；在学科构成方面，财税法从宏观调控法学进化至公共财产法学；在学科立场方面，财税法从权力关系说发展到债务关系说，再到走向纳税人权利保护说；等等。可以说，属于中国的现代财税法学的雏形已经逐渐凸显。近五年来，在原先形成的财税法定理论、纳税人权利保护理论、税收债权债务理论、财政控权理论、财税利益衡平理论等基础之上，我国财税法学界又提出了两大核心理论——"理财治国论"和"公共财产论"。

"公共财产论"是对财税法本质的科学表述，即财税法是一种"公共财产法"。从静态角度看，税收、政府性基金、国有企业及其利润等都是财产，只不过它们不像私人财产那样具有排他性、独占性，而是一种公共财产；从动态角度看，征税、收费、分享资产收益，属于公共财产的取得。财政资金的预算、国库集中支付、国有资产经营、政府会计，属于公共财产的管理。财政投资、拨款、贷款和采购，属于公共财产的处分。作为公共财产法，财税法既要处理其与私人财产法（民商法）的关系，划定私人财产征收的限度和程度，防止公共权力侵犯合法的私人财产，又要保障公共财产的安全，防止公共资金被挪用、侵吞、浪费。同时，财税法负有公平、公正、公开地分配财政资金的任务，为社会提供必要的公共品或者公共服务。一言以蔽之，财税法覆盖公共资金取得、管理和分配的全过程，既是公共财产权规范运行之法，也是公民财产权有效保护之法。需要指出的是，"公共财产法"概念是从实践中提炼的，也契合了法治建设的需要。例如，新一届党和国家领导人大力整肃政风、反腐倡廉，从2012年的"八项规定"到十八届三中全会前夕出台的《党政机关厉行节约反对浪费条例》,管好"公款"或"公共资金"都是核心问题。而所谓的公共资金、资产和资源,从法学上解读就是公共财产。禁止公款吃喝、严控"三公"消费,实际上是就是要通过管住"钱袋子"来规范公职人员的行为,进而规范政府的公务活动、公款行为。正因如此,财税法治是我国反腐倡廉"治本"的关键所在。

"理财治国论"是对财税法使命的形象概括。我们认为,在法治视野下的理财就是治国。现代社会中,国家的各项活动都离不开财政支持,通过对财政活动的控制,可以很好地规范、引导国家的治理方向。要想"理好财",就需要规范、有序地进行国家"理财"活动,而这首先就要求"依法理财"。建构一个规范、完整、科学的财税法律体系,既能遏制政府的公权向私人经济领域扩张的冲动,又能避免政府在财政活动中因为规范漏洞而出现寻租现象,从而使政府能够做到财政收入合理、合法、合宪,财政支出公开、公平和公正,财政管理有规、有序、有责。应当看到,我国政府目前尚未很好地将财政收支纳入法治轨道中,财政支出很大程度上处于"人治"状态中。财政监管鞭长莫及导致专项转移支付成为"问题资金"重灾区,就是一个鲜活的写照。在这一背景下,强调"理财治国"更具有深远而重大的现实意义。强调政府"理财"活动的合法化、规范化,是与民主、法治的核心价值一脉相承的,不仅有助于推动我国的法治建设,也能够促进社会资源配置的优化和基本公共服务体系的均衡化,从而顺应民生建设、人权保障和社会和谐的要求,对于我国实现国家治理方式的转型和政治、经济和社会改革的突破具有关键性的作用。

不难看到,党的十八届三中全会的许多提法,例如将财政上升到国家治理的高度、要求严控"三公"经费支出和楼堂馆所建设等,其精神实质与这两大理论是不谋而合的。可以自豪地说,在一定意义上,三中全会形成的《决定》当中,就凝聚着中国财税法学人的不懈努力。其实,这正是财税法学脚踏实地、服务国家的一个体现。中国的财税法学从诞生之日起,就始终植根中国土地、运用中国资源并旨在解决中国问题,是一门上系国计之天缘、下接民生之地气的经世之学。作为一门现代"应用法学",财税法学不仅仅停留于对财税政策"亦步亦趋"的诠释与判断,而是通过内部自洽的理论架构,在"学科自主"和"知识自足"的基础上形成理论与实践的良性互动,或剖析理念根基,或指导实践动向,为财税法治提供着指引、规范和保障作用。

在过去,整个社会对于财税法的认识并不准确,对财税法学科的发展是有所亏欠的。而财税法学科发展的滞后也给我国法治实践带来了诸多问题,让国家发展付出了一定代价。因此,在未来的改革发展进程中,我们不仅要"补财税法课",还要更好地"上财税法课"。"补课"是为了弥补国家失去的过去,完成财税法建设早就应完成的任务;"上课"则是为了国家的现在和未来,结合形势走向推进财税法治的创新和发展。这不仅仅针对财税法学界和实务工作者的理念转变,更需要面向社会大众进行宣传教育,还财税法以本来面目。在"公共财产"的理念下,人们才能摆脱"皇粮国税""纳税和自己无关"等旧观念,走出"税收焦虑""税痛"的对抗氛围,真正认识到税收是政府提供公共服务的"文明的对价",进而体会到作为纳税人的尊严与幸福感。这种纳税人意识的觉醒,也将推动民众从"私民"成长为"公民",进而筑牢市场经济、法治社会的精神基础,通过财税法的"好声音"来唤醒法治中国的"正能量"。我们相信,在改革发展与法治建设的时代背景下,财税法势必会成为一种顶天立地、治国安邦的"理财之法",财税法治道路势必会成为一条富有活力、充满智慧的"强国之道"。中国财税法学大发展、大繁荣的春天已经到来了!

三、投身法治建设的求索之行

财税法理论研究不断深入的过程,也应当是一个影响社会、唤醒民众的过程。财税法学者应当具有高屋建瓴的视野、指点江山的气魄和开阔博大的胸襟,通过关注和回应社会的现实需要,挖掘和融贯法律的基础理论,进而在中国的法治征途和富强进程中有所作为、有所贡献。刘剑文教授就是这样一位积极参与法治建设的身体力行者。在二十余年的学术生涯中,他始终满怀家国天下的情怀与责任感,致力于以思想影响社会、用智慧改变社会,而不计较个人的劳苦与得失。

对于一名学者来说,想要为法治建设作出贡献,可以有三种不同的方式:一是搞好本职工作,在法律教学、科研岗位上耕耘奉献;二是积极参与立法实践,将学术理想转化为法治现实;三是启发民众,将法治的阳光播撒向社会。在这些方面,刘剑文教授都做了大量的工作,付出了艰辛的努力,也收获了累累硕果。

作为北大财税法学科带头人,刘剑文教授带领教学科研团队,将该学科建设成为北京大学法学院的优势学科、特色学科和品牌学科。1999年,刘剑文教授在全国率先招收财税法学方向的博士研究生。2004年和2008年,又相继推动设立全国第一个法律硕士研究生的财税法方向和第一个财税法学硕士点。经过15年的建设和发展,北大财税法学已成为全国的旗帜和龙头,不断发挥引领、示范作用。他独著、主编的专著、教材达60余部,在《中国法学》《法学研究》等学术期刊上发表论文190余篇,主持国家社会科学基金重大项目、重点项目和一般项目,以及国家自然科学基金项目等36项国家级和部级研究课题。由他提出并发展的税收债权债务关系论、纳税人权利保护论、财政控权论、公共财产论、理财治国论等重要理论,已经为全国财税法理论和实务界普遍接受,乃至法学界的逐步认同。

作为中国财税法学研究会会长,刘剑文教授以其独特的领导能力与人格魅力团结和引领着全国的财税法学人,不断开创着财税法学科建设的新局面,是我国财税法学科当之无愧的领军人物。作为世界税法协会(ITLA)主席,他多次赴美国、德国、奥地利、荷兰、日本、韩国、新加坡等国参加财税法国际研讨会,向世界传达中国的学术"好声音",并且积极推动确立中国财税法学"站在中国看世界、站在世界看中国"的国际发展战略,曾组织大型国际学术研讨会4场、双边高端国际研讨会20余场、海峡两岸学术研讨会19场,在世界学术舞台上铸造了对外学术交流与合作的"中国印"。

在学术研究之外,刘剑文教授还积极参与国家重要立法活动,并多次为各级党政机关讲授法制讲座。2005年,他作为听证陈述人中唯一的法学教授,参加了全国人大常委会针对"个人所得税工薪所得减除费用标准"的修订问题举行的新中国历史上首次立法听证会;2006年,他在十届全国人大常委会第二十三次法制专题讲座上,为吴邦国委员长和全国人大常委会委员作了题为《我国的税收法律制度》的法制讲座;2012年,他应时任国家税务总局局长肖捷之邀,为总局领导作法制讲座。此外,自

2009年以来,他还为省市级财税机关讲授税法讲座180余次。刘剑文教授还担任全国人大财经委委托立法项目《中华人民共和国税收基本法(税法通则)》起草组组长、全国人大常委会预算工委委托立法项目《中华人民共和国财政转移支付法》起草组组长、全国人大《中华人民共和国企业国有资产法》起草小组顾问。在近年来的《车船税》立法、《预算法》修订、《税收征收管理法》修订、《资产评估法》立法等重要财税立法活动中,他还多次组织全国性的专题研讨会,广泛集中学者的智慧,向国家提出专业的立法或修订建议,其中多份专家建议案都被中国法学会以《立法建议》的形式呈送全国人大、财政部、国务院法制办等国家机关,有的还被呈送至中共中央办公厅、国务院办公厅,成为党和国家立法决策的重要参考。

同时,刘剑文教授一直关注着社情民生和民意,以学者的独立品格扮演着政府与民众沟通的桥梁,他倡导学者应当将学术理想与社会责任高度统一、"专业性"与"社会性"有机融合。正如刘剑文教授所言:"学者要影响社会,仅有良心、良知和对法律的信仰是不够的,还需要有理性和大智慧。"一方面,他始终着眼于中国发展的现有问题与实际需要,提出的学术观点是积极的而不是激进的、是现实的而不是空想的,既具有超前性,能够反映法治建设的一般规律,又具备现实基础,能够为执政者和民众所接纳;另一方面,针对现实中的财税热点问题,他能够将深邃的学术思想融于通俗易懂的话语之中,既为政府当好智库,又为民众发声呐喊,通过智慧来推动财税法治理想的实现。他一直强调财税法治是法治中国建设的突破口和反腐倡廉治本的关键,呼吁财政法定原则、税收法定原则。据不完全统计,从2009年至2014年1月,刘剑文教授接受新华社、《人民日报》、中央电视台、央视网、《光明日报》《经济日报》《法制日报》《检察日报》等媒体访谈达330余次,且多数访谈社会影响极大,被各个主流新闻媒体门户网站转载百余次,有的还被中国共产党新闻网、中国政府网、求是理论网、人民网、新华网、光明网、中国网、中国日报网、新浪网、搜狐网等权威网站全文转载。其中,不少的访谈被全国人大常委会和国务院有关部委的"舆情动态"收录。

作为刘剑文教授的第二本媒体访谈录,本书精选了2009年至今主流媒体的60余篇访谈、报道。从内容上看,既有财税法基础理论的深刻剖析,又有财税体制改革的实务观察,涵盖了呼吁设税权回归全国人大、《预算法》修订、地方债、"营改增"扩围、房产税试点、《税收征收管理法》修订等主要热点问题。在某种意义上,这本访谈录就是过去五年我国财税法治实践的一个缩影,也希望能够借此管窥中国财税法发展壮大的历史进程,为读者呈现出推进中国改革的财税法道路。

孙中山先生曾说:"我们要立志做大事,而不是做大官。"我们相信,财税法研究就是这样一件值得为之奋斗的"大事"。我们也相信,正如刘剑文教授所指出的那样:"只要中国坚持改革开放的国策,只要中国坚持市场经济的制度,只要中国坚持依法治国的方略,财税法就注定承担着极其重要的历史使命,财税法学人就注定有着学术报国的广阔舞台!"

生逢其时,责任重大。吾辈勉之!

编者　谨记

二〇一四年初春于北大燕园

目录

前言 /001

财税法治
法治中国的突破口

财税法治是通往中国梦的"强国之道" /003
财税法是"理财治国安邦之法" /008
税收法治成为构建法治社会突破口 /013
税法应该是兼顾国家与纳税人的"利益协调法" /017
善用法治思维 促进税收公平正义 /022
落实结构性减税需要财税理念的转变 /026
税收征收与使用都要强化法治约束 /028
我国为什么要坚持税收法定主义 /036
如何准确理解税收法定原则 /041
未来三十年应是纳税人权利彰显的三十年 /047
纳税人权利保护的两岸税法实践比较 /050
纳税人权利保护的机遇与挑战 /057
附录一：财税法是国家治理现代化的基石 /063
附录二：走向财税法治，用公平正义放飞中国梦 /067
附录三：纳税人权利保护与改进纳税服务的国际趋势 /072

立法主导
财税改革的总路径

- 法治视角下财税体制改革的思路与框架　/ 079
- 财税法治：新一轮改革的"牛鼻子"　/ 086
- 新时期财税改革的四维取向　/ 090
- 财税体制改革：新使命、新思维、新路径　/ 092
- 财税体制改革应走向立法主导　/ 098
- 未来五年我国税收立法五大看点　/0104
- 应当构建完备的税收法律体系　/ 107
- 车船税立法树立了税收立法的榜样　/ 114
- 地方税收立法迈出的可喜一步　/ 117
- "设税权"理应回归全国人大　/ 120
- 附录：关于车船税适用税额授权立法的建议　/ 127

预算修法
公共财政的奠基石

- 预算法修改的期待与前瞻　/ 131
- 预算法修订应赋予全国人大更多核心权力　/ 134
- 预算法是关于政府"钱袋子"的法律　/ 137
- 预算法修改的核心是强化监督　/ 142
- 公共性是实行预算监督的基础　/ 146
- 预算法的刚性原则与"修法"的基本底线　/ 148
- 预算公开是将权力关进制度的笼子　/ 151
- 附录一："预算法修改"学术研讨会纪要　/ 155
- 附录二：法学专家关于预算法修改的建议(节选)　/ 159

理财治国
公共财产的新思维

"三公"防变通　花费算细账 / 169
治理公务用车　关键做到"不反弹" / 174
纪委书记"签字背书"能走多远 / 177
会议管理应纳入预算法框架 / 180
央地财政分权重在"权责统一" / 184
财政转移支付应提高法治化水平 / 187
地方市政债试点扩围声起 / 193
政府部门预算支出为何常"前低后高" / 195
财税法是整治环境污染重要着力点 / 199

税制改革
牵动万家的平衡器

"税收调控"不能代替财税改革 / 205
房产税改革试点的法学审思 / 209
遗产税的目标是促进分配正义 / 218
上海自贸区成为财税体制改革的新窗口 / 223
增值税立法有望提速 / 227
月饼税、加名税，是不是伪命题 / 231
不宜过分夸大个税的调节分配功能 / 236
受赠房屋个税新政解读 / 239
车船税的加减法 / 243
从"暴利税"透视资源税改革 / 247
建立合理的课税规则　增强金融创新力 / 250

税收征管
纳税服务的新理念

我国应加快税收征管法修订步伐	/ 255
税收征管修法偏废	/ 258
建议取消税收征管法中的复议前置条款	/ 264
税收征管法修订遇涉税信息共享难题	/ 269
税收管理是发票难以承受的职能之重	/ 276
应坚决制止"征过头税"	/ 279
税务行政裁量权要合法、正当行使	/ 284
附录一:法学专家对《税收征收管理法修正案》的意见	/ 289
附录二:发达国家和地区税收征管法律制度及其特点(节选)	/ 305
刘剑文教授媒体访谈报道情况简表	/ 320
编后记	/ 339

财税法治

法治中国的突破口

身处大国转型时期，我国现阶段面临的问题错综复杂，改革必须找准突破口。财税法作为既根本性地关涉"国计"、又深刻影响"民生"的"顶天立地"之法或者理财治国安邦之法，在国家治理中处于"牵一发而动全身"的核心环节。同时，相比于其他改革路径，财税法治也是法治中国建设进程中共识最大、阻力最小、效益最高的优选路径。因此，财税体制改革是全面深化改革的"牛鼻子"和抓手，财税法治是法治中国的突破口。

- 如何理解党的十八届三中全会在财税制度建设方面提出的新使命、新思维、新表述？
- 为什么说财税法治是通往中国梦的"强国之道"？
- 财政法为什么是国家治理的基石？如何建立现代财政制度？
- 为什么财政法是实现国家长治久安的制度保障？
- 为什么财税法要定位于公共财产法而不是宏观调控法或者经济法？
- 财税法如何实现国家财政权与公民财产权的平衡与协调？
- 财税法治对于收入分配改革、结构性减税等现实热点问题有何意义和要求？
- 为什么要强调落实税收法定原则，又如何推进税收征收与使用的法治化约束？
- 我国在纳税人权利保护方面取得了哪些进展，又有哪些方面仍需要着力完善？

财税法治是通往中国梦的"强国之道"

2013年11月9日至12日,党的十八届三中全会隆重召开。会议审议通过的《中共中央关于全面深化改革若干重大问题的决定》(以下简称《决定》)合理布局了全面深化改革的战略重点、优先顺序、主攻方向、工作机制、推进方式和时间表、路线图,是中国经济社会转型进入关键时期出台的一份改革的顶层设计方案。在财税体制改革方面,《决定》有哪些新定位、新思维、新表述?对深化财税体制改革的重点和突破口作了什么部署?对加快财税立法、政府间财政关系调整、预算管理制度改革等焦点问题又传达出哪些信号?围绕这些问题,刘剑文教授先后接受了多家媒体的采访。

财政是国家治理的基础和重要支柱[*]

党的十八届三中全会通过的《中共中央关于全面深化改革若干重大问题的决定》首次提出财政是国家治理的基础和重要支柱,并从财政、税收等方面规定了多项看似宏观,却又极具操作性的改革措施。

《决定》不仅以第五部分专门谈论"深化财税体制改革"问题,而且在基本经济制度、城乡发展一体化、加强社会主义民主等部分,亦不同程度提及财政预算问题。《决定》尤其提出,"财政是国家治理的基础和重要支柱,科学的财税体制是实现国家长治久安的制度保障"。

这份《决定》一改过去仅把财政问题视作经济环节的观念,而把财政提到国家治理体制和能力的高度,显示中央极其重视,同时也说明中央对

---

[*] 原标题为《首提"加快房产税立法"》,载《大公报》2013年11月17日,采访记者:张宝峰。

财税改革作出的规划极具高度与眼光。

《决定》还指出,实施全面规范、公开透明的预算制度。建立跨年度预算平衡机制,完善一般性转移支付增长机制,重点增加对革命老区、民族地区、边疆地区、贫困地区的转移支付。

"上述规定既有宏观性,也有可操作性。"未来5—10年,《决定》中的改革措施对于理顺中国的财税体制将具有划时代意义。

《决定》中的许多改革措施都是"第一次"。比如,学者已经呼吁多年的"落实税收法定原则",就是第一次出现在中央的《决定》中。此外,"加快房产税立法"的提法也是首次提出。

对于中国财税体制改革的总目标,《决定》明确指出:"完善立法、明确事权、改革税制、稳定税负、透明预算、提高效率。"这24个字充分体现了中央重视法治,强调以立法为主导的改革信号。

完善立法是财税体制改革的重要任务[*]

《决定》从国家治理的高度对财税改革进行了新的定位,其重要性大大提高。其中提出的财税改革举措中,"完善立法"位列首位。

"法治问题是财政的核心问题之一。没有法治保障,财政建设是难以持续的。"《决定》其实是解决了过去改革过程中长期欠债的一个问题,1994年的分税制财政体制改革是行政主导的财税体制改革,而不是法制主导。这种行政主导的改革在特定时间内效果明显,但后期不协调性、不可持续等问题会逐渐暴露。此次《决定》提出的"落实税收法定原则"是一个方向性的改变,税收法定原则将成为整个财税体制改革的基石。

《决定》还提出"加快房地产税立法并实施推进改革",受到社会高度关注。刘剑文认为,房地产税立法将成为国家落实税收法定原则的突破口。营改增的推进总体上不以增加纳税人税负为前提,但房产税不一样,房产税会增加纳税人的税负,将触动很多人的利益。在这样的情况下,中央提出加快房地产税立法,应该是希望在此寻求突破。通过房地产税立

---

[*] 原标题为《财税改革强调"完善立法" 法治成重要任务》,系新华社记者高立、韩洁于2013年11月27日对刘剑文教授的采访。访谈对象还有中国社科院财经战略研究院院长高培勇等多位专家,编入本书时,仅保留了刘剑文教授的观点。

法的过程,经过充分讨论在社会上达成共识,促成政府和纳税人的良性互动。

中央和地方财税体制应权责统一 *

中国自1994年分税制改革以来,取得了不少成就,但仍存在政府间责权划分不够清晰、支出管理有待强化、公共财政体制建设不到位等问题。眼下颇受关注的地方债风险、"土地财政"等现象,也与此相关。

应当建立财权与事权相匹配的财税体制。目前,中国财税体制的主要问题之一,即是中央和地方事权界定模糊,地方税收体系不完善,税基不顺。其中,政府和市场在经济发展中的地位、作用不清,政府间事权划分不清,省以下各级政府之间事责、事权界定不明晰,基层政府的支出责任与财力保障不匹配现象尤为严重。为此,从未来的改革方向看,合理界定政府间事权和支出责任,侧重强化中央政府职能,合理界定政府间事权和支出责任,侧重强化中央政府职能,弱化对地方政府的干预,适当调整政府间收入划分,健全统一规范透明的财政转移支付制度。比如,地方政府事权要适当上移,如教育、社保、医疗、环境等基本公共服务方面的支出,同时,财权从中央政府适当下移,在统一法制的前提下,赋予地方一定的财税立法权,增加地方必要的财力。

深化财税改革最大的难点在于如何重构中央和地方的财政关系。此次公报中"发挥中央和地方两个积极性"的提法并不新,但第一次明确提出"建立事权和支出责任相适应的制度"。

根据此表述,政府在转变职能、实现事权的同时,并承担相应的支出责任,尤其是地方政府在承担本级事权,应当有相应的财权,能按照有关预算,承担支出责任的能力;上级政府移交下级政府事权时,应当通过转移支付保证下级政府能承担支付责任。在承担支出责任时应当本着节俭的角度考量,从合理合法合宪的角度出发。"此外,国务院一直强调简政放权,那么在明确了中央和地方的事权后,一些不需要政府承担的事务问

---

* 原标题为《财税体制改革须"法治先行":"明确央地的事权是重中之重"》,载《东方早报》2013年11月14日,采访记者胡素敏。访谈对象还有天津财经大学经济学院教授李炜光等多位专家,编入本书时,仅保留了刘剑文教授的观点。

题,可能会有一部分让市场、让社会去承担。"

十八大报告曾提出,"健全中央和地方财力与事权相匹配的体制"。要建立财权与事权相匹配的财税体制,地方政府事权适当上移,财权从中央政府适当下移,在统一法制的前提下,赋予地方一定的财税立法权。

近年来,经济学界"建立地方政府事权和财权匹配的制度"的呼声逐年高涨,而财政部和一些财税学者认为应"建立事权和财力相匹配的制度",也有学者认为应"建立支出责任和财力相匹配的制度"。尽管此次公报对财权、财力和事权、支出责任之关系并未给出明晰的说法,但在事权和支出责任的背后,就涉及财权、财力的问题,因为支出责任的前提是要有相应财力作为支撑,相应的财权作为保障。

公报中将事权前置,也强调了要明晰中央和地方的事权。"这是未来财税体制改革的重中之重,这最终要通过制度化、法制化办法来解决。"

强化财政收支和管理的预算约束*

细读《决定》可以看到,以"建立现代财政制度"为目标,未来将改进预算管理制度、完善税收制度、事权和支出责任相适应等。关于改进预算管理制度,《决定》提出,审核预算的重点由平衡状态、赤字规模向支出预算和政策拓展。对此,财政部部长楼继伟指出,税收将不再是预算确定的任务,而是转为预期目标。

在现行收支平衡的预算审批制度下,地方每年必须完成一定的税收任务,否则就会扩大赤字。而我国现行预算法规定,地方各级预算不列赤字。然而,"税收指标包袱"易带来预算执行"顺周期"问题:经济较热时,完成税收任务比较容易,财税部门倾向于少收点,藏富于民,民间钱越多,经济就越热;经济偏冷时,财税部门为完成税收任务倾向于多收点,就会收"过头税",民间钱少了,经济就更冷。

由任务向任期目标的转变,有利于税务机关按照法律法规征税,不是为了完成任务多收或少收。"相对于财政收入,老百姓更关心的是钱花到

---

* 原标题为《财税改革释放新动力——专家评说财税体制改革新看点》,系新华社记者高立、何雨欣、韩洁于2013年11月24日对刘剑文教授的采访。访谈对象还有财政部财科所副所长白景明等多位专家,编入本书时,仅保留了刘剑文教授的观点。

什么地方去了。未来财政预算应该更加强调预算支出,预算支出应更强调民生。"

对于《决定》中提出的"建立跨年度预算平衡机制",应综合考虑年度、中期和长期财政规划,增强预算的科学性及其执行的有效性。"这样也有助于解决一些部门年底突击花钱的问题。年度花不完的钱,下一年可以去花。"

财税法是"理财治国安邦之法"*

2008年9月,刘剑文当选为中国法学会财税法研究会①会长。在常年从事财税法的研究过程中,他一直强调"理念"的转变。

他认为,财税法与多个法律部门关系密切。但是,由于中国法学历史和现实发展的原因,不能不提财税法与经济法的关系。我们应当充分肯定经济法对社会经济发展的贡献和曾经对财税法发展所提供的平台。但是,时代在变化,社会在发展,法治在进步,故法学要与时俱进。他提出,财税法是一个"领域法学",交叉法学,就宏观调控问题与经济法有一定的交叉。② 因此,学界要改变财税法是经济法下面宏观调控法的理念,要树立财税法是保护公共财产、个人财产权利的新理念、新思维。以开放的视野和包容的胸怀,把人权、公平正义、民主法治等理念注入财税法的研究中,充分尊重纳税人,使人们认识到财税法不仅是一个宏观调控的问题,更是一个财产权尤其是公共财产权保护的问题。

"财税法从本质上讲并非宏观调控法,是和百姓的生老病死、衣食住行息息相关的法,是关于纳税人钱袋子的法,也是规范政府收支行为的法律,是理财治国安邦之法,是中国极其重要的民生法。"刘剑文说。

一直以来,法学界存在一种认识上的误区,很多人习惯性地将财税法定性为宏观调控法,并将其归入经济法的范畴。在人们的观念里,财税法和财政局、税务局等相关行政单位有关系,在具体的案件判决里适用财税

---

* 本文载《民主与法制时报》2014年1月13日,采访记者:赵春艳。
① 中国法学会财税法学研究会是由全国财税法学工作者和财税法律工作者自愿组成的非营利性的全国性法学学术团体,是依法在民政部登记的全国性社会团体法人。——编者注
② 不过,法学界也有一种观点认为,财税法由财政收入法、财政支出法和财政监管法构成,自成体系,与经济法没有关系。

法的相关条文也很少,导致了民众对财税法进入了一个认识误区。

给财税法"正名"

据刘剑文介绍,党的十八届三中全会后,《中共中央关于全面深化改革若干重大问题的决定》(以下简称《决定》)给财税法正名,还其原貌。

问:您认为传统理论一直存在对财税法学的误解,对此能进一步阐释吗?

答:制度的发展变化离不开理念的先行。传统理论将财税法局限在经济法中的宏观调控法之下,视为经济法的一部分,这种误解导致财税法的功能在我国法治建设中没有得到充分体现,不能充分发挥其应有的作用。

《决定》指出,"财政是国家治理的基础和重要支柱""科学的财税体制是优化资源配置、维护市场统一、促进社会公平、实现国家长治久安的制度保障""建立现代财政制度""落实税收法定原则"。这些重要论断是党中央给"财税法"正名,为财税法的发展提供了广阔的舞台。

从财税的主要功能看,第一功能是组织收入,第二功能是分配,第三才是宏观调控的功能,宏观调控是组织收入功能派生出来的一个功能。过分强调宏观调控,不能发挥财税法应有的作用,更不利于推进法治中国建设。因为现有的经济法理论和思想是无法解释我们国家现行的财税问题、财税现象、财税制度的。

特别是在市场经济起决定作用的今天,财政的功能已发生了根本性的变化,应当重新认识财政和财税法的功能。《决定》将财税制度、财税法的功能定位于"是优化资源配置、维护市场统一、促进社会公平、实现国家长治久安的制度保障"。

过去把宏观调控法(经济法)替代财税法,这种定性不可能发挥财税法保护公共财产和理财治国的核心功能。把次要的功能上升到一个主要的功能,这是对制度、法律的误读。

只看到树木,没看到森林。一定要把这个旧的理念摒除掉,要依十八届三中全会的精神,以全面的视角来看待财税法、适用财税法。

问：目前财税法在我国的发展现状如何？

答：财税法是中国最大的民生法律，老百姓生老病死，衣食住行都在财税法里面体现；也是国家的钱袋子法律，是每个纳税人钱袋子的法律。要让其透明，不是宏观调控的问题。

因为财税法是纳税人权益保护的法律，也是收入公平分配的法律，财税法解决的是国家公共财产的保护问题，是关于财政的收入、支出和管理问题，是关乎每个人的权利。

在过去的宏观调控法（经济法）的理念中，财税法被边缘化了，这对财税法立法研究及法治建设发展和法学学科建设是不利的。这也是财税法发展缓慢的重要原因之一。

相对而言，财税法在西方市场经济国家中是法律的重中之重，财税法学科也是地位显赫的法学二级学科。尽管在我国财税法的研究发展要比其他法律稍晚一些，但应当看到后发的优势十分明显。

现有的财税法已经不能满足十八届三中全会决定中关于"深化财税体制改革"的需要，必须加快全新的财税法学科建设。

财税法是反腐之关键

问：您如何看待十八届三中全会决定中关于"深化财税体制改革"的内容？

答：深化体制改革不仅仅要看三中全会的决定。要通过"四位一体"来解读。其中包括三中全会《公报》，另一个是习近平总书记关于三中全会决定的《说明》，还有三中全会的《决定》，以及党政机关厉行节约反对浪费的《条例》。

财税体制改革也是全面深化体制改革的一个突破口，这一条在三中全会的决定中对于财税体制改革有新的提法。

其中有相关理念的新提法：一是财税是国家治理的基础和重要支柱；二是建立现代财政制度；三是制度的新提法。比如"建立市场与责任相适应的制度，落实税收法定原则"等等。

财税改革在我国占有一个很重要的地位。因为中国目前的诸多社会问题和社会矛盾与财税制度有密切关系。只有通过财税制度的改革，用温和、低调又有明显效果的形式,来进行深化体制改革。

如"八项规定"一出,就很直接、很有效。只有把公共财产管理好,保护干部也少犯错误。这也说明财税法与官员反腐的问题密切相关,其重要性很明显,财税法是中国反腐治本之关键。

问:新的形势下,财税法学研究会将会继续往哪些方向努力?

答:中国财税法学研究会在过去的几年里逐渐确定了财税法学发展的新理念、新思维,又通过举办高水平、多形式、重质量的系列财税法学术活动加强了财税法的改革研究。

十八届三中全会决定中有个亮点:全面深化改革的总目标是要完善和发展中国特色的社会主义制度来推进国家治理体系和治理能力的现代化。

过去是国家管理,是一个硬性的、直接的,更多是行政的命令;现在是国家治理,是柔和的、多元的,以法治作为重要内容,让每个人都感觉自己是主体,每个人都有责任,是重大观念的改变。

国家治理现代化和国家财税改革法治化,即如何通过财税改革和法治来推动国家治理现代化问题。这是未来相当长一段时间里的重要任务。这也就是说未来五年到十年的时间里,财税法改革是我国立法趋向的重中之重。

研究会的任务,也将围绕这个主题,来推动国家的税收立法、预算立法,还有相关制度的改革。与此同时,也要给社会普及财税法的知识。财税法是民生的法律,重要性不亚于民法、刑法、行政法等重要的法律。例如房价中包含的土地出让金、增值税、消费税、个人所得税、房产税、资源税,将来的环境税、遗产税等等。

财税法是个从财政收入、支出、管理进行规范的完整体系,是开放的体系,这个体系中至少需要30到40部法律,而我国目前只有7部法律。我国税收规定有18种税,相对应的只有3部税法。从财税法理论上来说,应一种税一部法律,可想而知,将来财税法的任务也很艰巨。

另外在学科的建设方面,目前财税法的研究生和博士生都比较少,要推动法治,就要培养学科的新人;各大院校也应该建立单独的财税法学科。财税法研究会都会对此作相应的工作。

同时，在对外交流中如何学习国外先进经验也是财税法研究会将来需要面对的挑战。

目前我国在经济转型过程中，财税制度对经济有扶持的重要功能，财税法对经济的发展作用不言而喻。国家对外防御、对内治安、经济建设、社会的公平正义都需要财政，都是财税法调整的范围，也是中国财税法研究会需要研究的问题。

税收法治成为构建法治社会突破口[*]

在相当长的一个历史时期,受限于计划经济体制和社会法治观念,我国的财税法并不甚发达。近十年来,在全国人大常委会的主导和社会各界的推动下,相关的财税立法不断推进。从个人所得税法工薪扣除标准的三次提高,到统一企业所得税法的出台,从停征利息税到房产税改革试点、"营业税改增值税试点"的讨论,再到对预算法修改所展开的热烈讨论,相关的法律、法规也不断出台,作为社会"神经"的税收立法越来越引起民众的关注。

作为一名财税法学人,我非常荣幸地见证了近十余年来中国财税立法的辉煌成就,并参加到这一历史进程中来。

个人所得税工薪扣除标准调整是开门立法的典范

个人所得税法直接关系到千家万户的切身经济利益,因此,个人所得税法的每一次调整都引起了人们的广泛关注和热烈讨论。我国现行的个人所得税法,在经过几次修改之后,虽然仍然有"立法条文粗疏"等问题,但总体上看,在立法的科学性、民主性上确实已经有相当程度的提高,从而更有利于实现纳税人之间的税负公平。

在对个人所得税法的修改历程中,对工薪所得扣除标准的调整,在社会上引起了极为热烈的反响。在这个过程当中,2005 年 8 月 28 日,全国人大法律委员会、财经委员会和全国人大常委会法工委联合发文,决定就个人所得税法修正案(草案)有关工薪所得扣除标准举行听证会。这是

---

[*] 本文载《法制日报》2012 年 11 月 2 日,采访记者:陈晶晶。

全国人大常委会举行的第一次立法听证会,也是新中国历史上首次举行立法听证会,可以说是具有里程碑意义的。确实,当时的各大媒体都对本次立法听证会给予了热烈的关注,并进行了大篇幅的报道。

当时,围绕工薪所得扣除标准问题,主要讨论的问题是:是否进一步提高草案中设定的1500元标准?扣除标准全国是否统一?考虑到税收立法对于公民基本权利保护的重要性,也考虑到财税法学者应当发挥历史赋予自身的使命,我在听证会报名截止前两天时填写了报名表。

我有幸作为二十位听证陈述人之一,也是唯一的法学教授。在参加本次听证会之前,我作了比较充分的准备,主要是对草案作了比较细致的研读,与众多学者、实务界人士以及政府官员交换了意见,在这个基础上,我逐步形成了自己的看法,并围绕它们形成了若干篇学术论文。

在听证会上,我从人权保障的角度出发,提出费用扣除标准的确定不能、也不应该脱离对公民基本人权保障的考虑。如果费用扣除标准定得过低,是不利于保障公民的生存权和发展权的。然后,我从实证分析的角度,具体探讨了现实情况下,合理的费用扣除标准应当是多少。这主要是建立在对北京、上海、天津、沈阳、西安、武汉和成都7个具有区域代表性的城市的居民的平均基本生活水平进行调查的基础之上。我在对数据进行处理和分析的过程中,不仅考虑到人们的社会心理承受能力,也考虑到了我国财政的承受能力,故提出将扣除标准提高到1600元的建议。此外,我还从税收立法权的基本法理的角度出发,提出工薪所得扣除标准的确定本质上属于税收立法权的范畴。因此,全国范围内在这一问题上应当是统一的。后来,立法机关在对个人所得税法进行修改时,采纳了我在听证会上提出的建议。

其后,我又分别参加了2007年和2011年全国人大常委会法工委举行的个人所得税法修改专家座谈会。

两税合并成企业所得税制优化的里程碑

自20世纪80年代以来,为了适应改革开放的需要,我国按不同的资金来源和企业性质分别立法,实行的是内外有别、内内有别的企业所得税制度。1991年4月,第七届全国人民代表大会第四次会议通过了《外商投资企业和外国企业所得税法》,同时废止了《中外合资经营企业所得税法》《外国企业所得税法》。1993年国务院将适用于内资企业的《国营企业所得税暂行条例》《集体企业所得税暂行条例》和《私营企业所得税暂行条例》统一合并为《企业所得税暂行条例》。这样,我国便形成了分别适用于内资、外资企业的两套所得税制度。

应当说,相较于20世纪80年代的情况,这种分别适用于内资、外资企业的所得税制度,有一定的进步性,但随着我国改革开放的不断深入,这种企业所得税制也表现出很多问题。主要是并行的两套企业所得税制造成内、外资企业的差异性税收负担,这有违税收公平的精神。同时,这种内外有别的企业所得税制成为避税的重要途径,造成税款的大量流失,且以行政法规、规章为主的企业所得税规范性文件难以适应经济社会发展的趋势。在这种情况下,我在很多学术会议上都呼吁合并内外资企业所得税制。

2004年,根据党的十六届三中全会关于"统一各类企业税收制度"的精神,财政部、国家税务总局和国务院法制办共同起草了《企业所得税法(征求意见稿)》,书面征求了全国人大财经委、全国人大常委会法工委、预算工委、各省、自治区、直辖市和计划单列市人民政府以及国务院有关部门的意见。同年8月,财政部、国家税务总局将该企业所得税法的草案提交给国务院。

在这种形势下,一场围绕内外资企业所得税并轨的利益博弈随即展开。2005年初,54家在华跨国公司联合提交《在华投资的跨国公司对新企业所得税法的若干看法》,提出希望两法并轨后继续给予外资公司一定的税收优惠。同年8月,商务部发布1—7月全国吸收外商直接投资情况报告后,建议两税合并缓行。在多重阻力之下,两税合并的进程有所延缓,直到2006年,两税合并方案在全国人大常委会年度立法计划中获得通过;10月,第十届全国人大常委会第25次会议对企业所得税法(草案)进行审议,提出修改意见后,提请十届全国人大五次会议审议。2007年3月,第十届全国人民代表大会第五次会议审议通过了企业所得税法。

在这个立法进程中,我和全国的财税法学人,履行了作为法学学者的责任,积极地推动了两税合并这一历史进程。这其中,我应全国人大常委会之邀请于 2006 年 10 月 31 日给吴邦国委员长和全国人大常委会的委员讲授法制课《我国的税收法律制度》，评价了我国的税收法制建设。我在讲座中重点谈及了制定统一企业所得税法的必要性，详细分析了税率、税前扣除、税收优惠、反避税、过渡期等重要问题。讲座受到了全国人大常委会的好评，也在一定程度上推动了统一企业所得税法的制定。其后，我的讲稿作为 2007 年 3 月第十届全国人民代表大会第五次会议代表审议《企业所得税法》的重要参考。

总体上看，近十年来，我国的税收法治进程取得了长足的进步，除了上述两部立法外，对预算法、税收征收管理法的修改，对车船税法的制定，房产税和资源税改革的讨论，以及"营业税改增值税试点"等问题，都成为了社会的焦点。这些都是积极的现象，说明公民意识到自己的纳税人身份，有意识地参与到国家财税生活中来，尽力推动我国财税法治的历史进程。尤其可喜的是，国家立法机关也顺应时势，大力推动着财税立法，不断深化财税体制的改革。我相信，税收法治一定能成为我国法治社会的突破口！

税法应该是兼顾国家与纳税人的"利益协调法"*

1982年12月4日,第五届全国人民代表大会第五次会议通过了《中华人民共和国宪法》。我国现行宪法公布施行至今已经三十余年了。围绕现行宪法对我国税收法治建设的意义等问题,记者近日采访了刘剑文教授。

问:我国宪法对税收法治建设有什么意义?

答:现行宪法是在改革开放的背景下制定的,被公认是我国宪法史上最好的一部宪法、一个范本。

现行宪法对税收法治建设的意义,我认为主要有以下几个方面:

第一,让税法更好地符合宪法精神,保障纳税人的基本权利,体现公平正义。宪法精神强调更好地保障人民的基本权利。税法既涉及纳税人财产权的保护,也涉及国家机关权力的合理配置和合法行使。近年来,在宪法精神的引领下,在全国人大会常委会的主导和社会各界的推动下,从个人所得税工资、薪金费用扣除标准的三次提高,到统一企业所得税法的出台;从停征利息税到房产税改革试点、营业税改征增值税试点的推行,税收立法不断推进,纳税人的权利得到了越来越多保障。比如,2005年8月28日,全国人大法律委员会、财政经济委员会和全国人大常委会法制工作委员会联合发文,决定就个人所得税法修正案(草案)有关工资、薪金所得费用扣除标准举行听证会,广泛听取包括广大工薪收入者在内的社会各方面的意见和建议。这是全国人大常委会举行的第一次立法听证会,

---

* 本文载《中国税务报》2012年12月29日,采访记者:寇红。

也是新中国历史上首次举行立法听证会,树立了开门立法的典范。2007年3月16日,第十届全国人大第五次会议通过了酝酿已久的《中华人民共和国企业所得税法》,让内外资企业终于在纳税方面站在了同一起跑线上。

第二,促进税务机关更好地依法行政。"依法治国,首先是依宪治国;依法执政,关键是依宪执政。"依宪治国、依宪执政要在落实上求实效。宪法精神强调尊重人民的基本权利,强调行政机关严格执法,切实实行有法可依、有法必依、执法必严、违法必究,维护社会公平正义。征税涉及纳税人的财产权,必须依照法律规定,在法制的框架下实行,任何人都没有超越宪法和法律的特权。近十年来,国家相继出台了一些税收法律、法规,特别是2001年《中华人民共和国税收征收管理法》在进一步明确纳税人权利、义务的同时,增加了规范税务机关依法征税和依法行政的许多条款,为构建和谐的税收征纳关系提供了法律和制度的保障。

第三,转变税收执法和整个社会的法治观念。现行宪法明确规定中华人民共和国实行依法治国,建设社会主义法治国家。要求科学立法、严格执法、公正司法、全民守法。近年来,税务机关依法行政观念日益深入人心,税收管理方式不断创新,税收行政行为更加规范。同时出现了一个可喜的现象——税收法律规定的出台和修订成为社会关注的焦点,这说明公民法治观念和权利增强了,开始有意识地参与国家财税立法,推动财税法治的进程。

问:有观点认为,在我国宪法中,有关税的条款太少。对此,您怎么看?

答:我认为不能简单地认为我国宪法中有关税的条款太少。可以从两个视角看待这一问题。一是宪法直接对税作出规定的条款,即我国《宪法》第56条规定:"中华人民共和国公民有依照法律纳税的义务。"从某种意义上来讲,这个条款里有税收法定的含义。但是,在许多国家的宪法里,都把税收法定纳入宪法中,如明确规定税的开征、减免和退补都要依据法律。没有法律是不得征税的。因此,我觉得我国宪法是有遗憾的,应当将税收法定写入宪法中。二是在宪法中有些条款从形式上虽然并没有直接提及税的概念,但是其内容则表现为对税的宪法规范,如宪法规定"尊重和保护人权""国家保护合法的私有财产",以及有关国家机关职权职责的规定等。总体来讲,税法的宪政理念和精神是强调法治、民主、人权、平等。

另外,我国还有一些具有宪法性质的法律,比如《中华人民共和国立法法》。在税收领域,一直存在税收立法授权的问题。按照《立法法》第8条规定,税收的立法权是属于全国人大或全国人大常委会的。但由于立法条件不成熟等方面的原因,立法机关有时作出一定的立法授权,赋予最高行政机关有限的税收立法权。《立法法》第9条规定,《立法法》第8条规定的事项尚未制定法律的,全国人大及其常委会有权作出决定,授权国务院可以根据实际需要,对其中的部分事项先制定行政法规。在20世纪80年代,全国人大及其常委会在税收立法方面对国务院作了一些授权,具体包括:1984年全国人大常委会对国务院在实施国营企业利改税和改革工商税制过程中拟定并发布有关税收条例草案的授权;1985年全国人大对国务院在经济体制改革和对外开放方面可以制定暂行的规定或者条例的授权。如今,1984年的授权已废止,但1985年的授权还在。在当前纪念现行宪法公布施行30周年的背景下,在进入新的发展阶段的情况下,全国人大应该考虑规范授权立法,废止1985年有关税收立法的授权。这是对人民权利的保护。未来修改宪法和宪法性质的法律,都应该体现这种精神。

问:与宪法要求相比,税收法治建设还存在什么问题?

答:当前改革已进入"深水区"。财政体制改革和税收体制改革是所有政治体制改革、经济体制改革和社会体制改革中的重中之重,难度非常大。税收立法涉及的面很广,涉及多种利益的博弈,其中既有立法机关与行政机关的博弈,也有中央利益与地方利益的博弈。如目前开展的房产税改革和"营改增"试点改革都遭遇了中央利益与地方利益的博弈问题。与宪法的要求相比,税收法治还有相当的距离。比如,按照宪法和立法法要求,凡是涉及财税制度的,都应该制定法律。而我国现有18个税种,却只有3部税法,即《中华人民共和国企业所得税法》《中华人民共和国个人所得税法》和《中华人民共和国车船税法》。大量税收规范都停留在行政法规的层面。行政法规难以充分体现人民的共同意志,也难以充分地保障和维护人民的权益,容易产生社会问题和激化矛盾。需要加快立法步伐,把剩下的15个税种都尽快上升为法律。不仅要上升为法律,还要制定出良法,实行善法之治。

《中华人民共和国税收征收管理法》自2001年5月1日施行到现在,已经十几年了,应该本着充分保障纳税人权益的理念,对其进行大改,至少中改,而不是小改。修订税收征管法是适应新情况、新问题的需要,也是顺应税制改革变化和协调其他法律法规变化的需要。

当前对税法本质的认识还存在分歧。比如,有观点认为税法就是国家的收税之法。这种简单的看法会导致忽略纳税人的知情权、监督权。还有观点认为税法就是纳税人的权利之法。这种看法又会过分强调纳税人权利,影响国家开展经济建设、提供公共服务和产品的经费来源。我认为,税法应该是利益协调法。税法只有强调国家与纳税人之间利益的协调,社会才能发展。为此,需要解决立法机关与执法机关关系的问题。全国人大应把税收立法权收回。目前税收立法由作为行政机关的财税部门起草,很容易在平衡利益方面出现问题,形成本位主义、部门利益,在一定意义上影响税收立法的进程。我国应当下大力气改变这一现状,要有大局观,把人民利益放在第一位。税收立法应该由立法机关主导起草,邀请税务、财政等相关部门和专家学者参与。

问:应该如何解决这些问题?

答:首先,要树立一个理念,即法治视野下的理财就是治理国家的理念。让财政收入合理、合法和合宪,财政支出公开、公平和公正,这是化解社会矛盾和社会问题的"良药"。政府要在财政收入的收支管理方面花大力气。其次,要加快立法。法治的含义一是制度,二是良法之治、善法之治,三是方法。税收法律是涉及民生的法律,凡是涉及财税制度的都应该制定法律,而且要制定人民拥护和支持的良法。再次,要按法治的理念执法。近日有媒体报道,在有些省市出现了征收"过头税"的现象,这是不符合法治理念的。最后,要规范政府授权立法。

问:提到宪法,就想到相当于财税法里的"小宪法"一样的税收基本法。这项法律的出台步伐似乎比较慢?

答:税收基本法起草项目曾被列入第十届全国人大常委会五年立法

规划,但没有列入第十一届全国人大常委会五年立法规划。原因主要是税收基本法比较抽象,需要解决两个大问题,即立法机关和行政机关关于权力划分的问题,中央和地方立法权的划分问题。这两个问题的解决,在我国现阶段还是有难度的。因此,很多学者建议,与其制定税收基本法,不如制定操作性更强的税法通则,来解决税收领域法律法规没有龙头法的问题,使零散的法律法规形成体系。我个人倾向于制定税法通则,十届全国人大财经委曾委托我起草税收基本法,在我们最后提交的专家建议稿中将名称就改为了税法通则。

问: 有人说,立法程序慢,在实际改革中等不及。您对此怎么看?

答: 改革与立法是不矛盾的。立法能促进改革,改革也能加快立法的步伐。在税制改革中,要强调法治理念。有些问题不是靠抢一个月、两个月、三个月来解决的,这个并不重要。"来不及"在更大的成分上是法治观点不强的一种表达。改革是要强调合法、程序正当。合法的意思是,即便没有法律,也要符合宪法精神,即保障人权、财产权,实现利益平衡。还有人提出,为什么要制定法律而不是法规?虽然说行政法规和法律都是民意代表,但行政法规的代表性远远不如法律的代表性。法律的制定要经过严格的程序,一部法律的出台至少要经过三审,让不同的意见充分博弈,最终形成一个共识。形成共识的目的是便于执行。如果仓促出台一个文件,没有充分反映民意,执行效果不会很好,甚至会导致负面的影响。这个过程就是强调程序正义,绝对不能以时间来不及为理由而忽略合法性的问题。立法过程就是一个形成共识的过程,要通过制度化、法治化、规范化,把它固定下来。这样才便于执行,才能在社会中得到人民群众的遵守。

善用法治思维　促进税收公平正义[*]

党的十八大报告明确提出:"提高领导干部运用法治思维和法治方式深化改革、推动发展、化解矛盾、维护稳定能力。"这是法治思维第一次被写进党的报告。何谓法治思维呢?对于执政者来说,法治思维是指执政者在法治理念的基础上,运用法律规范、法律原则、法律精神和法律逻辑对所遇到或所要处理的问题作出分析、综合、判断、推理和形成结论、决定的思想认识活动与过程。简言之,法治思维就是以合法性为前提,以权利义务为内容的思维,改变过去那种管理的思维、不讲程序的思维。法治思维主要包含合法性思维、权利义务思维、公平正义思维、责任后果思维和治官治权思维五个方面。法治思维的目的就是促进社会公平正义。

那么,在税收工作和税收事业中,应当如何善用法治思维,促进公平正义呢?

正如我们所知,税收作为一种文明的对价,在很大程度上,乃是国家对于公民财产权的一种合法侵犯。传统观念中把税收理解为国家的征收管理,而现代观念则将税收理解为公民为国家所提供的相应的公共服务和公共产品支付的对价。法治思维下的税收应当以公平正义为核心价值,实现国家征税权与纳税人财产权之间的良性互动和有效的平衡。用什么方式来保障这种平衡?当然,仅靠道德机制显然是不能实现的,在真实而触手可及的利益面前,法治,依法治国、依宪治国就成为一种现实的进路。

---

[*] 本文载《中国税务报》2013年2月6日,作者:刘剑文。

法律具有各种各样的基本价值,这些价值是法律的生命之所在。公平正义,构成了人对法律最单纯也最复杂的信任基础,是国家的基本职能及其对国民的基本义务。公平不仅要求个人和团体受到公平的对待,而且要求这种待遇显示出来。这也是法律最为本质的价值体现,是评价法律进步与否的标准,体现人性最基本的需要。具体到税法领域,可以认为公平正义至少包括四方面价值:一是分税公平,二是定税公平,三是征税公平,四是用税公平。分税公平和定税公平可以被视为对公平正义的实体性推进,征税公平和用税公平则可被视为是公平正义的程序性保障,但无论其具体表现形式差异为何,均体现了税收法治的实质要件。

在当下的中国,善用法治思维,实现税收的公平正义,可以从以下几个方面着手:

坚持税收法定主义,牢固树立合法性、合宪性的思维。税收法定主义所要解决的根本问题在于税收的合法性、合宪性,防止政府机关滥用征税权侵害公民合法的自由和权利。让税法更好地符合宪法精神,保障纳税人的基本权利,体现公平正义。税法既涉及纳税人财产权的保护,也涉及国家机关权力的合理配置和合法行使。中国现行的有效税种有18个,但只有3部实体税收法律,与税收法定主义还有一定的距离。强调税收领域的合法性、合宪性思维,首要的就是坚持税收法定主义,将税收行政法规尽快地上升为法律,实现良法善治。

在进入新的发展阶段的情况下,全国人大应该考虑规范授权立法,废止1985年对国务院有关税收立法的授权。目前,税收立法由作为行政机关的财税部门起草,很容易在平衡利益方面出现问题,形成本位主义、部门利益,在一定意义上影响税收立法的进程。全国人大及常委会应当主导国家税收立法权,尤其是税收立法的起草权。要有大局观,把人民利益放在第一位。税收立法应该由立法机关主导起草,邀请税务、财政等相关部门和专家学者参与。

有了法律,并不意味着就能实现公平正义。只有在征税过程中体现公平正义,依法征税,才能最终促进税收法治。通过依法征税,对社会财富作再分配,实现税收的调节功能,这是在实体意义上的公平正义。在征税的过程中体现管理公平,则是在程序意义上实现社会的公平正义。可以说,税收法治的实现是一个从形式法治到实质法治的演进过程。

规制政府权力,有效保障纳税人权利。将"权力放进制度笼子"就是要规制政府权力,有效保障纳税人权利。法治国家的基本理念包括法律安定性、权力分立、依法行政、基本权的保障和国民权利之司法救济等。限制权力,保障权利,是法治的精髓,也是法治思维和法治方式的核心。不受制约的权力必然产生腐败。十八大报告亦重申了"法律面前人人平等","任何组织或者个人都不得有超越宪法和法律的特权",就是要用平等的宪法原则去"反人治""反特权"和"反腐败"。权利公平、机会公平和规则公平,是法治社会的基本特征。在这方面,必须重新认识法律对政府与公民之间税收关系本质的规范。应该说法律不仅仅是帮助政府怎样管理和规范社会、企业和公民,更重要的是让政府服务于社会,有利于社会创业和创新,使社会有活力。同时,创造良好的法治环境,让社会和纳税人监督政府和公务员,防止其寻租、懒惰和不提供应有的公共服务。

建立健全税收问责与监督机制,促进税务机关更好地依法行政。中共中央总书记习近平在纪念现行宪法公布施行 30 周年大会上的讲话指出,"依法治国,首先是依宪治国;依法执政,关键是依宪执政"。依宪治国、依宪执政要在落实上求实效。目前,要从根本上改变税收领域"零纠纷"的管理思维。实践中认为"零纠纷"是税收法治的目标,这是不对的。事实上,纠纷的产生有其必然性,一方面是政府与公民的出发点有差异,霍布斯在《利维坦》中就论述了公民可能抗税的根本原因:"(税收)这种压力来自人民本身的抗拒情绪,他们为自己的防卫而纳税是很不情愿的。这样就使统治者不得不在平时尽量从他们身上征敛,以便在任何紧急时期或突然有需要的时候御敌制胜";另一方面是税收征纳双方的信息不对称及其有限理性的限制。税收法治要求纠纷在一个规范的框架内进行和解决,这里"规范的框架"便是要求格外强调法治思维。从法治思维的角度而言,应该将责任思维与治官治权思维结合起来,保障纳税人在国家中的主体地位,完善纳税人权利救济制度。要深刻认识到问责与监督的本质是确保税收公平正义。在当前的情况下,为了实现实体正义,首先要保障程序上的正义,必须按照既定的规则行事。实现这一目标,一般要求税收法律具备普遍性、稳定性、公开性、明确性、不矛盾性、可操作性、官方行为与法的一致性以及不溯及既往等原则。

落实结构性减税需要财税理念的转变*

目前,社会上、学术界对于什么是结构性减税,仍存在不同的声音。在近日国务院参事室和中央财经大学举办的关于结构性减税与民生问题研讨会上,与会专家交流了各自的看法,同时呼吁,应对结构性减税作出更科学、准确的理解,因为这是落实结构性减税政策的一个重要前提。

我们要从法律角度对结构性减税作进一步的思考。

第一,在依法治国的大视角下,树立理财治国的观念。现在社会问题突出,很重要的原因在于过去不太关心财政收入、财政支出。官员贪腐、社会分配不公和社会诚信缺失都与理财治国观念缺失有关。

第二,认识法治创新对税制改革的保障和引导功能。过去一提税制改革,就觉得法治是一种障碍。其实应该看到,法治对改革有保障功能和引导功能。为什么要实行结构性减税、如何减、减多少、按照什么标准减、谁来减、谁受益?这些问题涉及多种利益的博弈、各种权利的配置,都需要法治加以引导和规范。

第三,国家财政权应与公民财产权相协调。从某种角度讲,结构性减税就是让利于民。在民生所涉及的教育、医疗、住房、环保和治安等方方面面中,结构性减税如何保护公民权利,是需要引起注意的问题。

第四,既要强调实体法上的公平,也要强调程序法上的公平。当前社会矛盾、社会问题突出主要是因为缺乏民众利益表达的机制。

---

* 本文载《中国税务报》2012年5月16日,采访记者:寇红。访谈对象还有财政部财政科学研究所副所长苏明等多位专家,编入本书时,仅保留了刘剑文教授的观点。

第五,正确处理民生与民权的关系。关注民生,要正确理解民生,这需要从法律上对民生的内涵和外延作出解读。关注民权,要保护纳税人权利,比如在结构性减税过程中,应保障公众参与立法、决策和监督等一系列行为的权利。

第六,正确处理中央与地方的关系。结构性减税涉及中央税、地方税、中央与地方共享税。减税涉及地方收入的减少,在这种情况下,地方事权的落实存在大量困难,需要对地方适当下放财权。

税收征收与使用都要强化法治约束[*]

主持人： 各位网友大家好！3月1日，国务院办公厅一纸"二手房交易缴纳20%增值个税"的文件引起了网民的高度关注，甚至有部分网民批之为借楼市调控之名行收税之实。① 为什么此次调控会引起这么激烈的反应呢？

答： 我谈几点意见。一是税法涉及民众财产权和政府财政权的分割，个税政策调整关系到民众的切身利益，只要涉及税负变化都会引起大家的直接反应。二是多次房产调控下民众感觉效果不明显，此次调控力度较大，个税政策非常严格，引起近期购房人的怨气。三是税收功能既可以是组织财政收入，也可以是宏观调控。此次调控政府本意应是宏观调控、约束房价，但客观上也可能造成一定程度上误伤刚性需求者。四是建议房产调控应多管齐下，单纯的个税政策调整民众意见很大。我认为，还是应当打组合拳，实现标本兼治。从中长期看，要完善土地流转制度、房产税制度及住房保障制度。五是从此次个税政策调整来看，规范征税权也很重要。此次政策调整理论界仍有一些争议，但从长期看，征税权还是应回归全国人大，包括具体执行中涉及纳税人重大权益事项也应由其决定。

---

[*] 原标题为《税收怎么征？如何用？》，系刘剑文教授2013年3月8日做客搜狐微博知名博思想汇的访谈实录，网址：http://www.21ccom.net/articles/zgyj/ggzhc/article_2013030878625.html，主持人：童大焕。访谈对象还有天津财经大学财政学科首席教授李炜光，编入本书时，仅保留了刘剑文教授的观点。

① 2013年3月1日，国务院办公厅发布《关于继续做好房地产市场调控工作的通知》（国办发[2013]17号），即俗称的"国五条"细则。该文件要求："对出售自有住房按规定应征收的个人所得税，通过税收征管、房屋登记等历史信息能核实房屋原值的，应依法严格按转让所得的20%计征。"——编者注

主持人：有人认为国务院办公厅此举违法，有人认为现行个税法对房产交易20%个税早有规定。还有些学者提出，我国税收事项上存在立法权失控、授权过渡的问题。您对此有何评价？

答：税收关系到我们每一个人的切身利益，公民的财产权益理当得到更有效、更规范的保障。因此，税收法定原则应当在整个税法层面得到确立，这是对国家征税权运作的有效规范。税收法定包括很多方面的含义，也包括不同的层次，就我国现阶段而言，税法往往对基本的课税要素加以规定，而在具体执行层面则给行政机关留出一定的空间。从理论的层面来看，应当更进一步地强化人大在税收权力配置中的地位，在何时开征、税率如何、是否免征等基本问题上应当有决定权。就我国现阶段的国情看，处于转轨时期，多个领域的改革都需要税收议题在其中扮演推动、促进、引导的作用，与之相应的，转型时期税收制度变迁更为频繁是一种可以预见的情形。

对房产交易所得征收20%个人所得税确实早已规定在《个人所得税法》中，后来基于2008年金融危机等客观情势的影响，对相关规定进行变通执行。① 现阶段更加强调依法治国、依法行政，因此，遵守作为上位法的个人所得税法规定，是有其合法性的。

目前恐怕不能说我国税收领域存在立法权失控、授权过渡的问题。授权立法，是指依法将立法机关的部分立法权授予行政机关行使。税收法治建设过程中，由于立法条件不成熟等原因，全国人大及其常委会曾于1984年、1985年两度将税收立法权授权国务院行使，这是和我国客观国

---

① 根据我国《个人所得税法》中，转让自有住房所得属于财产转让所得，应当按照转让房产的交易额减除房屋原值、合理费用后的余额计算纳税，税率为20%。2006年，国家税务总局下发《关于个人住房转让所得征收个人所得税有关问题的通知》（国税发[2006]108号文件），规定对于纳税人未提供完整凭证、不能正确计算房屋原值的情况，按照交易额的1%—3%核定征收。由于近年来房价上涨幅度较大，这种计算方式得出的应纳税额往往会远低于税法规定。实务中，税务机关大多按照这种简易办法来操作。——编者注

情相适应的。① 即便是从国际的视角看,这种现象也是具有一定普遍性的。当然,我们还是应该基于《立法法》等法律的规定,更加注重对授权立法的规范,在适当时机考虑依法将设税权回归到全国人大来行使。

主持人:在现代民主法治国家,例如在美国,权力不仅已经被关进笼子,甚至还有一种要"饿死野兽"(starve the beast)的主流理念。那么,我们现在征税是不是应当更慎重?

答:是的。规范政府权力是最近热议的话题。中国目前正处于转型时期,政府权力相对比较强大,这在客观上造成民众权利显得弱小。中央高层进行顶层设计,将权力关进笼子,正是为了进一步推动民众权利的保护。征税权是对民众财产权利的直接占有,民众最容易也最直接感受到政府权力。可以说,在规范政府权力方面,最首要也是重要的第一步,就是规范政府征税权,包括要求征税权在实体和程序上都要具有合理性、正当性。这也是一个社会逐步达成的广泛共识。当然,尽管规范政府权力成为一种共识,但是任何观念的转换都需要一个过程。政府权力的规范需要更多的制度设计和政策配套。但有一点可以明确的是,税法的制订、修改和执行,都应该公开透明,先从程序规范来推进权力规范。

主持人:1985年全国人大对国务院进行广泛授权,相当于开了一张空白支票。18种税,真正经过人大立法只有个人所得税、企业所得税和车船税三种。今年,全国人大代表赵冬苓呼吁税收立法权应回归人大。② 这有无可能?如果立法权全面回归人大,会不会倒逼人大代表专职化?

答:1985年全国人大的授权,一定要放在当时的客观情势来通盘考虑,应该用历史的观点来看待历史现象。在转型时期,人大进行授权可以

---

① 1984年,六届全国人大常委会第七次会议授权国务院在实施国营企业利改税和改革工商税制的过程中,拟定有关税收条例,以草案形式发布试行,再根据试行的经验加以修订,提请全国人大常委会审议。2009年6月27日,该授权决定被第十一届全国人民代表大会常务委员会第九次会议宣布即日废止;1985年,六届全国人大三次会议授权国务院对于有关经济体制改革和对外开放方面的问题,必要时可以根据宪法,在同有关法律和全国人大及其常委会的有关决定的基本原则不相抵触的前提下,制定暂行的规定或者条例,颁布实施,并报全国人大常委会备案。该次授权仍然有效,且在范围上覆盖了1984年的授权决定。——编者注
② 关于2013年全国"两会"上全国人大代表提出设税权回归提案的具体情况,请参见本书第三编"设税权回归:民主政治的里程碑"。——编者注

理解,也确实在一定程度上促进了税制的完善,保障了经济的快速发展。但是,1985年的税收授权立法,一直到当下仍在运行,这就很值得我们进一步反思,也涉及对"税收"这个事物的全面认识。

在过去,我们还仅仅是认识到了税收在宏观调控、促进经济发展上的工具作用。随着法治的发展、公民法治意识的提升,我们更应该认识到税收是一种"公共财产",牵系国家财政收入和公民的财产权保护。在这种观念下,要求税收基本事项由法律规定的重要性就进一步凸显出来了。确实,正如您所言,目前税法领域的法律规范数目还太少了,很多重要的税种都有待法律层面的规范性文件出台。在适当时机,将设税权回归全国人大,无论是对公民财产的保护、对人大权力机关地位的强化,还是对行政机关依法执政能力的提升,都是有好处的。长远看,税收立法权回归人大,是历史趋势,与之相对应,人大代表的法律知识、法律能力得到进一步提升,也是大势所趋。至于人大代表专职化的问题,可能还需要各方面进一步综合、全面的研究。

主持人:税收法定,无代表不纳税,是现代国家的基石。"国五条"细则仅凭一纸文件就能决定哪些税可收可不收,是不是与这种精神不相符合?我国应当如何扩大税收的民主性和正当性基础?

答:税收法定是税法的一个基本的原则。随着社会进步和法治发展,无论是政府,还是民众,对于立法和重大决策的公开透明,也都已经达成共识。当前,在不断完善民众参与和诉求表达机制方面,确实还有更多的发展空间。但公开透明、扩大参与、畅通诉求表达,已经是一个大趋势。

主持人:中国税负高低问题一直是每年争议的焦点问题,甚至有民间和国外的一些机构说我国的税负痛苦指数排名全球第二。您怎么看?

答:应该说,可能需要更全面地综合考虑税负问题。一些机构提出的税负痛苦指数全球第二,这里有一个计算方法和口径的问题,关键还是要看两点:一是实际税负或者真实税负,痛苦指数的简单加总不能说没有技术合理性,且民众也感觉税负较重,但还是要看各国的具体税制;二是要看税收用于纳税人的比重,即是否用于民生,取之于民而用之于民。

目前中国的财政管理思路也进行了重大转型,从建设财政向民生财政和法治财政转变,这是一个进步。看待税负高低问题,还要结合税收增长与 GDP 增长之间的关系、税负与城乡居民生活水平高低、财政收入的支出方向等一起来看。现在财税机关贯彻执行结构性减税政策,特别注重加强对小微企业的税收减免,特别注重纳税人权利保护,是向建设美好社会和幸福社会所做的积极努力,目的是为了在财政可以承受的范围内,在循序渐进的基础上早日实现中国梦。

主持人:除了看如何收税,收多少税,还得看税收用到哪里去了。我们的社会福利统计是宽口径的,甚至有可能把高铁、基础设施和国企投资都算进了民生工程。您能否向网友们介绍一下我国民生福利支出的具体情况?

答:应该说,社会福利水平与经济发展阶段是直接相关的。中国目前还处于一个长期建设和工业化的阶段,财政收入必然有相当部分投入到基础设施建设中,但这些投入产生的效益具有一定的延时性。西方国家完成了工业化以后,财政投入到基础设施的比重开始降低,更多的是直接显性的福利。所以,看待这个问题需要更深入一些。当然,随着经济发展水平的提高和民生财政意识的增强,财政收入直接用于显性福利的比重会逐步提高。

主持人:您认为,什么样的国家投资是公平合理的,什么样的应该摒弃?

答:什么样的国家投资公平合理?什么样的国家投资是有效率的?如果从结果控制的角度看,很多偶然因素都可能会影响到国家投资最终的效果,这也启发我们,更应该考虑通过过程控制来追求国家投资结果的公平、合理。这还是涉及一个法治思维、法治手段的问题。我们的国家投资,可以考虑通过立法的形式来对决策过程、运行过程进行规范;与之相应,建立一系列法制保障手段,比如公民的参与机制、多渠道的监督机制等。尤其要强调,通过预算的建立,来对国家投资的方式、方向,进行全面控制。

主持人:今天,中国社会的贫富差距已经相当凸显,但导致这一情况的主要原因却众说纷纭。您能否谈谈自己的观点?

答:造成当前贫富差距较大的原因多方面的。既有政府权力运行不规范的问题,又有改革开放过程中资源分配不均的问题,还有法律法规政策不完善的问题。当前,缩小贫富差距需要各种制度配套,比如财税制度、社保制度、工资分配制度等等。当然,规范权力运行包括规范政府的决策、执行、监督等权力,也肯定会影响到制度设计本身。

·主持人:有人认为,如果收入分配改革要"调节高端"的话,恐怕富人也不会"坐以待毙"。例如,美国要将最高税率提到将近40%,使得脸书共同创始人萨韦林出走新加坡;法国要向富人课以75%重税,导致影星德帕迪约移民俄罗斯……您认为这种观点有道理吗?

答:市场经济应当是均衡发展的经济。从法理上看,量能课税是税法的一个基本思想,富人多缴税符合税法法理,毕竟他占用了更多的社会资源、更多的公共品。税法进行再分配体现社会政策,这与对纳税人进行公平平等课税间并不矛盾,富人承担较高的税收也符合公平正义逻辑。至于不同国家和地区之间存在税负差异,更多的是基于不同国家的财政经济政策和社会政策。当然,富人选择移民的方式进行避税,也是一种市场选择,是一种自由。

主持人:当代中国,急剧城市化带来不动产价值的迅速增加,成为引发新型贫富差距的源头之一。很多人在关注开征房产税的问题,您能谈谈房产税的前景吗?

答:从世界范围来看,房产税都是一个普遍的税种,因此中国现在加快推进房产税的建立,本无可非议。对房产税这个问题,我们不仅仅要关注"怎么征收"这个问题,更应该关注政策是如何出台的。也就是说,是走行政决策还是走立法决策的方式。房产税的征收,关系到千家万户的切身利益,社会各界对这个问题的讨论热度之大也可以看出房产税议题的公共性。因此,在制度出台过程中,应当考虑如何纳入民意,体现民众的利益诉求。在制度内容方面应该考虑区别对待不同背景的社会民众,并尤其关注弱势群体的利益保护。

要强调的是,其实我国在1986年就已经颁布《房产税暂行条例》。有人认为房产税是新开征的税种,这是一种认识误区。只不过,1986年的暂行条例当中,规定自身居住的非营利性用房暂免征收房产税,本次房产税试点主要是适应形势的发展,对这部分房产考虑开始征收房产税,这也是和中国改革开放三十多年以来,公民财富积累增加的背景相吻合的。

主持人:回顾十年楼市调控,提高首付我们欢呼;提高房贷利率我们欢呼;限购我们欢呼,限贷我们欢呼;征收二手房营业税我们欢呼……终于有一天,当利剑刺向每一个人——20%的增值个税准备征收的时候,我们中的大多数忍不住发出了齐声的呐喊——NO!您对这种变化怎么看?

答:有利益博弈并非是一件坏事,有法治保障就能让利益博弈规则化;有强权存在并非是一件坏事,能将权力关进笼子就能保障民众权利免受不当侵犯。现在正值改革步入深水区和攻坚阶段,需要以财税法治为突破口,以纳税人权利保护为出发点,树立理财治国理念,加快财税法立法步伐,进而推动社会进步和法治国家建设。

主持人:我的问题问完了,现在请网友和嘉宾交流。您还有什么想先对网友们说?

答:首先,要感谢网友们的关注,我们每一个人的关注,都是中国财税体制改革进一步深入、完善的不竭动力。和大家一样,我也非常珍视这一次难得的交流机会,希望在和大家思维碰撞的过程中,给社会、给国家提供一些有价值的思路,这恐怕也正是财税法学者的社会担当和历史使命吧!我一直觉得,改革的进一步推进,步步惊心,要找准突破口。而财税体制改革,就是这个突破口,它上牵国家权力的规范运作,下系每一个纳税人的切身利益,国之大事不可不察。

问:中国目前仅有3项税种由最高权力机关制定法律,其他15项税种由国务院制定条例。新一届财税体制改革会不会像部分人大代表的提案那样,把涉税的立法权还给人大呢?如若这样,会有什么益处和不足吗?

答:中长期看,这是一个必然趋势。税收法定主义,即是指财税领域的立法应以法律形式表现,而且是狭义的法律、由最高立法机关通过立法程序制定的法律。税收立法权属于全国人大,授权立法应当严格限制。十一届人大已经把增值税等税种纳入到立法规划中,虽然由于营改增导致立法延后,但毕竟是在朝这个方向去发展。可以预计,涉税立法权会逐步归入到人大,中国财税立法的春天正在到来。

问:人大将设税权收回,是否会干扰政府的管理效率?

答:这种理解可能是片面的。税收立法权本身即是全国人大的权力,是授权给行政机关了,现在回收也是合法合理的。还要强调,现在治国理政不能仅考虑行政因素、效率因素,法治思维也非常重要,要尤其强调。

问:对二手房交易的限制,反过来会作用到一手房上的。二手房新政,应打击的是投机或投资性质的,在此同时,是否能考虑居住改善需求呢?

答:目前的政策是"一刀切",可能会误伤一部分刚性需求者和改善性需求者。可能是担心执行中会出现执法不严的问题,此次规定没有区分具体情况。不排除以后可能会根据具体情况进行微调。另外,市场和政府都很重要,要相结合。保障房建设和市场调控要双管齐下。

我国为什么要坚持税收法定主义[*]

公民最重要的两项权利是人身权和财产权。保护人身权的法律主要是刑法,与之相应的是罪刑法定主义以及无罪推定原则;而保障财产权的法律部门则是财税法和传统的民法。传统民法从横向的角度调整财产关系,财税法从纵向的维度在国家和其国民之间分配财富。在我国,与纳税人人身权密切相关的罪刑法定主义和无罪推定原则已深入人心,而与纳税人财产权密切相关的税收法定主义才刚开始引起人们的关注,肇始于税收法定主义的诚实推定原则更是鲜为人知。笔者认为,在尊重和保障纳税人基本权利,构建和谐税收征纳关系的今天,应当旗帜鲜明地坚持税收法定主义,大力推进社会主义民主法制建设。

坚持税收法定主义,符合宪法尊重和保障纳税人基本权利的精神

税收法定主义起源于中世纪的英国,1215 年的《大宪章》被公认为其源头。后来,1628 年的《权利请愿书》和 1689 年的《权利法案》,正式确立了现代意义的税收法定主义。它的产生有深刻的政治目的和动机,是各方利益主体相互妥协的结果,但其本质上有利于促进纳税人权利保障这一内核。从人类历史的发展进程看,税收法定主义在各国的确立是和各国人民争取自身权利的历史进程联系在一起的,并体现在各国的宪法中。例如,1787 年美国《宪法》第 1 条规定,"一切征税议案应首先在众议院提出","国会有权赋课并征收税收"。法国《宪法》第 34 条规定,"各种性质的赋税和征税基础、税率和征收方式必须以法律规定"。

---

[*] 本文载《中国税务报》2012 年 2 月 22 日,作者:刘剑文。

可以看到,人类争取人权,要求建立现代民主宪政的历史,一直是与税收法定主义的确立和发展密切相关的。在现代社会,坚持税收法定主义,仍然是民主宪政的基本要求。因为税收法定主义要求对国家征税权的行使,施加合理的限制,以保障纳税人的合法财产权益不受国家征税权的过度侵犯。税收法定主义中的"法"是指狭义上的法律,其本旨在于规范国家权力的运用,同时保障纳税人的权益。税收法定主义的落实,是实现私人财产课税法治化的必经途径,体现了国家通过税收,扶持纳税人生存、发展的精神。

2004年,我国对宪法进行了重要修改,其中两个最为引人关注的变化是:宪法明确规定"公民的合法的私有财产不受侵犯"和"国家尊重和保障人权"。税收,是国家对公民私有财产权的依法"剥夺"。税收法定主义则要求国家"剥夺"公民私有财产时严格依据法律规范进行。这既限制了征税机关的活动范围,又能保障公民合法私有财产权不受侵犯。从本质上看,税收法定主义体现了保障纳税人权利的要求,是对宪法中"尊重和保障人权"条款的落实。宪法是一国的根本大法,在社会生活中应当具有最高权威,2004年修宪时加入的保护合法私有财产和保障人权条款,是具有鲜明时代特征的宪法条款,体现了我国宪法的与时俱进。而在税收领域,要体现这两项宪法原则,就应当坚持税收法定主义。

坚持税收法定主义,体现了财税民主的价值观

坚持税收法定主义、确保基本税收制度必须制定法律,同时严格对国务院的授权立法进行严格限制,是财税民主和财税法治实现的衡量指标之一。我国的法律体系是由宪法、法律、法规、规章组成的效力由高到低排列的"金字塔"结构,处于不同效力位阶的法律渊源虽然从形式上看,只是立法权主体的不同,但不同法律规范制定过程实际上反映的是人民参与程度和人民意志代表程度的差异,即民主性差异。由此可见,坚持税收法定主义,是以严格的法定程序确保民主性和代表性在税收领域最大限度地实现。

具体说,由于税法不仅关涉对公民财产权的剥夺,同样也关涉剥夺这部分财产如何被合理地运用于公共物品和公共服务的提供,因此强调法律的形式具有更为重要的意义。只有法律是人民意志的充分体现,纳税才会是人民的自愿决定;只有税收的使用能够切实体现人民的真实需求,公共服务才具有正当性和公共性。

坚持税收法定主义,是建设法治国家的客观要求

人们一定会问:有关税收的规范为什么主要应是法律而不是行政法规呢?除上述理由外,还有以下理由。

重大税收事项以法律确定是立法法的要求。根据我国《立法法》第8条规定,基本经济制度以及财政、税收、海关、金融和外贸的基本制度,只能由全国人民代表大会立法。这是税收法定主义的直接法律依据,对这一条款的遵照与执行,本身就反映着法治的实现程度。

法律具有其他渊源不可相比的优势。法律的制定程序严格,税收立法采用狭义法律的立法模式进行,有利于在更高层次实现财政民主和保护纳税人权利。税法规定税收领域的基本事项,对所有的税法主体和税收行为都有约束力和指导效力,因而也更容易确保税收活动的宏观秩序。由于法律具有稳定性和可预测性,一旦立法程序完成,在具体的执行过程中,立法机关自己也必须受其约束,不能随意变动法律。税收法律更易于协调各阶层的利益冲突,便于纳税人调整自己的生产、生活。法律的稳定性和可预测性还会增加税法制度的被遵从度。

我国现行税收立法采用授权立法制,其立法依据导源于1984年和1985年全国人大及其常委会颁行的授权立法条例。授权立法的积极作用毋庸置疑,但其消极作用也显而易见:级次不高,稳定性不够,名称各异,结构分散,冲突严重,不利于保障纳税人合法权益和税务机关依法行政,更冲击了税收法定主义原则,增加了执法的难度和成本。《立法法》第11条规定,"授权立法事项,经过实践检验,制定法律的条件成熟时,由全国人民代表大会及其常务委员会及时制定法律。法律制定后,相应立法事项的授权终止"。有鉴于此,对税收授权立法的扬弃,改变授权立法的模式,回到由全国人大及其常委会制定税法,自是必然。收回授权立法并非对授权立法的全盘否定,授出再收回,是对授权立法逻辑规则的遵从。

税法实践为提升法律位阶积累了丰富的立法实践,效力位阶提升是税法发展进步的经验模式。以《企业所得税法》为例,我国的企业所得税经历了工商所得税、依据企业性质分别立法的企业所得税和统一的企业所得税三个阶段,2007年统一的《企业所得税法》颁布。由此可见,我国多年的立法实践,延续着从条例到法律的发展进程。有关企业所得税的每一次变革,都对企业所得税的征管、企业的发展乃至经济社会的发展起到了重要的促进作用。从条例到法律的变革,一方面固然是因为企业所得税本身具有重要的地位和作用,另一方面也体现着对税收法定主义的遵守。

对法律的重视不排斥行政法规等其他渊源。不同的法律渊源,在各自的效力范围内都发挥着促进税收法制的作用。从税法的发展和现状看,即便制定了特定的税种法,也需要相应的实施条例来细化和具体化,同时还需要行政规章的配套,才能有效实施。我国这种"金字塔"式的法规体系,其源头的渊源位阶越高,整体权威性越高、效力范围越广、可预期性越强。坚持税收法定主义并不是说对一切税收问题都必须制定法律,而是强调税收行为必须满足合法性的要件,必须获得法律的明确许可或立法机关的专门授权。对于税收基本制度,应由全国人大及其常委会制定法律,国务院进行执行性立法、补充性立法和授权性立法。

坚持税收法定主义,有利于提高税法的权威性

当前,我国税法体系中仅有4部法律,而有约30部税收行政法规、约50部税收行政规章和超过5500部税收通告。在实践中,发挥最主要作用的是这些税收通告。由此可见,我国税收规范性文件的效力层级较低,与之相应的便是实践中,这些规范性文件的稳定性非常欠缺,进而影响税法规范的权威性。坚持税收法定主义,要求对这些大量存在的低位阶规范性文件进行清理,将不合时宜的规范性文件废止,同时因时制宜地将部分经过实践检验、证明运行效果较为理想的税收规章、税收通告上升为法律或行政法规,以提高其稳定性和权威性。

2011年,全国人大常委会宣布,中国特色社会主义法律体系初步形成,我们在政治、经济、社会和文化生活的主要方面已经做到了有法可依。

税收活动在社会生活中的重要性毋庸置疑,即便是从与其他部门法律的协调与配合角度出发,也应该更多地由全国人大及其常委会来制定法律,以期达到法律渊源之间的协调与平衡。

总之,税收领域坚持税收法定主义,对税收立法、执法、司法和守法,健全和优化中国特色社会主义法律体系,更好地尊重和保障纳税人的基本权利,构建和谐的税收征纳关系,意义重大而深远。

如何准确理解税收法定原则[*]

税收法定原则,又称税收法律主义,是当今各国通行的税法基本原则。《中共中央关于全面深化改革若干重大问题的决定》(以下简称《决定》),明确提出"落实税收法定原则"。"税收法定原则"是第一次写入党的重要纲领性文件中,这充分展现了党中央对税收法定原则的高度重视,凸显未来我国加强税收立法的"顶层设计"。

不过,由于税收法定原则在我国长期没有得到必要的重视和宣传,社会上还未能很好地理解这一原则的精神内涵和实质。例如,有观点认为,"税收法定"的"法"包括法律、法规、规章等各类法律渊源,落实税收法定原则就是要加快修改现有的法规、规章,或者就是要约束地方不得随意变更中央的各类规定。这些观点是对税收法定原则的误读,可能给今后的财税法治建设带来不必要的干扰与阻碍,不利于推进国家治理体系与治给能力的现代化转型。因此,我们很有必要正本清源,认真领会《决定》中的相关精神,准确理解税收法定原则。

税收法定原则的核心理念是民主、法治

历史表明,税收法定与现代国家是相伴而生的。1215年的英国《大宪章》被公认为税收法定原则的源头,自此之后,伴随着"无代表则不纳税"的斗争,英国的现代议会制度乃至整个民主政治制度才正式奠基。近代史上数次轰轰烈烈的大革命,也大多起源于财政危机或对征税权的争夺,并且都以议会取得对征税权的控制为最终结果。可以说,税收法定主

---

* 本文载《经济参考报》2013年12月3日,作者:刘剑文。

义的确立与发展过程,也就是国家从封建走向民主、从专制走向自由、从人治走向法治的过程。时至今日,无论在经济水平、文化观念、社会传统等方面存在何种差异,凡是倡导与实行法治的国家,无不普遍奉行税收法定,且大多将其写入宪法之中。例如,美国《宪法》第1条规定:"一切征税议案应首先在众议院提出";法国《宪法》第34条:"各种性质的赋税的征税基础、税率和征收方式必须以法律规定";日本《宪法》第84条规定:"新课租税或变更现行租税必须有法律或法律规定的条件为依据";埃及《宪法》也规定:"只有通过法律才能设置、修改或取消公共税捐。"

　　进一步看,税收法定就是民主法治观念在税收领域的具体映射。从法律角度来观察,税收的本质就是一种"公法之债",国家和纳税人处于宪法上的平等地位。虽然税收在微观上表现出无偿、强制的特性,但在宏观上却应被理解为国家提供公共物品和公共服务的必要成本。因此,税收征纳应当获得人民的同意。鉴于现代国家人口众多,这种"同意"通常表现为间接同意,即由民意代表机关制定法律来规定税收事务。坚持税收法定,也就是要对国家征税权的行使施加合理的限制,以严格的立法程序来确保民主性和代表性在税收领域获得最大程度的实现,保障纳税人的合法财产权益不受国家征税权的过度侵犯。它根植于现代国家的民主、法治理念,彰显着对纳税人基本权利的尊重和保障。

　　对我国而言,坚持税收法定原则意义尤其重大。在建设法治中国的历史进程中,必须以法治方式处理好国家与纳税人、立法与行政、中央与地方等多维度的复杂关系。而税收同时涉及这些方面,因而更加需要以高位阶的法律来科学界定各方关系,从而实现纳税人依法纳税、征税机关依法征税、国家依法取得财政收入。特别是考虑到收入公平分配越来越成为我国面临的重大挑战,而税收直接置身于国民财富分配领域,对促进分配正义的作用最为明显和直接。因此,深化收入分配改革,离不开一个科学、完善的税收法律体系。总体来看,坚持税收法定原则,符合我国宪法尊重和保障纳税人基本权利的精神,符合建设法治中国的发展趋势,也符合市场经济对税法的权威性与稳定性的客观需要,对保障公民财产权益、维护社会经济稳定、促进收入公平分配具有不可替代的重要意义。

　　目前,我国还没有将税收法定原则上升到宪法原则的高度。我国《宪法》第56条规定:"中华人民共和国公民有依照法律纳税的义务。"一般认为,尽管税收法定原则目前在我国宪法中有一定的依据,但这一规定并没有完整、准确体现税收法定主义的精神。不过,税收法定原则已为我国现行立法实践所接受、确认。《立法法》第8条明确地将财政、税收基本制度作为法律保留事项,只能通过制定法律予以规定。《税收征收管理法》第3条则规定:"税收的开征、停征以及减税、免税、退税、补税,依照法律的规定执行;法律授权国务院规定的,依照国务院制定的行政法规的规定执行。任何机关、单位和个人不得违反法律、行政法规的规定,擅自作出税收开征、停征以及减税、免税、退税、补税和其他同税收法律、行政法规相抵触的决定。"这表明,税收法定原则已经在我国的法律层面得到了正式确立。

税收法定原则要求设税权回归全国人大

一般认为,税收法定原则的内涵包括三个方面:一是要素法定,即纳税人、课税对象、税基、税率、税收优惠等基本税收要素应当由法律规定;二是要素确定,即法律对税收要素的规定必须是尽量明确的,以避免出现漏洞和歧义;三是征税合法,即征税机关必须严格按照法律规定的课税要素与征纳程序来征收税款,不允许擅自变更。

需要强调的是,税收法定的核心在于"法",而此处的"法"仅指狭义的法律,即由最高立法机关通过立法程序制定的法律文件,均属各国议会保留的事项。在我国,就是指全国人大及其常委会制定的法律,而不包括行政法规、规章及其他规范性文件。税收法定原则体现的是我国税制改革的"顶层设计"。

之所以要求以法律的形式来规定税收基本事项,可以从民主性和科学性两方面来解释。一方面,立法主体不同的背后,实际上是人民参与程度和人民意志代表程度的差异。法律的制定机关同时也是最高民意代表机关,因而天然地具有最强的民主性,法规、规章、规范性文件的民主性则依次减弱。另一方面,立法的位阶越高,其制定程序越正式、规范、透明,法案的科学性水平也越有保障。相应的,其耗费的立法成本也更加昂贵。划分法律位阶,就是为了合理配置立法资源,对重要性不同的事项采取不同的立法程序。而税收作为调整国家与国民财富分配的关键事项,直接涉及每个公民的财产权保护,地位类似于刑法上的罪刑法定原则,故应当以法律形式规定。

不过,我国目前的税收法律体系,距离这一要求还有相当大的差距。在现行的18个税种中,只有《个人所得税法》《企业所得税法》和《车船税法》这3部法律,绝大多数税收事项都是依靠行政法规、规章及规范性文件来规定,税收授权立法明显居于主导地位。客观地说,全国人大及其常委会在1984年、1985年对国务院的两次立法授权,在当时具有一定的必然性及合理性,但时至今日已经不能符合时代精神与客观需要,也为法治建设带来了一系列的障碍与阻力。正因如此,学界的有识之士一直在为全国人大收回设税权而呼吁。在2013年的全国"两会"上,全国人大代表赵冬苓联合31位代表正式提交《关于终止授权国务院制定税收暂行规定或者条例的议案》,更是掀起了对设税权回归的热烈讨论。

值得注意的是,《决定》积极回应了学界的呼吁,在"推动人民代表大会制度与时俱进"一条中正式写入"落实税收法定原则",并且在"推进法治中国建设"部分中着重强调了对法规、规章、规范性文件的审查以及对行政执法的监督。这就表明,法治中国离不开一个在立法与监督上积极发挥更大作用的人民代表大会制度。落实税收法定原则,核心也正在于还权人大,由最高立法机关掌握税收立法权。

从实现路径来看,我们主张全国人大择机废止1985年的税收立法授权,正式收回税收立法权。需要说明的是,这并不意味着现有的税收法规、规章自动失效,因为收回授权只能对撤销之日以后发生效力,而不会产生溯及效力。在全国人大立法之前,现行的税收行政法规仍然有效,但要遵循一个原则,即国务院可以在不增加纳税人税负的前提下对现行税收条例进行修改;这也不排斥今后的新授权立法和授权试点,但这些授权都应当遵循具体、明确、"一事一议"的标准,不能再进行空白授权和一揽子授权。

应当看到,税收法定并不要求一切税收问题都必须制定法律,而是强调税收行为必须满足合法性的要件,必须获得法律的明确许可或立法机关的专门授权。也就是说,税收的开征、停征、课税对象、税率等基本要素必须由全国人大及其常委会制定法律,但国务院仍可以根据授权或为了执行法律而制定税收行政法规,财税主管部门也可以出台具体解释与执行细则。不过,这些法规、规章与规范性文件应当符合法律的精神、原则,并限定在其效力范围内发挥作用,仅对上位法进行补足和解释,而不能超越上位法来创制规则。

落实税收法定原则的突破口是房产税立法

有观点认为,税收法定固然重要,但立法耗时太长,不符合改革的效率要求,因此我国的税制改革还是应当摸着石头过河。我们认为,这种观点没有清晰地认识到改革与立法的关系,也没有很好地理解《决定》"顶层设计"的思维、对"落实税收法定原则"的要求。所谓"落实",不仅仅要在观念上加以确立、在纸面上加以宣示,更要在改革中将税收法定付诸实践,尽快把各个税种的规定上升为法律。在本届全国人大常委会公布的立法规划中,增值税法等单行税法被列入第一类立法项目,这就充分表现出落实税收法定原则的决心。

其实,立法与改革应当是相辅相成、互相促进的。深化财税体制改革的过程,也应当同时是落实税收法定原则的过程。《决定》明确提出,要完善重大决策合法性审查机制。对于涉及千家万户利益的改革,其决策更应当自觉遵循法治要求。特别是对于税制改革而言,其实质就是基本税收要素的变动,因此,改革税制的权力是税收立法权的一部分,应当属于全国人大及其常委会。也就是说,税制改革必须由人大立法,或者至少是经过人大专门授权,才具有充分的法律依据。同时,正如习近平总书记所指出的,改革需要摸着石头过河,也需要顶层设计。立法作为顶层设计的最优形式,能够通过透明、规范、正式的利益博弈过程来统合分歧、寻求"最大公约数",从而增强改革成果的民意基础与可接纳度。从实践效果看,近年来的税制改革中,那些行政主导的"闭门决策"试点,其合法性、科学性都不断招致民众的质疑与非议。而车船税等通过"开门立法"推进的项目,则获得了广泛的积极响应,以程序上的民主、公开赢得了普遍认同。

当然,落实税收法定原则需要一个循序渐进的过程。要求短时间内将所有税种都制定法律,可能并不现实。更为理性的选择是分清轻重缓急,将条件相对成熟、社会关注度最高的税种先行立法。在本轮税制改革中,"营改增"和房产税改革是主要推进方向。相比之下,房产税立法又更显重要。"营改增"主要是减轻税负,因此在人大立法之前,还可以通过国务院修改有关的税收法规的形式进行。而房产税改革则是要扩大征收范围,涉及增加纳税人的税负。同时,房产税是直接税,纳税人对增税的反应最为敏感、直接,因而很需要通过立法来推进改革,以此凝聚共识、减小阻力,以程序正当性保障目的正当性。有观点认为,《决定》中关于房产税立法的表述仅仅是指由国务院修订《房产税条例》,不得不说这是一种误读。《决定》中专门提出"加快房地产立法并适时推进改革",就是表明要由全国人大制定《房产税法》,并且要加快立法进程。我们认为,房产税立法应当成为落实税收法定原则的突破口,成为今后税收立法的标杆。

从理论上讲,税收法定原则可以划分为三个阶段,一是民意机关掌握税收立法权,以此规范行政机关的权力;二是上升为宪法原则,以此规范立法机关的权力;三是站在纳税人基本权利的高度,打通"征税"与"用税",将财政收入、支出、管理均纳入法定的范围。

从现实情况看,我国最为紧迫的任务还是实现第一阶段的要求,逐步将各个税种的法律规范都上升为法律。而在条件成熟时,还应积极推动税收法定原则"入宪"。具体来说,可以考虑将现行《宪法》第 56 条修订为:"公民或法人有依法律按负担能力平等纳税的义务。"同时,新增 1 款作为第 56 条第 2 款:"纳税人、征税对象、计税依据、税率等税收要素应当由法律规定。"将税收法定原则上升为宪法原则,能够为我国完善科学的财税体制打牢宪法基石,推动现代财政制度的建立,进而为法治中国建设与"中国梦"的实现提供坚强的制度保障。

未来三十年应是纳税人权利彰显的三十年*

如果说过去的三十年是宪法、行政法、刑法、民商法、经济法等学科在国家法制建设进程中有所作为的三十年,那么,未来的三十年应是中国民主政治发展、纳税人权利彰显的三十年,也必将是财税法等学科为国家建功立业,财税法学者(包括从宪法、行政法、刑法、民商法、经济法等角度研究财税法的学者)更好地报效国家的三十年。我曾将中国财税法学的立场归纳为"公共财政、民主政治、法治社会、宪政国家"。用这16个字来指导财税法的发展,财税法学人的命运就与整个国家的命运紧密联系在一起了。

综合这一立场,我将财税法概括为中国的"为官之道"和"为民之法"。所谓为官之道是要求未来三十年的中国各级政府官员应学会更好地善征、善用、善管纳税人的每一分钱,依照法律掌控好政府的"钱袋子"。在财政收入方面,要取之合理、合法、合宪;在财政支出方面,要用之公开、公平、公正;在财政管理方面,要管之有规、有序、有责。只有这样,才能逐步化解社会的各种矛盾,理性疏导和智慧地处理各种复杂的社会问题。所谓为民之法是要求财税法强调规范、控制政府的权力,保护纳税人的权利、特别是保护纳税人的合法私有财产。所以,财税法也可谓时时刻刻在为人民谋利益之法。

美国大法官马歇尔曾说:"征税的权力是事关毁灭的权力。"财税法的重要性因此不言而喻。下面略举几例加以说明:第一,老百姓高度关注的房价居高不下,虽然主要是供求关系所致,但是与地方政府财政收入的

---

* 本文载《中国税务报》2010年3月3日,作者:刘剑文。

扩张,中央与地方财政分权不彻底,财政体制缺乏法律规范不无关系。第二,为应对国际金融危机,在我国出台的4万亿元救市方案中,相当大的部分属于财政支出。在救市方案出台和实施过程中,财政民主的缺失不能不说是一个遗憾。第三,收入分配不公之所以成为当今中国突出的社会矛盾,与财税体制改革滞后、财税法制不健全有很大关系。强化财税的正义导向,强化财税的民主参与,强化财税的法律规范,有利于化解这些矛盾,促进社会的稳定与和谐。第四,老百姓深恶痛绝的腐败现象产生的重要原因是财政法制滞后,与财政缺乏透明度和有效监督机制息息相关。第五,对13亿人的社会保障而言,财政资金是其中重要的收入来源,财政部门还要承担最后付款人责任。健全的财税法制,有利于实现有效监管,保障资金安全。第六,国家每年2万多亿元的财政转移支付资金,目前既无法律也无行政法规控制,实体和程序正义难以体现。这不仅影响了资金分配的公平,而且导致资金使用效率的低下、浪费严重。第七,2009年到2010年,我国每年有1万亿元左右的财政赤字。国家应当遵循财政稳健原则,在财政政策扩张和经济快速发展的同时,将风险控制在安全区域内,特别需要财税法从标准和程序两方面介入。第八,2009年12月,国务院向全国人大常委会郑重承诺,未来两年到三年中央部门预算要公开。在当前经济社会条件下,国务院此举意义重大。这对转型中国的积极影响或许会超过我们的预期。那么,地方各级政府是否应该向同级人大常委会承诺公开地方预算呢?修改中的《预算法》是否要明确规定中央与地方各级政府的预算必须公开呢?

可以说,目前中国深层次的诸多社会矛盾、深层次的社会问题都与中国的财税体制改革和财税法治滞后有着直接或者间接的关系。党中央提出建设和谐社会,这的确是一个英明伟大的决策。但和谐社会的根基在于政府与纳税人关系的和谐。如果财税体制不进行根本性改革,财税法治建设依旧滞后,政府与纳税人的关系很难变得更加和谐,社会矛盾就可能随时集中爆发。

实际上,财税法自成体系,应当由三四十部法律构成。目前,我国才制定五六部法律,未来之发展可谓任重而道远。2010年,国家宣布社会主义市场经济法律体系已经形成。我们在祝贺和高兴的同时,也十分遗憾地观察到,作为社会主义市场经济法律体系中"重头戏"的财税法,绝大部分支架性法律仍然缺位,如政府间财政关系平衡法、财政转移支付法、财政投资法、税法通则、增值税法、消费税法、行政收费法、国债法等法律都是空白。近些年来,全国人大常委会等逐步认识到财税立法在和谐社会建设中的重要性,加快了财税立法的步伐。

纳税人权利保护的两岸税法实践比较[*]

随着海峡两岸经贸的持续发展与合作交流的不断深入,特别是近些年来内地法律制度的现代化革新步伐的加快,同样源自于大陆法系传统的内地和台湾地区在法律制度的总体风格及内容品性上愈有相似性和可比性。

就两岸税法制度而言,呈现出一种相互交错融合的态势:一方面,两岸不同的政制格局使得两岸税制有着较大的实质区别;另一方面,近些年来两岸税法理论的互动发展使得各自税法领域的实践又殊途同归。

在政府组织结构上,内地的财政部门和税务部门分设,以凸显税务部门的业务专业性和相对独立性;而台湾地区的税务系统则统辖于财政部门,贯彻财税一体和统筹管理的国家理财原则。由于特定的经济历史条件,内地的国税地税分治的格局并未在台湾地区税务部门中得以呈现,但与此同时,台湾地区也存在台北、高雄"两市"及北区、中区和南区"三区"五个国税局的特定设置。而台湾地区东部、南部地区与北部地区财源不均及财政失衡的情形,也同样对应于内地东部沿海地区和西部地区等欠发达地区的财政格局,并均需实施财政转移支付制度得以处理。

近些年来,以纳税人权利保护为主要构成的税法理论革新在两岸税法实践中都得到了长足的发展,并深刻影响了税法实践的演进脉络与具象图景。

纳税人权利保护:共同目标下的差异化实践

台湾地区的"行政法院"通过司法判决的方式将纳税人权利保护原

---

[*] 本文载《东方早报》2012 年 11 月 20 日,作者:刘剑文、王桦宇。

则实效化和强制化,使得税务机关会更加审慎评估税收执法的合理性与正当性,更是直接减少了纳税人权利受损的可能性与几率。内地的税务诉讼并不发达,纳税人权利保护在司法中的案例较难寻觅。

2009年11月6日,国家税务总局发布2009年第1号公告《关于纳税人权利与义务的公告》(以下简称《公告》)。该公告第一次以税收规范性文件的形式,将《税收征收管理法》及相关法律法规中有关纳税人权利与义务的规定进行了归纳和整理,并将14项权利和10项义务逐一列明。

据国家税务总局的官方口径,该公告发布有三个目的:一是便于纳税人维护自身权益,二是促进纳税人纳税遵从度,三是规范税务机关的管理服务行为。尽管《公告》仅仅是一项宣示性的规范性文件和法条汇编,但仍然也有着重要的跨时代意义。毕竟,《公告》明确而具体地提出了纳税人权利保护的政策语词。

其后两个月,也即2010年1月6日,台湾地区"税捐稽征法"启动立法程序,吸收税法学界的纳税人基本权保障建议,新增列条文"第一章之一 纳税义务人权利之保护",首度将纳税义务人权利保护予以立法明文规定。从此,纳税不仅是人民之义务,更是受宪法保障之权利,此举在台湾地区税法实践上也无疑成为划时代的里程碑。

纳税人权利保护的基础学理,最初源自围绕人性尊严议题的法治国家、社会国家及税收国家的宪法原则。主要在于传统税法理论更强调财政收入或曰税收债权的有效实现,而突显税务机关的行政功能和征收效率。但实践中,由于税法规定的挂一漏万以及实际样态的千差万别,税务机关在税收征收时会采取有利于税收债权实践的理解,这样就导致对纳税人权利的损害。

近二十年来,世界税法发展趋势是更加迈向文明化和人权化,特别注重纳税人权利保护基础上的利益衡平原则的贯彻及和谐征纳关系的培育。就具体的法律政策规定而言,台湾地区"税捐稽征法"第11条之3明确规定了纳税人仅依法律规定纳税之基本权利,第11条之4则对租税优惠政策作了比例原则限定以保护其他非优惠所及纳税人权利,第11条之5、6、7则对正当法律程序、陈情及接受解答权等作了明确规定。

而内地《公告》中宣示的权利则涵盖了知情权、保密权、税收监督权、纳税申报方式选择权、申请延期申报权、申请延期缴纳税款权、申请退还多缴税款权、依法享受税收优惠权、委托税务代理权、陈述与申辩权、特定情形下的拒绝检查权、税收法律救济权、依法要求听证的权利、索取有关税收凭证的权利。

两岸税法中的纳税人保护实践,呈现如下几个异同点。

就相同点而言,两岸都采取积极的、成文的、总则性的法律政策规定来具体明确纳税人权利保护的基本原则和要点构成。可以预估的是,在相当长的一段时间内,此种税法原则将会指导和推动后续税收立法在纳税人基本权保障方面的落实。

差异点则体现在两三个方面:

第一,台湾地区的纳税人保护原则是直接体现在"总则"一章,并依托法律条文得以阐释,而内地的《公告》则仅是国家税务总局将散列的法律条文加以汇编,并非完整意义的总览性原则。

第二,台湾地区的纳税人保护条款具有直接的执行性,比如明确规定税式支出必须经过评估且符合比例原则、不正当方法取得的非真实的自白不得作为课税与处罚的依据,等等。而《公告》暂时仅止步于现行法律规定,且多为抽象性规定,并无较为严格具体的关于课税界限及程序规则的特别表述。

第三,台湾地区的行政法院通过司法判决的方式将纳税人权利保护原则实效化和强制化,使得税务机关会更加审慎评估税收执法的合理性与正当性,更是直接减少了纳税人权利受损的可能性与几率。内地的税务诉讼并不发达,纳税人权利保护在司法中的案例较难寻觅。

避税与反避税:实质课税与国库主义的两岸取向

内地税法上的反避税规定,目前的实施目的主要是更多地保障税款及时足额征收。相比内地的做法继续坚持适度审慎的国库主义,台湾地区的税法实践却越来越注重约束实质课税在避税案件中的滥用,在政府税收利益和纳税人权益中揣度平衡兼顾的合理正当性,从而有效保障纳税人权利。

在传统意义上税收的三个特征中,非对价性在很大程度上导致了避税行为的发生。市场经济条件下,无论是个人理财还是企业投资,均追求收益或利润的最大化。当下全球化,货物、资本、人才及资讯等跨境流动频繁,加之交易行为特质日益复杂且税务机关监管力量有限,避税也逐渐成为一些市场主体的人性选择。

在税法上,约束和规范避税行为的原则大致有四项:一是税收法律原则,二是实质课税原则,三是公平正义原则,四是税收效率原则。其中的实质课税原则往往是税务机关经常援引打击脱法避税的法源依据。

实质课税原则也称为经济观察法,是指税务机关根据交易行为的经济实质而非形式要件来辨识是否应当纳税,也即采用"实质大于形式"的标准。但此项原则的适用,又往往与税收法律原则注重规则确定性相冲突。学者们普遍认为,实质课税原则若在税收执法中过度使用,不仅会动摇税收法律原则的基础性地位,而且亦会侵害纳税人信赖利益及社会公平正义。从更深远的意义上讲,避税与反避税议题,不仅是税法上的重要课题,亦关乎经济自由秩序及社会财富公平分配。

2008年1月1日新施行的内地《企业所得税法》第57条明确规定:"企业实施其他不具有合理商业目的的安排而减少其应纳税收入或者所得额的,税务机关有权按照合理方法调整。"与该法相配套的《企业所得税法实施条例》(以下简称《实施条例》)第六章就"特别纳税调整"作了进一步的具体规定。

新《企业所得税法》不仅进一步规范了内地实践多年的转让定价和预约定价安排制度,还借鉴国际经验,第一次引进了成本分摊协议、受控外国企业、防范资本弱化、一般反避税以及对避税调整补税加收利息等规定。

2009年,国家税务总局发布《特别纳税调整实施办法(试行)》(国税发[2009]2号),对新《企业所得税法》及其《实施条例》反避税规定进行了细化。需要指出的是,内地税法上的反避税规定,目前的实施目的主要是更多地保障税款及时足额征收。这种国库主义的反避税思路,主要体现在两个方面:一是反避税实践中"合理商业目的"界定的单方性,二是税务机关不认可协议安排绕过或抵触税法规定。在内地报章报道的典型反避税税案中,几乎无一不是以补缴入库巨额企业所得税作为主旨标题的。与此同时,税务案件司法化程度不高也导致了内地的反避税实践目前仍停留在立法和行政层面。

我国台湾地区自1971年增订"所得税法"第43条之1,提供了转移定价避税案件调查及调整之法律依据。该条之1规定:"营利事业与国内外其他营利事业具有从属关系,或直接间接为另一事业所有或控制,其相互间有关收益、成本、费用与损益之摊计,如有以不合营业常规之安排,规避或减少纳税义务者,稽征机关为正确计算该事业之所得额,得报经财政部核准按营业常规予以调整。"该条文相比内地《企业所得税法》第57条,在实体识别和程序要件上规定得更为细致。

2004年,台湾地区公布实施"营利事业所得税不合常规移转定价查核准则",并于2009年5月立法增订"税捐稽征法"第12条之一般反避税条款。与此同时,司法实践中避税案件的审理裁判也为反避税之法理研析提供了很多参考性的标准和依据。在资本公积转增资复减资避税一案(台湾"最高行政法院"2002年判字第2287号)中,终审法院认为增资减资虽属两阶段行为,但并非以公司正常经营为目的,系权利滥用行为,最终作出了维持原审法院裁判的判决。值得注意的是,相比内地的做法继续坚持适度审慎的国库主义,台湾地区的税法实践却越来越注重约束实质课税在避税案件中的滥用,在政府税收利益和纳税人权益中揣度平衡兼顾的合理正当性,从而有效保障纳税人权利。

税务举证责任:渐进迈向程序正义

随着交易的不断创新及税法的日益复杂,税务争议会愈加增多,举证责任重要性也格外突显。观察两岸的举证责任负担,内地仍采取较为直接的推定课税方式规制纳税人程序义务,而台湾地区实践则是更多通过协力义务的妥适设置来实现税法上的程序正义。

《税收征收管理法》在"第四章税务检查"中用第54条到第59条共6个条文对税务机关的检查程序进行了简略的规定,并在"第五章法律责任"中较为详尽地规定了未配合税务机关检查和调查应当承担的法律责任。

但是,由于对税法的理解差异性的客观存在,以及交易行为本身的创新性与复杂性,可能会导致纳税人本身对是否应予申报纳税以及具体计算方式有着不同的理解。一旦此后税务机关进行税务检查或稽查,对于主观上是否有避税的恶意以及客观事实的推断与再现等事项,必然会涉及举证责任的问题。

比如,在某次税务检查或稽查中,税务机关要求提供一份财务报表或会计凭证,而纳税人由于意外或偶发原因不能提供,这样无法探知真实交易情形,是否意味着纳税人必然会被认为是有逃税或避税的嫌疑?此种情形下,若是由纳税人承担举证责任,则不可避免会产生补税和罚款的法律责任;但若由税务机关承担举证责任,则相关认定逃税或避税的事实就不一定成立。此处更为核心的问题是,此份财务报表或会计凭证是否具有绝对的证明力问题,这亦会对纳税人的责任识别和承担造成很大的影响。

在台湾地区税法学理上,纳税人的协力义务不能侵害法治国家国民基本权,亦不能逾越比例原则。作为公共利益之受托人的税务机关对课税原因事实,毕竟具有最终的阐明责任。但从逻辑上讲,纳税人不正当行使或怠于行使其作为义务,会影响税务机关行使征税权而有碍税款征收,税法上应对相关纳税人作出让其承担不利后果。

逻辑上讲,纳税人的协力义务与税务机关的职权调查并行不悖,相互配合与补充。纳税人愈是不尽到协力义务,税务机关的职权调查义务则随之减低,从而纳税人在证据法上的负担愈为不利,此时税务机关甚至可以采取推定计税的方式,协力义务与职权调查二者间具有相互影响的替代关系。

税法上协力义务,主要有五种类型:一是申报及报告义务,二是陈述及提示义务,三是制作账簿及会计记录义务,四是说明义务,五是忍受调查义务。换言之,纳税人有提供税务相关资讯的义务。此种协力义务,原则上是对纳税人资讯权的一种强制性干预,所以其识别和认定应遵循关联性、必要性和比例性原则。与此同时,如果纳税人未尽协力义务,但若不影响征收机关的职权调查,即无处罚的必要;如若因未尽协力义务至调查困难或花费过巨,则产生证明程度的减轻,而得以推计核定,亦无需特别处以罚款。

内地税法并未对协力义务作出具体规定。《税收征收管理法》第35条规定了不依法设置账簿、应当设置但未设置账簿、擅自销毁账簿或拒不提供纳税资料、账目混乱或难以查账、逾期不申报、计税依据明显偏低又无正当理由等6种情形下税务机关有权核定应纳税额。

在《企业所得税法》《增值税暂行条例》等单行税种法中,亦由关于特定情形下税务机关有权核定应纳税额的相关规定。推定课税是内地税务机关针对税务事项举证责任分配比较常用的手段。具体而言,推定课税是指当不能以纳税人的账簿为基础计算其应纳税额时,由税务机关采用特定方法确定其应纳税收入或应纳税额,纳税人据以缴纳税款的一种征收方式。

而在台湾地区学界,其对协力义务的探讨深度影响了税法实践。台湾地区"税捐稽征法""第三章稽征"之"第六节调查"中第30条至34条即规定,按照调查程序系稽征机关为认定具体课税原因事实之程序,所认定之事实如具备法定课税要件,再从而核定税捐债务。而该法"第六章罚则"则对未给予取得及保存凭证、违反设置或记载账簿义务、拒绝调查提示文件及备询等情形作出了处罚规定。可以推断的是,随着交易的不断创新及税法的日益复杂,税务争议会愈加增多,举证责任重要性也格外突显。观察两岸的举证责任负担,内地仍采取较为直接的推定课税方式规制纳税人程序义务,而台湾地区实践则是更多通过协力义务的妥适设置来实现税法上的程序正义。

纳税人权利保护的机遇与挑战*

随着我国法治理念的不断深化,纳税人意识不断提升,如何更好地保护纳税人权利的问题已经成为当前我国财税制度改革的重心。2009年11月6日,国家税务总局发布了《关于纳税人权利与义务的公告》,详细列明了我国现行法律、行政法规所规定的包括知情权、保密权、税收监督权在内的14项具体的纳税人权利。同时,在由国家税务总局牵头修订的《税收征管法(征求意见稿)》中,提升纳税人地位、强调纳税服务、强化纳税人权利保护的立法意图非常明显。这说明,在构建和谐税收征纳关系的进程中我国纳税人权利保护理念的逐步形成,也昭示着我国纳税人权利保护制度已经迈入了一个全新的发展阶段。

一、加深共识,进一步明确保护纳税人权利的现实意义

"税收是文明的对价"。现代国家大多为税收国家,纳税人为政府的存在和运行提供了主要的物质基础。作为纳税的对价,纳税人也因此依法享有一系列的权利,如依法纳税权、生存权、知情权、参与权、监督权、救济权等。在税收法律关系中,纳税人与国家各处一端,法律地位平等,权利与权力相互平衡。因此,纳税人权利保护是实现法治最重要的内容之一。

从本质上讲,税收是国家基于其存在的正当性而对公民私有财产进行的"合法侵害"。从另一个角度看,保护纳税人的合法权利,实现依法治税,实际上就是对纳税人财产权的保护,以避免私有财产受到公权力的

---

* 原标题为《纳税人权利保护:机遇与挑战》,载《涉外税务》2010年第5期,作者:刘剑文。

非法侵害。这是维护正常的经济秩序,促进社会良好运行的重要保障。

众所周知,政府和纳税人关系的和谐是和谐社会的要求之一。如果政府和纳税人关系不和谐,社会矛盾就可能随时集中爆发。只有纳税人的各项权利得到法律的充分保护,包括财产权、知情权、参与权等权利免受公权力的非法侵害,才能够真正实现国家长治久安、社会发展进步、人民富裕幸福。所以,保护纳税人权利是社会主义法治的重要内容,是实现社会主义法治国家的重要基础,是构建和谐社会的重要举措。

实际上,纳税人权利保护的理念已经基本上成为我国政府与社会各界的共识。如2005年全国人大常委会就《个人所得税法修正案(草案)》中有关工资薪金所得减除费用标准首次举行立法听证会;近年来,建立新型征纳关系、打造服务型税务机关思路的确立,国家税务总局专门成立纳税服务司;2009年国务院向全国人大常委会郑重承诺未来2—3年公开中央部门预算。我国从立法到行政各个环节都已经越来越重视纳税服务和保护纳税人权利问题。从《企业所得税法》制定过程中社会各界参与热情空前高涨等事件中,我们可以看出,纳税人的自我维权意识正在不断提高。

可见,纳税人权利保护直接关系到各级政府与纳税人之间的利益分配,也直接关系到纳税人之间以及政府之间的利益分配。纵观我国财税改革历史,每一步都充满了曲折与艰辛,每一步都是机遇与挑战并存。只有抓住机遇,加快推进纳税人权利保护,促进民主财政、公共财政建设,推动财税改革、财税法治建设向纵深发展,方能最终实现公平、正义与和谐。

二、依法确立诚实纳税推定权,完善纳税人权利保护体系

纳税人诚实纳税推定权在我国现行法律中是缺失的。所谓诚实纳税推定权,是指纳税人有被税务行政机关假定为依法诚实纳税的权利,是税法应当确立、纳税人应当享有的最重要的基本权利之一。税务机关向纳税人征税时,必须首先假定纳税人是诚信纳税人,推定纳税人在处理纳税事宜时是诚实的,并且承认纳税人所说的情况属实以及所递交的资料是完整和准确的,没有充足证据,不能对纳税人是否依法纳税进行无端怀疑并采取相应行为。大多数国家的税法和纳税人宪章、宣言中都比较普遍

地规定有诚实纳税推定权。如澳大利亚《纳税人宪章》就明确,应当推定纳税人诚实报税,除非出现相反的情况;加拿大《纳税人权利宣言》也规定,法律认为纳税人是诚实的,除非有证据证明事实上有相反的情况。

我国,依法确立纳税人诚实纳税推定权:一是有利于合理、有序、高效的纳税环境的形成,降低整体纳税成本。随着商品经济的发展,诚实信用原则已由道德准则逐渐上升为法律原则,成为市场经济的一个重要法律标准,极大地降低了整个社会的交易成本。在税收领域,国家获得税收以维持正常运转并提供必要的公共品,纳税人向国家支付税收并享受公共品,征纳双方在本质上是等价交换关系,双方理应秉承诚信原则、互相信赖。二是有利于保护纳税人,使其免受公权力的非法侵害。在税收法律关系中,税务机关作为公权力的代表,享有很大的行政自由裁量权,并且具有强制执行的权力,纳税人在实际上处于弱势。如果没有诚实推定权利,纳税人很容易受到公权力的非法干预,其财产权利和正常的生活、生产、运行秩序都难以得到充分的保障。正如刑法中的"无罪推定"原则是保护犯罪嫌疑人的基本人权、防止公权力非法侵害的基石一样,税法中规定"诚实纳税推定权",也应当是保护纳税人权利的重要体现。

三、改革纳税争议解决的前置制度,创新税务行政复议机制

充分保障纳税人权利的实现,需要改革税务行政复议制度,尤其是要修改有关纳税争议前置性制度。按照《税收征管法》第88条的规定,纳税人、扣缴义务人、纳税担保人与税务机关在纳税上发生争议时,必须先依照税务机关的纳税决定缴纳或者解缴税款及滞纳金或者提供相应的担保,然后才能够申请行政复议,对行政复议不服的,才能提起诉讼。据此,我国法律对纳税争议的解决有两个前置性规定:一是缴清税款或者提供担保前置于行政复议;二是行政复议前置于行政诉讼。

第一个前置性规定的初衷在于防止纳税人滥诉(复议),确保税款的征收和及时入库,维护国家的税收利益。但是从保护纳税人权利的现实来看,其合理性值得怀疑。在我国现行法律制度下,税务机关完全可以通过强制执行措施防止国家税收利益受到损害或者纳税人故意通过复议来获取非法的延迟缴纳利益。此项前置性规定实无必要。并且,在这项规

定下,一旦纳税人、扣缴义务人、纳税担保人无法缴纳或者解缴税款及滞纳金或者提供相应的担保,将被剥夺启动行政复议的权利,并因此被间接剥夺获得司法救济的权利。基于经济原因而完全剥夺纳税人获得救济的权利,不但违反了行政法中手段与目的相称的比例原则,也将造成富人与穷人法律上的不平等。因此,综合考虑纳税人权利保护和国家税收利益保障,参考国外经验,可以考虑以纳税人缴纳一定比例税款(担保)取代全额缴纳税款(担保)的前置制度。当然,最优的选择是取消我国现行的税务行政复议前置制度。

第二个前置性规定,是考虑到税收案件数量大且专业性强的特点,确实有利于发挥行政复议经济、快速的优势,有利于司法资源效用的最大化。法国、德国、日本、韩国、加拿大、英国等国家也都规定有税务行政复议前置的制度。但与我国完全不同的是,有关国家的税务行政复议机构是独立于税务机关的。反观我国,税务行政复议机构是税务机关的内设机构,税务行政复议委员会一般也是由局长或者分管局领导担任主任,各业务部门负责人担任委员,委员会办公室设在政策法规部门。这种由内部人组成的机构,难以保证其独立性,使税务行政复议的公正性大打折扣,甚至可能成为变相损害纳税人请求司法救济权利的工具。因此,应当创新税务行政复议机制,引入外部专家以加强其独立性和专业性。在未来条件成熟时,甚至可以考虑整体改革行政复议组织,设立全国统一的行政复议机关,下设税务行政复议机构专司税务行政复议案件,以完全独立于税务机关,从而确保税务行政复议的公正性和专业性。

四、改革税务行政诉讼机制,建立纳税人诉讼制度

我国税务行政诉讼制度存在诸多不足,如法院缺乏专业人才、抽象行政行为未纳入审查范围、纳税人监督权和参与权等权利行使难以得到司法救济等。同时,我国目前税务行政诉讼案件较少,平均每年1000件左右,以全国3000多个基层法院计算,平均3个法院才有一起税务行政诉讼案件,与德国年均受理9万余件税务行政诉讼案件相比,存在巨大的差距。而且,我国税务行政诉讼案件的立案数占整个行政诉讼案件立案数的比例很小。因此,有人认为在中国没有必要设立专门的税务法院或者税务法庭,只需对行政庭的法官加强税法培训即可。

笔者认为,从纳税人权利保护的发展趋势来看,在条件成熟时,可以考虑在我国逐步设立专门的税务法院或者税务法庭。这是因为:第一,与国外相比,我国的税法立法水平和制度完善程度相对较低,由此,税法的模糊规定或者制度设计不良引发争议的可能性较大。第二,我国的纳税环境、纳税服务不如发达国家,我国纳税人对于税务机关的满意度有限,而我国税务行政复议的质量也并不高,因此导致税务行政诉讼的几率相应会增大。第三,我国社会正处于转型期,各种矛盾都处于集中暴发期,各类行政诉讼案件数量急剧上升。税收作为纳税人与国家之间所进行的财产分配活动,正是矛盾的焦点,税务行政诉讼案件数量正处于快速增长的时期。第四,具体税务行政行为的数量及其涉及的主体数量和主体类型都是其他很多行政领域所无法比拟的,税务行政诉讼立案率不应当在各类行政诉讼案件中排在末尾。因而,我国目前税务行政诉讼案件过少、立案率极低的现状不符合正常逻辑推论。这也从另一个侧面提醒我们,很可能是因为我国税务行政诉讼制度、税务行政诉讼环境、司法独立性、审判质量等方面存在问题,从而极大降低了税收司法救济手段的效用或者加大了纳税人权利救济的潜在成本,并导致纳税人息于或者不愿通过司法救济手段来维护自己的合法权益。因此,应当改革我国的税务行政诉讼机制,修改不合理的制度安排,降低诉讼门槛,建立更加独立、专业的税收审判机构(如税务法院或税务法庭),真正实现通过司法救济手段来强化纳税人权利的保护。

保护纳税人权利,还应当建立纳税人诉讼制度。纳税人诉讼,通常是指一定公共区域内的居民以纳税人的身份,所提起的禁止公共资金违法支出的禁止令(injunction)请求诉讼。它起源于19世纪英国衡平法上的"相关人诉讼"(relator action)。深受英国法律影响的美国先后通过司法判例、成文法等形式承认了纳税人诉讼。第二次世界大战后,日本仿效当时美国的"纳税人诉讼"(taxpayers' suit)及"市民诉讼"(citizens' suit)模式,建立了与之类似的住民诉讼制度。

目前,我国三大诉讼法制度均不承认私人主体启动的公益诉讼。公益诉讼的成功事例仅局限于以公权力机关作为起诉主体对环境损害主体的诉讼。如湖南省望城县以检察院为原告,起诉该县坪塘水泥厂对望城县坪塘镇花扎街村的49户村民造成环境损害的赔偿。公民个体提起的公益诉讼,法院往往以主体不适格为由而不予受理。而"蒋石林诉常宁市财政局案"被学界称为"中国纳税人诉讼第一案",以法院裁定不予受理而告终。但是应当看到,纳税人诉讼通过对财政支出的司法审查,体现了司法权对行政权的有效制约,彰显了以私权利制约公权力的理念。纳税人诉讼制度有助于提高公众财政参与的积极性和有效性,增强政府财政行为的合法性和可诉性,对于我国财政民主与财政法治建设具有重要意义。我国可以参考国外经验,逐步建立纳税人诉讼制度,先允许纳税人就其所在的特定行政区划内的财政支出事项提起诉讼,再逐步扩大诉讼范围。

总之,虽然我国纳税人权利保护取得了重大进展,但是我们应当清醒地看到:我国纳税人权利保护的理论创新和制度构建还存在诸多有待突破、改进、完善之处,在构建和谐社会、建设法治社会的大背景下,我国纳税人权利保护既存在机遇也面临挑战。

附录一：财税法是国家治理现代化的基石[*]

党的十八届三中全会提出：财政是国家治理的基础和重要支柱，科学的财税体制是优化资源配置、维护市场统一、促进社会公平、实现国家长治久安的制度保障。必须完善立法、明确事权、改革税制、稳定税负、透明预算、提高效率，建立现代财政制度，发挥中央和地方两个积极性。

"这不是对财税的褒奖，而是回归了财税的本位。"11月23日，参加"国家治理现代化与深化财税体制改革"座谈会的专家学者，阐述了他们学习《中共中央关于全面深化改革若干重大问题的决定》（以下简称《决定》）的体会。

如何理解"财政是国家治理的基础和重要支柱"？

刘剑文教授认为，三中全会《决定》站在历史的高度，高屋建瓴地肯定财税改革和制度建设的极端重要性。他认为，财政是七分财、三分政。财，是指财产、财产权利，既有私人财产权又有公共财产权的因素。政，是指政府，政府的主要职责是要平等和有效保护私人财产权和公共财产权。财政的深层次问题则反映着国家与纳税人的关系，中央与地方的关系，立法机关与行政机关的关系，还有政府与市场的关系，其中重点是国家与纳税人的关系。这些问题涉及着我国的治理架构、运行机制和法治化。可以看到，我国所有改革内容都涉及财税和法治问题。新一代领导人正是洞察了古今中外历史的经验教训，才把财税和法治提高到如此重要的位置。此次全会《决定》第五

---

[*] 原标题为《财税本位的回归：财税法学者谈学习〈决定〉体会》，载《中国税务报》2013年12月4日，采访记者：寇红。此文系2013年11月23日举行的，由中国财税法学研究会主办、北京大学财经法研究中心承办的"国家治理现代化与深化财税体制改革"座谈会的媒体报道。为方便读者全面了解十八届三中全会对财税问题的总体部署，特收录于此。

部分是专述"深化财税体制改革"的,但财税体制改革问题,不仅仅限于《决定》的第五部分,应该说《决定》从头到尾都贯穿着财税体制改革和法治的精神。在三中全会召开前,中共中央、国务院通过的《党政机关厉行节约反对浪费条例》是一部重要的财政制度。这说明财税体制改革和法治是我国新时期改革的主线和重点。

中国政法大学民商经济法学院教授施正文认为,《决定》实现了财政、税收两个制度的创新和突破。长期以来,财政被列在经济、收入范畴。而实际上,财政是国家最根本的制度。正如刘剑文教授所言,理财就是治国,理财是治国的主要形式。《决定》把财税从简单的经济领域提升到"财政是国家治理的基础和重要支柱"、"科学的财税体制是优化资源配置、维护市场统一、促进社会公平、实现国家长治久安的制度保障"的高度,不是对财税的褒奖,而是回归了财税的本位。

中国人民大学法学院教授徐孟洲、西南大学教授张新民等人也认为,《决定》的很多方面都涉及财政,不仅是在第五部分专门对财税体制改革问题作出了部署。以前仅仅是从经济的方面研究财政问题,没有上升到"财政是国家治理的基础和重要支柱"的高度。对此,财税法学人在感到欣慰之余,更感到任重道远。他们表示,未来要努力推动财税改革成果的法制化。

北京大学社会科学部副部长耿琴认为,《决定》是我们国家经过35年的改革开放以后,在经济、政治转型的关键时期出台的一个最顶层的设计,展现了党治理国家、改革国家的决心。在这个举世瞩目的方案中,提出了很多涉及财税领域的重要问题。可以说,财税体制改革是全面深化改革的突破口和重点领域之一,也是民心所向。

如何理解稳定税负?

《决定》提出稳定税负。对此,中央财经大学税收教育研究所所长贾绍华认为,稳定税负就是在现实的税负基础上不再增加也不再减少税负。但问题是税收负担究竟多少合适?当前各方面比较接受的税负是33%左右(中国社会科学院财经战略研究院发布的《中国财政政策报告绿皮书》计算出,中国的宏观税负为32.2%。国家税务总局原局长肖捷在《求是》杂志上撰文《走出宏观税负的误区》,以2009年数据为准,以国际货币基金组织(IMF)的统计口径测算得出,加上政府性收费和基金等非税收入,宏观税负约为

30%)。更关键的问题是,这样的税负是否用到了民生,是否实现了公共服务均等化。他认为,应该通过法制来界定这些问题,如通过制定税收基本法,确定纳税人的权利、义务,以及政府的税收用到什么地方。这样,《决定》提出的完善立法、稳定税负、透明预算、提高效率就紧密结合起来了,由此才能解决稳定税负的问题。同时,应重视对实体法的完善。比如通过清费立税,实现环境保护费、社会保障费等费改税,用7—8年的努力,到2020年使税收占到整个财政收入的90%以上。这样,稳定税负的目标才有可能得到实体法方面的保证。

中国人民大学法学院教授朱大旗认为,稳定税负的提出主要是针对税收收入大幅超国内生产总值增长的现实。但他认为从财政法制本身去确定税负的高低是不可能的,只能对政府的事权范围加以基本的确定。他还提出,税负的轻重跟税负的高低是两个不同的概念,宏观税负的高低是客观存在的问题,但是宏观税负的轻重主要是取决于人的主观感受,如果公共服务搞得好,多缴税也不觉得税负重;如果公共服务搞得不好,缴一点税也会觉得税负重。

房地产税是立法,不是修改暂行条例

《决定》提出,加快房地产税立法并适时推进改革。对此,刘剑文说,最近有一些媒体甚至学者在解读《决定》时,把加快房地产税立法,理解为修改房产税暂行条例,这个观点是不完整的。细读《决定》可以发现,《决定》强调的是落实税收法定原则,在第九部分第30条专门提出,完善规范性文件、重大决策合法性审查机制。所以,加快房地产税立法是立法不是简单地修改暂行条例,而是要制定《房产税法》,以凝聚社会共识。

施正文说,《决定》关于房地产税改革的路径很明确,未来就是要通过房地产税的立法来代替原来的政府推动。房地产税改革的未来将从行政主导转到立法,从封闭转到公开透明,从行政管控转到民主公开。

现代财政制度的"现代"如何理解?

《决定》提出,建立现代财政制度。对此,中国人民大学法学院教授徐孟洲说,现代财政制度是国家治理体系的重要构成要素。财政是国家治理的基础和重要支柱。国家治理要现代化,离不开财政制度的现代化。而财政制度

的现代化,需要完善立法,明确私权。现代财政法律制度需要完善的预算法和税收法律制度。

施正文认为,现代财政制度绝对不是一般的口号。它包括三方面的内容:第一,现代财政制度建设的客观规律,这是实现财政科学化的保障。第二,现代财政制度的内涵是现代法律,这有利于建立法制财政,实现财政法制化。第三,现代财政制度改革和发展的主流方法,这有利于提高财政制度的国际化,使其与国际接轨。《决定》提出建立现代财政制度,是提出了我们国家建立财政制度的长远目标。

从国家意志到国民意志尚需一个过程

武汉大学法学院教授熊伟提出,在对《决定》保持高度乐观的同时,我们也要认识到,执政党的意志转化成国家意志、国民意志还需要一个过程。落实《决定》需要继续推崇、提倡民主、法治。

这次座谈会由中国财税法学研究会主办、北京大学财经法研究中心承办。来自国务院法制办、全国人大常委会预算工作委员会、国家税务总局、中国社会科学院、北京大学、中国人民大学、中央财经大学、武汉大学、中国政法大学、西南大学和安徽大学等单位的30余位专家学者参加座谈。

附录二:走向财税法治,用公平正义放飞中国梦*

"改革开放30年,中国的经验教训告诉我们,法治是中国的必由之路,也是中国梦的基本要义。"在近日召开的中国财税法学研究会2013年年会上,刘剑文教授的这句话,引起了与会专家、学者的共鸣。

财税法学——若局限于一个研究范畴,将无助于解决中国的现实问题

这次会议由中国财税法学研究会主办,中央财经大学税务学院、财政学院和法学院承办,主题是依宪治国与财税法治、收入分配改革与财税法治创新。

中央财经大学副校长李俊生教授说,近年来,特别是2008年发生国际金融危机以来,各国政府过于热情地专注使用财税政策,对经济进行宏观调控。政府过于关注税的调控作用,有忽视税的本性之嫌。税的最基本功能是为政府筹集财政收入,最基本的特征是法治。税收具有强制性,但如何强制,国家的强制权力怎么体现?要靠法治。这几年,似乎把税的这两个基本点忽视了。

中国法学会副会长周成奎认为,财税法是一门交叉性的新兴的法律学科。社会的公平正义、反对腐败和经济的持续发展,都与财政和税收关系密切。作为公共财产法,财税法事关政府的收入、支出和公民财产权的保护,也涉及预算编制、审批和执行,还要处理好各级政府之间的财政关系。从理论上看,财税法治是依宪治国的核心。如果管不住政府的钱袋子,人民当家做

---

* 本文载《中国税务报》2013年4月17日,系对中国财税法学研究会2013年年会的报道,记者:寇红。为方便读者深入了解财税法学最新理论共识,特收录于此。

主就有可能成为一句空话。从现实来看,人们对财税问题的关注度越来越高。应发挥财税法的平衡作用,妥善处理好各种利益冲突。中央提出改革收入分配制度,实现社会的正义。在这个过程当中,无论是税费,还是财政补贴、社会保障,都会对收入分配产生重要影响,财税法的作用不可代替。

刘剑文教授指出,过去财税法长期被看成宏观调控法。其实,财税法强调的是,保护私人财产和公共财产不被剥夺、侵占和贪污。它能够改变政府与纳税人的对抗。宏观调控是经济学的概念,是财税法的功能之一。财税法要走出宏观调控法的误区,如果过分强调宏观调控,就会导致国家过多地干预。

天津财经大学教授李炜光提出,财税学科需要在方法论上创新,建议用财政社会学对其改造。只把财税学局限于一个研究范畴,无助于解决中国的现实问题,会使财税学成为不大中用的学问。

财税法治——应成为中国走向法治的突破口之一

刘剑文教授指出,中国梦是国家梦,更是人民梦。对每个国人而言,中国梦应是坚持宪法和法律至上,树立法治的信仰。法治的核心是实现社会公平正义。正义的缺失,正是中国当下的最大问题。只有权利公平,梦想才能起飞。只有机会公平,奋斗才有动力。只有规则公平,社会才能进步。要用公平正义放飞中国梦。在具体的政策和制度,尤其是财税的政策和制度方面,要体现公平的价值,用合理的规则和人性的制度创造公平发展的空间,保障人民平等参与、平等发展的权利。实现中国梦,在追求国富民强、民族振兴的同时,必须追求公平正义、民主法治和公民成长,缺一不可。作为财税法学人,中国梦就是财税法的发展和财税法学科的进步。具体而言,包括税收立法的纳税人同意权的确立、全国人大预决算审批权做实、税收司法得到发展和设立税收法庭、税收法院等。他还希望学者们通过各种方式发出声音:中国发展到了关键时期,要坚持法治,应以财税立法、财税法治作为突破口。

江西财经大学法学院教授蒋悟真说,从中国改革开放到中共十七大、十八大以前,中国的政策目标过多地考虑经济效益,立法和法律的实施主要以经济增长为政策目标。这种政策目标有其合理性,但被锁定在经济政策范畴,造成收入分配差距拉大和腐败等许多社会问题。中共十七大特别是十八大以后,中国的政策目标开始转型,从注重经济效益走向注重经济社会发展的公平和正义。政策目标转向公平和正义的时候,就是在逐渐回归法治的本原,因为法治的最终宗旨和目标就是公平和正义。当政策目标和法治目标趋同的时候,法学和法律就有了作为空间。法治特别是财税法治如何作为?考虑到国情等因素,中国走向法治,财税法应是最佳进口。

中央财经大学税务学院副教授曹明星说,财税涵盖经济、社会、政治和文化等各个方面,财税法应成为中国改革的突破口。

财政部财政科学研究所副所长刘尚希研究员说,中共十八大提出公共产权收益要共享的问题,这是长期被忽视的问题。不久前,媒体报道一个煤老板花1600万元钱给女儿办婚礼。他怎么会有这么多钱呢?煤老板是挖煤的,煤是谁的呢?是国家的。宪法规定矿产属于国家所有,是全民的公共财产。但是在市场化过程中,一部分全民所有的公共财富进了少数人的腰包。这涉及一个深层次的问题,即公共财富没有受到法律保护。目前财税法管的主要是一小块——税收。为什么大量的公共财富没有得到法律的保护?因为在认识上存在盲区。贫富差距的迅速扩大、社会的极度不公平,根源是公共产权收益没有实现共享,没有形成一个公共产权的制度安排。这是法律上的缺失。实际上很多人致富都与公共资源有关。如果没有公共资源,他们不可能发展那么快。真正在公平竞争的市场上打拼,要富起来是需要时间的。另外,为什么公共收入的结构与社会的产权结构脱节?公共收入不仅仅是税收,还应有大量的公共产权收益。目前,除了土地以外的其他大量的公共产权收益,即国家大量资源、生产条件或生产要素,在资本化的过程中产生的收益,没有进入国家的钱袋子。实际上,公共产权在社会产权中占的比重是很大的,从存量的意义上来讲大于私有产权。但从流量意义上即国内生产总值来讲,民营经济、私人经济占的比重大,约60%。但是,因为没有公共产权的制度,所以公共产权的收益制度没有形成,导致公共产权收益流失。全民所有事实上就是一个所有者即国家,国务院为代表,然后是分级管理下的谁管理谁所有,各个部门所有,地方各级政府所有。各部门、各级地方政府凭借国家的所有权,为自己的政绩服务,为部门的利益服务。国家的所有权实际上被肢解了。如果不从理论上、法律制度上解决的话,要缩小贫富差距,真正解决财税的法治问题是非常困难的。紧紧管住钱袋子,还应包括管住大量的公共的国民财富。这些问题需要纳入财税法治的视野。

财税立法——应加强重点领域立法

周成奎副会长说,新一届全国人大常委会将在今年年底前制定2013—2018年的全国人大常委会的立法规划。中国法学会正在考虑提出一个今后5年关于加强重点领域立法的专家建议。在这份建议中,提出的重点领域立法有21件,其中财税法有4件。第一,1985年第六届全国人大对国务院在经济体制改革和对外开放方面可以制定暂行规定或条例的授权应收回。经过30多年的改革开放,目前其他方面差不多都有法律规定了,如金融法、人民银行法和商业银行法等,唯有在税收方面,18个税种中只有3种税收由全国人大或全国人大常委会立法,其他15种税收都是由国务院制定行政法规。现在应把税收法定的问题提到日程上来。建议全国人大在今后的5年当中,收回上述对国务院的授权。第二,制定增值税法。因为增值税是税收的主要来源。第三,制定财政转移支付法。目前中国财政转移支付量很大,其中有将近一半是专项转移支付。这是腐败可能产生的重要原因,是制度问题。希望5年之内,把转移支付法制定出来。减少财政转移支付在二次分配中的比例,同时减少专项转移支付在全部财政转移支付中的比例,是制定财政转移支付法应考虑的问题。第四,修改预算法。三十多年来,全国人大的立法权应用得不错,但在监督权方面始终没有到位。监督权最重要的是管好人民的钱袋子,所以预算法很重要。

中国税务报社总编辑刘佐提出,税制改革首先需要科学的顶层设计。第一,要结合完善政府收入体系,合理调整宏观税负水平。第二,要合理设计税制结构,包括设置哪些税种,货物和劳务税、所得税、财产税的比例,中央税、地方税和共享税的比例。第三,要把每一个税种,特别是主要税种设计好,近期改革的重点应是完善增值税、消费税、企业所得税、个人所得税和房地产税。

从中国改革开放后税制改革的历程来看,税制改革的顶层设计非常重要。从1978年以来,中国已实施了两次全面的税制改革和若干次局部性的税制改革。这些税制改革前都有重要的顶层设计。1981年,国务院批转了财政部关于改革工商税制的总体设想。从1983年起,分步实施了国营企业"利改税"和工商税制改革,基本实现了上述改革设想,同时为后来的税制改革打下了很好的基础。1993年,国务院批转了国家税务总局制定的工商税制改革实施方案,从 1994 年起分步实施。经过 20 年的推行,上述改革方案已基本实现。局部性税制改革中特别值得一提的是农村税费改革:2000 年,中共中央、国务院发出了关于开展农村税费改革试点工作的通知,从安徽试点起步,逐步推进,6 年后全部完成,取消了农业税、牧业税和屠宰税,实现了城乡税制统一。

现在我国的税制改革已进入一个新的发展阶段,中共十八大、十二届全国人大已对税制改革提出了新的、更高的要求。我们财税法学界人士应与时俱进,集中自己的智慧和力量,为下一步的财税改革、财税法治建设和财税法学科发展作出新的、更大的贡献。

附录三：纳税人权利保护与改进纳税服务的国际趋势[*]

一、宏观介绍

国外税务行政经历了一个理念上的变迁，即由强制向服务的根本性转变。发达国家传统的税务行政以强制管理为中心，即税务机关在税收征管中居于主导地位，纳税人被动地听从税务机关的行政命令和处分通知，以实现纳税义务的遵从。在这种模式下，纳税人的遵从在很大程度上依赖税务机关的执法强度和惩处的严厉性来维持；当税务机关不堪行政重负而促使申报赋课方式向纳税人自我评估申报演进时，这种传统的管理与服从式的关系模式就不适应形势发展的需要，新型的以服务为主旨的税收征纳关系就应运而生。在名称使用方面便能体现这一理念的变革。例如，美国、加拿大、意大利、韩国等国税务机关的名称被冠以"service"，部分国家直接称纳税人为"client"，制订的战略计划则为"corporate business plan"；并将商业领域的企业文化、管理战略、顾客服务等引进日常税务管理，向纳税人宣布其服务承诺，制定并公布其经营计划，税务局长每年代表整个税务机关向纳税人致公开信，承诺不断完善纳税人服务，打击避税、公平高效行政。

在制度建设方面，发达国家的主要做法包括四个方面：一是普遍制定纳税人宪章，明确纳税人的权利与义务。美、英、澳等国先后制定了纳税人宪章，并向全社会公布。其中，英国的纳税人宪章明确规定，纳税人有获得尊重、诚实推定、公平对待等9项权利，以及诚实、尊重税务机关工作人员等3

---

[*] 节选自《发达国家税收征管法律制度及其特点》，系2012年6月5日刘剑文教授应邀给时任国家税务总局局长肖捷和总局党组讲授法制课时的讲稿。

项义务。二是严格规定税务机关的相关职责与义务,切实保障纳税人权利。其中,注意保障纳税人的知情权是这些国家的普遍做法。如,上述国家普遍制定政府信息公开法,规定在保护个人隐私和商业秘密的前提下,纳税人有权查看政府涉税事项的文件。美国规定,财政部门必须向社会公众提前公布税收部门规章草案,并根据社会公众的意见和建议加以修改。在保障纳税人保密权方面,美国规定,联邦国内收入局的工作人员对纳税人申报信息负有保密义务,否则将根据情节轻重严重承担民事、行政和刑事责任;荷兰规定,税务机关不得向公众透露任何与特定纳税人相关的信息;德国规定,除法律另有规定和纳税人同意外,税务机关及其工作人员必须保守税收管理中知晓的个人隐私或商业秘密。三是明确涉税行政复议和诉讼的规定,保障纳税人得到及时和有效的救济。各国都非常注意保护纳税人的行政复议权利,规定纳税人在行政复议前可延迟纳税,但最终证明纳税人有缴税义务的则需要加收利息。各国都规定,纳税人对行政复议不服的可在规定时限内提出行政诉讼。美、德还有专门的税务法院或财政法院受理涉税诉讼。四是明确规定税务部门开展纳税服务。如美国在联邦国内收入局内部设立了纳税人权益保护机构和援助中心,对符合条件的纳税人提供援助,以及对税收申报问题给予解答等。

二、诚实推定权

各国规定的纳税人权利种类比较多。在此,我仅稍略谈谈"诚实推定权"。所谓诚实推定权,是指纳税人有被税务行政机关假定为依法诚实纳税的权利,是税法应当确立、纳税人应当享有的最重要的基本权利之一。征税机关向纳税人征税时,必须首先假定纳税人是诚信纳税人,推定纳税人在处理纳税事宜时是诚实的,并且承认纳税人所说的情况属实,所递交的资料是完整和准确的。没有充足证据,不能对纳税人是否依法纳税进行无端怀疑并采取相应行为。诚实纳税推定权,在大多数国家的税法和纳税人宪章、宣言中规定的比较普遍,如澳大利亚纳税人宪章就明确,应当推定纳税人诚实报税,除非出现相反的情况;加拿大纳税人权利宣言也规定,法律认为纳税人是诚实的,除非有证据证明事实上有相反的情况。

从各国的经验看,依法确立纳税人诚实纳税推定权,具有如下积极意义:一是有利于合理、有序、高效的纳税环境的形成,降低整体纳税成本。诚实信用原则为市场经济树立了一个重要的法律标准,并极大促进整个社会的交易成本的降低。在税收领域,国家获得税收得以正常运行并提供必要的公共品,纳税人向国家缴纳税收并享受公共品,征纳双方在本质上是等价交换关系,双方理应秉承诚信原则。二是保护纳税人免受公权力非法侵害的重要手段。在税收法律关系中,税收机关作为公权力的代表,享有较大的行政自由裁量权,且具有强制执行的权力,纳税人在实际上处于弱势。如果没有诚实推定权利,纳税人很容易受到公权力的非法干预,其财产权利和正常的生活、经营秩序都难以得到充分的保障。这些因素,都应该在我国税收立法和改革时加以考虑。

三、纳税救济权

在日本对于税收争议的解决,规定了异议申诉、审查请求和税务诉讼三种救济程序。异议申诉和审查请求程序之间的相互衔接,采用了复议前置与自由选择相结合的机制。对于税务署长以及海关长所作的处分可以必需实行异议申诉前置主义,在不经过异议申诉和异议决定的情况下,原则上不能提起审查请求。除此以外,对国税局长所做处分不服的、对蓝色申报的更正不服等,可以选择先经过异议申诉程序后再提起审查请求,还是开始就直接提起审查请求,当事人可以自由选择。根据《国税通则法》第115条第1项的规定,不服申诉与税务诉讼程序之间的衔接,则采用了不服申诉前置为原则、径行诉讼为例外的规则。原则上,可提起异议申诉的处分一级可提起审查请求的处分,如不分别经过异议决定或审查裁决,则不能提起诉讼。只有在如下情况下,可以不经过决定或裁决的程序,直接向裁判所提起诉讼:(1)异议申诉以及审查请求提起后,从翌日开始,超过3个月,国税厅长未作出任何的决定和裁决的;(2)提起请求撤销更正决定等的诉讼人,在该诉讼正在进行中,欲请求撤销对与该更正决定相关的国税的课税标准和税额所做的其他更正决定;(3)为避免因经过异议决定和审查裁决而产生的显著损害,有紧急必要时,或其他不经过该决定或裁决程序有正当理由之时。日本对于提起异议申诉、审查请求和税务诉讼的纳税人,均无提前缴清税款的要求。

在美国,对于税收征收案件而言,除了征收正当程序听证外,纳税人如果希望寻求救济,只能选择复议,而不能像法院起诉。即便是征收正当程序听证,复议也是法院诉讼的前置程序。但是对于欠税案件和退税案件而言,纳税人可以在行政复议和税务诉讼之间进行选择,也可以选择先行政复议再提起税务诉讼。而纳税人无需支付所通知缴纳的税款,可以直接向税务法院起诉。

在德国,对税务行政诉讼采取了类型化的处理方式,根据纳税人提出的诉讼请求不同,复议与诉讼之间的关系也有所不同。对纳税人请求法院撤销或变更税务机关的行政决定的确认之诉或是对行政机关驳回纳税人申请所提起的义务诉讼,应适用复议前置规则,即须经行政复议程序先行审查行政行为的合法性和目的性。但对纳税人请求行政法院确定税收法律关系存在与否或确认税务机关的行政行为自始无效的确认之诉等其他诉讼类型,行政复议则不为诉讼的前置程序,可以由纳税人自行选择提出复议或提起诉讼。德国也并不要求纳税人在申请复议或提起诉讼之前缴纳税款。

在韩国、加拿大和法国则均规定了行政救济前置主义,即必须穷尽诉讼前的行政救济。如韩国规定,纳税人如要提起税务行政诉讼,纳税人必须首先提起审查请求、审判请求或者向检察院的审查请求中的任意一种行政救济程序。在行政救济决定作出后,才能向法院提起税收行政诉讼。

我国《税收征管法》第88条的规定涉及两种税收救济途径——税收行政复议和税收行政诉讼。在这两种程序的衔接上,采取的是复议前置和自由选择相结合的模式,而在复议前置之前,又规定了缴纳税款(或提供担保)前置,即双重前置程序。从理论上讲,我国目前采用的复议前置与自由选择相结合的混合模式具有一定的合理性,比如,复议前置可以有效地利用税务机关的专业知识和经验快速解决纠纷,减轻法院的负担等。但从实证角度来分析,我国现行在纳税上采用复议前置的制度设计存在严重缺陷,主要体现在:(1)复议前置限制了纳税人、扣缴义务人、纳税担保人的诉讼救济权利。复议前置和自由选择相结合的模式,使得税收相对人与税务机关在纳税上发生争议时,适用复议前置,而对税务机关的处罚决定、强制执行措施或者税收保全措施则适用自由选择模式。在税收相对人的争议同时涉及纳税和处罚两种不同处理行为时,这样的制度设计极易引发矛盾和冲突。(2)缴纳税款(或提供担保)前置限制了税收相对人的复议救济权利,进而阻滞了纳税人诉讼救济的权利。根据规定,"必须先依照税务机关的纳税决定缴纳或者解缴税款及滞纳金或者提供相应的担保"才能进行复议前置。这一前置条件的设置依法剥夺了那些无力完税、无力提供担保的纳税人依法享有的救济权利,与"有权利必有救济,有权利必有监督"的现代法治理念相违背。结果造成有资历者与无资历者之间的不公平待遇,不符合国家尊重和保护人权的宪法原则,不利于社会公平与正义的实现。(3)复议前置本身正当性不足。国外有些国家选择复议前置模式的前提是复议机关本身不论在机构设置还是人员组成上都是独立的,能够给税收相对人提供充分有效的行政救济。而我国受理税务复议事项的机构是税务机关的内设机构,难以超脱税务机关整体利益关系,复议机关缺乏独立性。这种独立性和中立性的欠缺,必然导致其公正性和正当性的不足,复议前置的实践效果会大打折扣。

立法主导

财税改革的总路径

我国以行政机关税收授权立法为主的制度,在民主性、科学性及有效性上的问题逐步凸显,已经不能符合财税法治建设的客观需要。2013年全国"两会"上,赵冬苓等32名全国人大代表提交设税权回归全国人大议案,引起了人们对于税收立法权归属的高度关注。在推进法治中国建设的大背景下,改革和发展都要更多依靠法治推动,法治也要根据改革发展的要求不断完善。特别是直接关系到千家万户切身利益的财税体制改革,更加需要通过动态的立法过程来凝聚共识、赢得谅解、消除对抗。

- 党的十八届三中全会对我国财税体制改革的重点与路径作出了什么部署?
- 为什么财税改革应当坚持立法主导而不是行政主导?
- 怎么看待立法对于财税改革的作用?立法与改革是否矛盾?
- 为什么说税收立法权、预算审批权等财税权力配置是我国财税改革的核心?
- 我国财税立法的难点、重点何在?又如何解决?
- 基本财税事项为什么要实行法律保留?如何实行法律保留?
- 怎么评价我国的税收授权立法?全国人大应如何收回设税权?
- 为什么我国最应规范的政府权力就是征税权?

法治视角下财税体制改革的思路与框架[*]

十八届三中全会召开在即,被认为是牵动新一轮改革"牛鼻子"的财税体制改革颇受关注。

财税体制改革的基本方向应该是,建立财权与事权相匹配的财税体制。具体而言,即地方政府事权要适当上移,如教育、社保、医疗、环境等基本公共服务方面的支出,同时,财权从中央政府适当下移,赋予地方一定的税收立法权,增加地方必要的财力。

财税法治是反腐倡廉的"治本"关键,强化立法,加强预算支出的公开性、透明度,且公开范围要不断拓展,不只是中央政府,还有地方政府、国有企业、事业单位等,"都要抓紧公开"。

关于财税制度改革,有十条建议:

第一,建立财权事权相匹配的财税体制,事权适当上移,财权适当下移。

第二,建立法治化的央地关系,强化地方债务的法制管理,控制地方债务的规模,加强审计,严控财政风险。

第三,建立促进收入公平分配的财税法制创新机制,适当地降低间接税的比例,适当提高直接税的比例,财税制度在一次、二次、三次分配领域,协同着力。

第四,强化财政支出的公开、透明度,强化和优化民生支出。

第五,坚持税收法定主义,将税收立法权适时回归全国人大。加快税收行政法规上升为法律的步伐。调整税收立法权起草权,改变部门立法

---

[*] 原标题为《财税法治是反腐的治本关键》,载《东方早报》2013年11月8日,采访记者:胡苏敏。

的现状。

第六,修改个人所得税法,建立分类、综合相结合的混合所得税制。

第七,坚持立法主导,开征保有环节的房产税、环境税,修改资源税制,适时研究开征遗产税,赋予地方一定的税收立法权,不断增加地方的财力。

第八,完善土地流转制度,改革和合并土地税收制度。

第九,进一步扩大"营改增"的范围,制定增值税法。

第十,严格执法,强化税收征管,严禁地方擅自减免税,维护财税法制统一,依法追究违法者的党纪、政纪和法律责任。

"赋予地方税收立法权"

问:中共十四届三中全会、十六届三中全会的报告中,均提到财税改革。十八届三中全会召开前夕,外界对财税体制改革呼声高涨,这种预期有什么样的背景?

答:以前也说过财税改革,但那时的社会矛盾和社会问题并不突出。现在社会矛盾和社会问题很突出,现时的土地财政、地方债,都跟它有着密切的关系。中国地方债务尽管较严重,但在可控范围内。地方债务控制不好,就可能会导致财政危机,进而会引发经济危机,因此,我们应当保持高度的警惕性,防范地方债务风险。

问:您认为财税改革的重点在哪?

答:改革的核心,是要解决中央和地方财权和事权的问题,建立财权与事权相匹配的财税体制。

我国现行的财税体制来源于1994年的分税制改革。这一次,是要"财力"与"事权"相匹配,还是"财权"与"事权"相匹配?"财力"是一种能力,"财权"是一种权力。过去,转移支付是中央直接给地方钱,也是"财力"。

所谓财权与事权相匹配,过程中,事权要适当地上移,比如教育、社保、医疗、环境等基本的公共服务类,这些钱由中央来承担;同时,财权适当下移,赋予地方一定的税收立法权,让地方政府在有地方特色的税收上,有些收入,此外还包括地方发债的权力。

在税收方面,地方政府的权力包括:税收立法权、征管权、收益权、用税权。过去地方也有税收立法权,但那个权仅限于对征税如何管理,以及对幅度比例的把控,这些财权是很有限的。

今天我们讲的税收立法权,是地方政府对税种的立法权,意味着有收税的权力。现在的关键就是,要赋予地方税收立法权,比如遗产税、房产税,甚至是消费税或者叫零售税,用以充实地方财源。

地方事权,虽然叫"权",但其实是一种支出责任。为什么有土地财政?地方政府机器运转是需要经费的。现在土地卖得差不多了,今后还卖什么?因此,需要改革。

问:现在地方债务问题已引起普遍重视,是否赋予地方发债的权力,目前争议还比较多,没有共识。

答:关于发债,允许地方发债有一个问题——拿什么来还?所以,税收立法权和地方发债,两者是联动的,关系密切。允许地方未来可以开征房产税,充实地方收入作为还债的有效途径。

问:如果赋予地方发债的权力,会否导致债务问题失控?

答:这肯定要有配套措施:发债的地区、发债的规模、发债的程序、发债的审查,应当有一套规则。发债要考虑的问题,一是风险可不可控,二是现在的财力是否允许发债。比如地方的建设就要量力而行、考虑实际,不能在 2013 年把 2030 年的事情做了。要根据国情,根据地方的具体情况来进行综合的衡量。

看得出来,中央在这方面一直很慎重。包括去年,地方政府发债在预算法修正案草案一审稿中是放开了,到了二审稿又回归到现行预算法的规定。

需要注意的是,预算法本身没有说地方不能发行债务,它是一个附条件的但书条款,在法律和国务院另有规定这两种情况下,地方政府是可以发债的。

问:赋予地方税收立法权,地方会受到什么约束?

答:赋予地方一定立法权,肯定不能随便赋予。首先,要在坚持税收法定的条件下赋予立法权。这里面,不是地方政府制定地方法规,而是应该由地方人大来制定,报上级人大备案这种形式,还要在当地经过民众的同意。总之,要符合法治理念、法治方式,要遵循法定程序。其次,税收立法权里面,有些税种是中央决定开征的,但地方上也可以在法律范围内决定当地适用的税率和优惠政策。

"以房产税作为地方主体税种"

问:营业税改增值税的推行,地方税收收入减少了。① 您对此怎么看?

答:"营改增"涉及央地分成的问题。当增值税覆盖所有的营业税,分成比例肯定会调整。营改增,我倾向于要全部推开,甚至考虑,上海自贸试验区能否先施行?今年8月,"营改增"从区域试点转向全国行业试点,"1+6"行业试点扩至全国。② 接下来,改革幅度要大一些。

如果全面推开,那么调整央地分成比例就容易了。全面推开意味着,未来就没有营业税了,只有增值税,那么央地分成增值税,要经过一番论证。

问:我们国家的税收以间接税为主。财政部长楼继伟曾表示,中国直接税比重低是事实,未来改革会增加直接税比重,但间接税为主的结构不会变。什么样的国家适合间接税为主?

答:根据国家经济发展状况、老百姓收益情况。西方大部分国家是以直接税为主,它们比较富有。你得看居民的收入是否足够交税,来决定直接税能否成为主体税种。

现在,我国间接税的比例在缩小,下一步,肯定直接税比例要提高,比如房产税、遗产税的开征,就可以调节比例。此外,有些间接税要适当降,

---

① 在1994年分税制框架下,营业税是地方政府的主体税种,其收入大致占地方政府税收的一半以上。"营改增"之后,地方政府财政收入受到较大影响,需要重新确定稳定的财源。因此,这被普遍认为将"倒逼"中央与地方财税体制改革。——编者注

② "营改增"的意思是以前缴纳营业税的应税项目改成缴纳增值税,增值税就是对于产品或者服务的增值部分纳税,减少了重复纳税的环节。2012年1月1日上海作为首个试点地区启动"营改增"改革,自2012年8月1日起至年底,将交通运输业和6个现代服务业(即所谓"1+6"行业)营业税改征增值税试点范围,由上海市分批扩大至北京、天津、江苏、浙江、安徽、福建、湖北、广东和厦门、深圳10个省(直辖市、计划单列市)。2013年8月1日"营改增"试点扩至全国。——编者注

比如增值税、消费税的税率。

这种调整,也许经过十年、二十年,我国还是以间接税为主,但不会像以前那么明显。再到老百姓收入大幅提高,当你能感觉你一个月交了很多税时,可能就是直接税为主了。现在我们的老百姓还不富有,一套房产就是大部分家当了。

另外,我想说,直接税的比例大了以后,老百姓会有"税痛"的感觉,有了"税痛",会主动去监督政府,官员们也会真正明白,自己是纳税人养活的。现在的官员没有这个意识。

问:地方税体系的构建是什么样的?您认为哪种税种可以成为地方主体税种?

答:很多人倾向于以房产税作为地方主体税种,甚至说,可否搞消费税、销售税或叫零售税,作为地方财政收入的支柱之一,还有就是资源税。不同地方,主体税种应该是一样的。我倾向于将房产税作为主体税种。

但是,房产税在中国一年、两年是难以全面铺开的,还有很多配套制度要结合到一起,主要包括,政府支出能否做到公开透明,以及不动产登记制度、公示制度、评估制度,还有官员财产公开等问题的解决。这些都有助于形成一个良好的氛围。现在的改革不是孤立的,都是打的组合拳。

我还想说一下,地方收入的概念,除了税收,还有非税收入,比如一些收费、地方社保基金、政府性基金及其他收入形式等。地方财政收入应该是多元的形式,以税收为主的,其中又有主体税种,各方面要慎重考虑。

问:土地方面,有什么建议吗?

答:现在财权事权不匹配,地方过度依赖土地财政。我认为在农地流转、交易、抵押、担保等方面,要有一些改革。

一个是解决土地财政,另一个是土地方面的税制要改革。涉及土地的至少有三个税种,城镇土地使用税、土地增值税、耕地占用税,其实契税和印花税也都涉及土地的问题。

"放权,还要还权"

问:未来如何避免转移支付过程中的不透明?

答：转移支付分为一般性转移支付、专项转移支付,后者的制度缺乏透明性、公开性。未来要逐步减少专项转移支付的范围,扩大一般性转移支付的范围。①

专项转移支付最大的问题在于,支出权力是各个部门在行使。比如说,国务院每个部委都有这个权力,不愿意放。这是个财权的问题。严格意义上讲,财政支出权应该由财政部统一行使,但现在财政部这部分权力被不同部委分割了。当然了,财政部的支出,要在一个法治环境下,由人大审批后,再由财政部来统一执行。

问：这里涉及做实人大权力的问题。

答：财税问题,涉及三大关系：中央和地方的关系、国家和纳税人的关系,此外很重要的是,立法和行政的关系。我们说要把权力关进制度的笼子,怎么关？就要受到立法的控制。

从政府的财政收入而言,除了税收以外,还有政府性基金、社保基金等收入,这部分要怎么分？过去我们的分税制强调分权。关于支出这块,中国最大的问题是支出的透明度、公开化问题。要通过改革,赋予人大审批、监督预算支出的权力。

改革,一定要强调法治化的问题,这应该逐渐形成共识。过去太多行政主导有一个问题,就是难以让大家形成共识。一个政策出来,如果大家老质疑,政策效果会好吗？还有关于"试点",我觉得不能够长期用试点的方式,因为试点多了会淡化人们的法治观念。国务院一直提出要简政放权,其实还有"还权"的问题,不属于你的权力,比如人大的立法权,不属于你,你要还给它。

改革开放三十多年的经验告诉我们,要走法治之路,实行良法善治。

问：如果能做到这一点,全口径预算管理也可期。

答：对,全口径预算改革、"做实人大",都是从这个意义上讲的。如果人大在预算方面不去进行大幅度的改革的话,人大就很难做实。

---

① 一般性转移支付是不基于具体项目的转移支付,其目的主要是为了弥补财力薄弱地区的资金缺口。专项转移支付则是为特定项目而设立的,需按照规定的用途使用,也就是一种附加特别条件的转移支付。——编者注

人大的功能在财税问题上体现在两方面,一是财税立法权,二是预决算审批权。应该说,我们的立法体系已经都逐步建起来了,接下来是一个完善的问题。但预决算审批权这一块,没有实质性的进步。如果预算的否决权、修改权、调整权,这些根本性权力没有的话,政府的权力就难以受到限制。中央一直讲要把权力关进制度的笼子,就是限制政府行使权力,那么,要限制行使权力,首先要限制行使财政支出的权力,通过人大来监督这种权力的行使。

过去人们有一种思维,人大对政府进行监督,是不是给政府找麻烦?这个思维现在看来不对。应该这样看:人大对政府的监督越严、越依据法律,这是在帮助政府。为什么官员贪腐这么严重?相当一部分是因为财政权没有很好地受到控制。

通过法治化来监控政府收支行为,就能抓住核心。现在,已经有越来越多的人意识到,财税问题,不是仅仅限于财政部门和税务部门的问题,它涉及整个政府、整个国家机器的运转,除了政府行政机关以外,还包括立法机关、司法机关等。

财税法治：新一轮改革的"牛鼻子"*

李克强履新以来，提出"改革是最大的红利"，启动简政放权，实施财税、金融改革，构筑了深化市场经济体制的改革路径。

其中，财税体制改革上行承接国家宏观运行、下行对接公民基本权利，又因其温和、可操作的改革路径，成为新一轮改革中的"牛鼻子"。

"财税改革本质上改的是国家和纳税人关系、中央机关和地方机关的关系、立法机关和执法机关的关系，这三个关系归根到底是市场与政府的关系。"刘剑文教授接受记者专访时说。

推动财税体制改革，如房产税扩大试点、三公经费，预决算公开，税权收归人大、预算法修改等各类改革深水区的问题都呈现出盘根错节、彼此牵制的困境。财税法治成为各个力量理性较量的必然选择。

税法改革方向

"财税制度过去过分强调宏观调控。财税法本身是公共财产的问题，涉及如何保护公共财产。通俗的说法是公款如何收、支、用。"从法治视角看，财税制度不仅具有调控经济、组织分配的工具性功能，更是借助财政制度的收、支、用，推动了财产权利与财政权力的协调和均衡，尤其是可以保障处于弱势地位的私权利免受公权力的随意侵扰。

在这个意义上看，财税制度最本质的功能是组织收入，分配财产。也就是收入分配制度。宏观调控只是财税制度的辅助功能，当下却成其主要功能，这不利于市场经济的深化发展。

---

* 本文载《第一财经日报》2013年10月17日，采访记者：秦夕雅。

财税制度如何推动市场化程度的加深,刘剑文认为,可分解为两个角度理解:税收法治推动市场化程度的深入与财税制度本身如何能够适用市场。

以房地产市场价格为例,房价是市场问题,让市场自身解决。政府惯于并善于用行政主导的方式,正基于此,十八大提出要"运用法治思维和法治方式"。中国的经济改革,特别是财税改革要有"三维思维":

首先是行政思维,就是我们强调的政府;其次是法律思维,改革触动的是利益关系,这需要用法律来规范;最后也是最高的层面是宪法思维。财税改革要解决的是国家和纳税人的关系、中央与地方的关系,立法和行政的关系。这些关系的解决都要回归到宪法的层面来解决。

房产税改革应以立法部门为主导。由行政主导的房产税改革试点并未取得预期效果。运用行政手段很可能会造成两个后果,一个是效果不好,民众不理解不接受,行政方式既已付出了相当的代价。二是很多人对合法性提出质疑。

改革,强调的是协同。财税改革要放在整个改革中来看待。财政制度改革不仅是经济问题,也是政治问题、社会问题,更是法律问题。

关于未来税法改革的方向,应有以下几点:

首先是市场化趋势,税收立法与改革开放本身就同步进行。在改革开放之初,为了配合吸引外资,确立对外商企业征税的依据,于1980年、1981年先后制定了《个人所得税法》《中外合资经营企业所得税》等税法。

在当下,税法同样要适用市场经济的发展,为所有的市场主体创造公平竞争的环境,要解决政府和市场的关系。哪些是国家做的事情,哪些是企业的事情。财政制度和改革如何其中发挥作用,纳税人增税的边界。如何能够推动市场化程度的加深。如何更好保护市场主体的权益。

其次是国际化趋势,经济全球化趋势要求资金、贸易的自由流动,这需要税法作出了针对性调整,从而维护国家和国民的合法权益。

再次是法治化趋势,法制强调秩序。在社会主义市场经济的条件下,依照法律形成纳税人、国家与纳税机关之间的良性互动机制,依法征税、依法纳税,最终实现实现公共产品的生产与消费,税收法治也就将成为构建法治社会的突破口。

税收立法回归争议

简政放权包含两层含义,"放"和"还"。比如税收立法权,涉及公民财产权,本身是全国人大的权力,权力应该回归。但是改变需要时间,改革以时间换空间的过程。

根据我国《宪法》和《立法法》规定,税收立法权力归全国人大或者全国人大常委会享有。国务院并没有立法设税权。但在1984年后,国务院从整体上享有税收立法授权。

当下,全国人大、财政部、税务总局都有共识,税收立法权应该回归,目前仍在商讨的问题是如何回归,回归后人大与行政部门之间的权力边界。

我们支持"直接回归"和"间接回归"两个模式相结合的方式:举例说,全国人大常委会对1984年的税收授权立法通过决议的形式直接废止,即为直接回归。间接回归则是指在这一领域加快立法步伐。有法则法大。但立法周期太长,因此我主张两者相结合。

回归已有共识,那阻力何在呢?围绕税收立法回归的争议主要有三。首先,税收立法权回收至人大后,现行的税收行政法规是否有效;其次,税收立法回归后,行政部门是否再无立法权;最后,全国人大是否有能力承担税收立法工作。

对此,首先现行行政法规是过去经过授权,即使权力收回也不影响其效力。但在法律出台前要修改该法规,应遵循不加重纳税人的负担为原则。旨在限制行政部门的权力,保障税制改革沿着良性方向发展。

其次即便权力回归,并不意味着政府不再拥有税收立法权,但是政府所拥有的税收立法权是一事一议,且针对某特定时间,并有时间限制,要求符合法律的原则、理念和精神。这也要求符合《立法法》的规定。

比如房产税法一旦上升了全国人大制定的法律后。国务院有权根据房产税法制定房产税法实施条例,财政部、税务总局有权根据房产税法和实施条例来制定规范性文件。

私人财产权利是宪法性的权利,不能政府自己制定规则然后征税,即使征税也要符合相关法律的精神和理念。通俗的说就是你可以制定,但是不能任意制定。具体实施行为要在宪法、法律允许的框架内进行,这是边界问题。

对于人大是否有这个能力完成税收立法,首先应明确权力本身属于谁。先还权,先考虑合法性,再考虑能力问题。

关于全国人大的能力建设问题。尽管全国人大现有力量存在不足,但仍有多条路径选择。通过吸收社会其他研究和实践领域的人充实人大的力量;充分动员人大代表现有资源;其次,由人大主导立法并不会排斥其他机构的参与。例如,房产税法草案由人大主导进行,也可以吸收财政部、税务总局的人才共同完成。

立法本身是过程,是社会主体参与的过程,各个力量的理性博弈的结果,立法实施后容易形成上下共识,这是立法主导优于行政主导的原因之一。

新时期财税改革的四维取向*

改革进入深水区的当下,刚刚闭幕的十八届三中全会为新时期的发展指明了道路。从宏观上看,全会再次强调财税体制改革的重要性,而且将财政的作用上升到一个新的高度——国家治理的基础和重要支柱。从全会的公报看,充分彰显了领导集体的改革意识和攻坚决心。就财税领域而言,下阶段至少要在四个方面做好文章。

第一,公报提出,要明确事权,建立事权和支出责任相适应的制度,并重提"要发挥中央和地方两个积极性"。应当说,这突出表现了中央对政府间财权、事权配置的改革意图和路径取向。在政府间财政关系上,尤其是自1994年税制改革以来,我国存在突出的"事权下沉、财权上收"现象,地方政府、尤其是基层政府承担了大量的支出任务,却无相应的财政收入保障。这种情况下,中央的积极性自然是充分发挥,地方的积极性却很难得到激发。欲破此局,要害就在于明确界定事权和财权的划分,具体来讲,目前要从四个方面入手:一是深入推进分税制改革,尤其是省以下政府间的财政分权;二是充分发挥地方政府的积极性,尤其是充实基层政府的财力,现阶段依法赋予地方政府必要的财税立法权,但财税收益可考虑适当倾斜;三是完善转移支付制度,提升一般性转移支付的比重;四是财政分权要树立法治思维,在法律层面进行,从而降低寻租空间。

公报中关于"建立事权和支出责任相适应的制度"的提法非常新,以前都是讲"财力(权)和事权相匹配"。两相比对,公报的新提法至少有三个方面的含义:其一,强调"财政支出"的"事权"二者之间的匹配,强调

---

* 本文载《中国税务报》2013年12月18日,作者:刘剑文、侯卓。

"事"和"财"的统一,要干什么事就配套多少资金,凸显对公共财产的治理;其二,强调权责相适应、有权必有责的思想;其三,将事权前置,彰显对"明确事权"的强调。

第二,公报指出,要透明预算,改进预算管理制度。结合贯穿公报的处理好政府与市场的关系等精神,其着力构建的现代预算制度,本质上是指处理好两对基本关系的预算制度。其一,预算权在行政机关和立法机关之间的配置,现阶段,从预算的编制、审批,到执行、决算,行政机关占据绝对主导地位,立法机关很难通过预算对政府的财政收支行为加以制约和监督,下阶段应考虑加强各级人大在预算权配置中的地位;其二,政府和社会之间的关系,预算活动不应仅是立法机关监督行政机关的重要领域,同时应该是社会公众由此监督政府活动的有力武器,法治昌明的国度,预算向全社会公开,任何个体、组织均可获取,并以此监督政府的财政行为。

第三,公报中强调,要改革税制、稳定税负、完善税收制度。从公报的提法看,突出强调一个"稳"字,耐人寻味。我们看来,这是在强调税制改革"由点及面"的循序渐进,"成熟一个改一个"的路径取向。就当前而言,"营改增"从交通运输和若干现代服务业扩大到邮电通信、铁路运输等行业并推广到全国,稳步扩大房产税试点,提高资源税税率等,应当是现下着力推进的税制改革项目。此外,公报中"完善税收制度"的提法,其实还蕴含着一层意思:无法可依的税种,要制定法律规范;不合时宜的税法制度,要优化更新。

第四,公报中有关财税改革的表述,多带有"制度"字样,同时明确提出"完善立法",两相结合,彰显出中央在财税领域的一个重要动向:提升财税领域的法治化程度。今年初以来,人大代表提出"设税权"回归人大,社会各界纷纷响应,此番三中全会的公报明确提出要完善立法,相当程度上可以视为是对税收立法权回归人大呼声的积极回应。公报中还提出要建设法制中国,财税领域既关系到政府间权力划分这样的宪法性事项,又直接影响纳税人的财产权益,当然应当坚持法治思维。当然,税收立法权回归人大,步伐应该稳健一些,首先可考虑在完善税收制度时,通过人大立法形式制定新税种法,之后适时修改现行低位阶税法规范,不失时机地将之上升为法律规范。

财税体制改革：新使命、新思维、新路径[*]

党的十八届三中全会审议通过的《中共中央关于全面深化改革若干重大问题的决定》(以下简称《决定》)，在财税改革方面写下了浓墨重彩的一笔。《决定》用专门的一个部分论述"深化财税体制改革"，且位居各项具体经济改革之首，这在党的中央全会文件中尚属首次。同时，《决定》突破了将财政视作单纯经济问题的旧思维，创造性地将其提升到"国家治理的基础和重要支柱"的高度，体现出对财税改革的空前重视和治国理念上的重大转型。而在新一轮财税改革的全局中，构建科学的中央与地方财税体制是至关重要的一步棋。对此，《决定》提出了"事权和支出责任相适应"等新要求，清晰地勾勒出财税体制改革的新使命、新思维与新路径。

新使命：大国治理的难题破局

央地关系历来是国家治理的重要课题。而纷繁复杂的政府间关系，其实无非是"人""财""事"三大块内容。财税体制调整的正是"财"和"事"在中央与地方之间的配置，因而直接关系到国家的长治久安与社会的持续发展。"治大国如烹小鲜"，对于中国这样一个幅员辽阔、国情复杂的大国而言，财税体制中的一点微小缺失，都可能在制度运行过程中被迅速放大，进而导致治理成效上的严重偏差。因此，只有站在大国治理的高度，才能真正理解财税体制改革的使命所系。

我国现行的财税体制，是在1994年分税制改革的基础上逐步完善形

---

[*] 本文载《社会观察》2013年第12期，作者：刘剑文、陈立诚。

成的。改革之前,我国实行的是"分灶吃饭"体制,即各个省级政府均实施"财政包干",只向中央缴纳固定比例的财政收入。其特点是打破集体主义的"大锅饭",中央对地方大幅度放权让利。在这一制度下,地方政府获得了较大程度的财权,积极性被极大地调动起来。但是,中央财政却日渐拮据,"财政收入占GDP的比重"及"中央财政收入占全国财政收入的比重"逐年下降,甚至连续多年出现被动性的财政赤字。分税制改革通过对中央税、地方税、中央与地方共享税的划分,彻底扭转了这一局面,使中央取得了更大的财源,也充分激发了中央与地方的活力,为我国后来的经济腾飞奠定了基础。

客观地说,分税制是当时的正确选择,在历史上功不可没。不过,随着形势的发展变化,它已经不能很好地适应当前完善国家治理的客观需要,导致了一系列的矛盾与问题。从范围上看,分税制只涉及税收收益权的划分,而没有涵盖行政事业性收费、政府性基金和国有企业利润等非税收入的划分,也没有对财政转移支付进行规范,是一次不彻底、不全面的财政分权;从内容上看,分税制只考虑了财政收入的层级配置,而没有明确界定各级政府的事权与支出范围。一旦出现事权争议,只能依靠上级政府的决定,或是在相关政府间"讨价还价",这就容易滋生不负责任的短期行为,导致事权混乱;从性质上看,分税制属于中央政府主导的行政性财政分权,《关于实行分税制财政管理体制的决定》位阶较低且缺乏充分的稳定性与约束力。这就为上级政府随意上收财权、下放事权或下压支出责任提供了方便,致使中央与地方财政关系日益失衡。

数据显示,从1993年到2012年,地方财政收入占比从78%下降到52%,而支出占比却从72%上升到85%。这表明,我国的政府间财政关系已经面临着严重的"财政收支倒挂"局面。地方政府无力承担起必要的财政支出,又催生了"跑部钱进"、土地财政、地方债高筑等问题。特别是随着"营改增"的全面扩围,地方政府亟需获得足以代替营业税的新的主体税种,现有体制的矛盾更加凸显。要破解国家治理的这些重大难题,不能只靠小修小补,而必须全面深化改革。

新思维:财事协调与权责统一

《决定》在对财税体制改革的表述中,提出了"事权和支出责任相适应"的新原则。在此之前,党的十七大正式确立了"财力与事权相匹配"的原则,学界也一直有"财权与事权相匹配"的呼吁。要准确理解这些原则,必须先弄清"财权"、"财力"、"事权"与"支出责任"等概念。从法学视角观察,财权是指各级政府筹集与获得财政资金的权力,其本质是一种权利;财力是指各级政府可支配的财政资金,即财政资源分配的最终结果;事权是指各级政府所承担的公共职能,其本质是一种义务和责任;支出责任则是指各级政府为履行职能而承担的财政支出,也被称作"事责"。形象地说,财力是"钱",而财权是"获得钱的权利";事权意味着负责"请客",而支出责任则是为请客而"埋单"。

理清基本概念之后,不难看出,"事权和支出责任相适应"与"财权与事权相匹配"两大原则分处不同的维度:前者强调的是"谁请客,谁要埋单",即承担事权的政府必须同时承担相应的财政支出责任;后者强调的是"谁请客,谁要有钱",即承担事权的政府应当享有获取相应财政资金的权利。进一步看,要有"埋单"的能力,就必然要有相应的财力作为支撑,最终还要有财权作为保障。《决定》中没有明确提及"财权与事权相匹配",并不意味对这一原则的否定,而只是为了避免行文重复,突出改革的新措施。"事权和支出责任相适应"的新原则也并非涵盖财税体制改革的全部方面,而仅是针对事权与支出责任划分提出的。因此,"权责统一"与"财事协调"并非取代关系,它们共同组成了财税体制改革的基本原则。

值得注意的是,《决定》的这一新提法明确透露出优先事权调整、侧重权责统一的信号,反映了下一步改革的新思维。此前,学界对于"财权与事权相匹配"的实现方法曾有两种意见,一是"以财权定事权",即优先调整财权,再根据财权来划分中央与地方的事权;二是"以事权定财权",即优先理清事权,再根据事权来配置中央与地方的财权。《决定》采纳了第二种进路,这也是与我国的实际需求相符合的。目前,我国各级政府的事权和支出范围划分随意性较大,标准比较模糊。许多本应由地方财政负担的支出,却由中央政府承担。而许多本应由中央财政负担的支出,却推给地方财政。例如,社会保障事项具有很强的外部性,且涉及跨区域分配的公平问题,故一般被归为中央政府的职责。然而,我国的社保支出实际上却主要由地方政府埋单。2011年,地方财政负担了超过1万亿的社保和就业支出,而中央财政仅负担了约500亿元。特别是在上级制定政策、下级具体执行的行政体制下,地方政府往往逐级向下摊派财政支出任务,或要求下级提供配套资金,这就使得最为弱小的基层政府实际上承担着财政支出的终局责任,呈现出"上面千根线,基层一根针"的尴尬局面。而"事权和支出责任相适应"的新提法,表明改革的重点在于实现各级政府有权必有责、权责相适应。具体来说,政府在实现事权的同时,也应承担相应的支出责任。上级政府委托下级政府承担事权时,应当通过转移支付来保证下级政府能够承担支出责任,而不允许再出现"上级请客,下级埋单"的情况。

新路径:法治框架下的四部曲

根据十八届三中全会的总体部署,新一轮财税体制改革的路径已经趋于明朗。在"财事协调、权责统一"的原则指引下,改革的整体逻辑可以概括为"四部曲":第一步是理顺中央与地方的事权关系,第二步是按照事权来界定支出责任,第三步是根据支出责任来合理配置财权,第四步是落实税收法定主义,最终走向财税法治。具体来说:

一是理顺事权关系。《决定》指出要"适度加强中央事权和支出责任",并借鉴了相关学科的理论,将公共服务的层级作为划分事权的基本标准。这是一大亮点,表明政府决策的科学化水平正在不断提高。在具体的事权划分过程中,首先应当考虑政府职能转变的大背景。要使市场在资源配置中起决定性作用,应当追求的不是"小政府,大市场",而是"有效的政府,有效的市场"。因此,必须在合理界定政府与市场边界的基础上,再考虑政府职能在中央和地方之间的划分。其次,必须树立系统思维,综合考虑国家整体利益和地方利益,以法制统一和基本公共服务均等化为指引。最后,还应当重视事权配置的效率,根据外部性、信息复杂度、利益一致性等因素来科学决策。

二是强化支出责任。对此,《决定》明确提出:"中央和地方按照事权划分相应承担和分担支出责任。中央可通过安排转移支付将部分事权支出责任委托地方承担。"这是一个可喜的进步,也符合国际的普遍经验。

例如,《德国基本法》就规定:"联邦委托各州管理事务的,联邦负担相关支出。联邦法律规定发放钱款待遇并由各州执行的,可规定联邦负担全部或者部分费用支出。"而要确保政府的支出责任随事权转移,关键在于提升相关规则的法律层级,走向中央与地方关系法治化。在行政式分权体制下,谁掌握主导权,都很可能出于自身利益最大化而具有外移事权的倾向。只有中央与地方双方共同遵守"游戏规则",依法享有权利、承担义务,才能从根本上破解这一难题。

三是合理配置财权。我们认为,中央与地方应划分"财权",而不仅仅是"财力"。让地方政府拥有必要的财力,仅是完善财税体制的结果,而不是实现的方法。同时,主张"财力"的主要用意是强调财政转移支付,而转移支付本质上也应被理解为一种"财权"。财权主要包括财政立法权和财政收益权,前者是决定筹集财政收入的权力,如税收立法权、发债权;后者是享有财政收入的权力,分税制下的"地方税""中央税"就属于收益权的划分。《决定》提出,将"保持现有中央和地方财力格局总体稳定,进一步理顺中央和地方收入划分"。这表明,我国下一阶段的财权划分将以财政收益权为主,其重点是加快完善房产税等地方主体税种,以及建立统一、规范、透明的财政转移支付制度。

四是实现税收法定。税收法定主义起源于中世纪的英国,1215年的《大宪章》被公认为其源头。从"无代表,不纳税"的呼声开始,世界各国人民为民主、法治而斗争的历史,从一个侧面看就是税收法定确立与发展的历史。时至今日,税收法定已经成为现代法治国家的共同追求,并普遍被写入各国宪法之中。《决定》在党的文件中第一次明确提出"落实税收法定原则",并将"完善立法"放在财税体制改革总目标的首位,充分体现了中央对此的高度重视。目前,社会上对税收法定存在不少误读,如认为《决定》中的"加快房产税立法"就是指修订原有的行政法规。这种观点严重曲解了税收法定,若不加以澄清,很可能对税收法治实践带来负面影响。应当看到,"税收法定"中的"法"指的是狭义的法律,即由最高立法机关制定的法律。在我国,就是要求改变目前以行政法规、规章和税收通告为税法渊源主体的局面,由全国人大及其常委会制定法律来规定税收的基本制度。在此基础上,还应将"法定"的范围拓展至财政收入、支出、管理的全过程,并进一步提高立法的科学性与民主性,加强法律实施过程中的监督,从而实现"良法善治",最终从"财税法制"走向"财税法治"。

在法治视野下,我国的财税体制改革过程,应当同时也是税收法定的实现过程。立法不仅是改革的制度目标和结果保障,而且也是改革的优选路径。因为法治作为一种规则的治理模式,能够最大限度地表达民情、反映民意、汇聚民智,最为广泛地统合分歧、赢得理解、凝聚共识,最为有效地增强改革成果的权威性、科学性与可接纳度。特别是随着改革进入攻坚期和深水区,面对思想观念的障碍与利益固化的藩篱,用法治思维指导改革进程就尤显重要。我们也相信,法治框架下的财税改革,一定能够回应时代需求,构建起科学的财税体制,最终推进国家治理体系和治理能力的现代化转型。

财税体制改革应走向立法主导*

当前,伴随着我国经济增速放缓,经济体制内部的深层次矛盾逐渐暴露,进一步全面深化经济体制改革刻不容缓。具体到财税体制改革领域,核心是解决以下几个基本问题:国家与市场、政府与纳税人、立法机关与行政机关、中央与地方的关系等。改革的关键是转变经济发展方式,改变我国当前不计成本、不计环境污染与破坏,一味追求高速度的GDP至上的发展观。

问:当前,我国中央和地方的财权与事权不匹配,造成"跑部钱进"、土地财政等问题,亟需加快财税体制改革。财税体制改革的思路是什么?如何改进财税制度?

答:财税体制改革往往从经济体制改革角度考虑的比较多,但我觉得财税体制改革是综合性的改革,除了经济体制改革外,还涉及社会体制改革、政治体制改革和法律体制改革。财政体制改革涉及的经济体制改革是稳步推进的温和改革,因为财税体制改革要解决以下几个基本问题:国家与市场(涉及个人和企业),政府与纳税人,立法机关与行政机关,中央与地方的关系等问题。我们过去把财税体制改革定位为单纯的经济体制改革,容易使改革走向极端化,难免剑走偏锋。如果经济体制改革不从政治体制改革和法律体制改革角度考量的话,改革成果很难得到巩固、发展和让全体人民共享。

---

* 原标题为《深化经济体制改革的重点领域与突破口》,载《21世纪经济报道》2013年9月2日,采访记者:王芳、廉薇。访谈对象还有吴敬琏、易纲等多位专家,编入本书时,仅保留了刘剑文教授的观点。

财税体制改革究竟是应该由行政主导还是由立法主导？十八大提出要在法治思维和法治方法上化解矛盾、解决纠纷，深化改革。行政主导和立法主导的区别在哪里？在这方面，我要谈两个问题。

关于税制改革问题，这些年，税制改革始终以行政为主导——特别是1994年的税制改革。今年两会期间有人大代表提出，应该让税收立法回归全国人大，国务院也提出要放权，但是我们不应该忘了另一个问题，即要还权就应该确权。我们说的还权，是指按宪法的规定，某些特定权力本应归属于谁。有些权力本不属于某个部门，但却因某种特别的原因而阴差阳错归属于该部门。但税收立法权原本就属于全国人大和全国人大常委会。

在这种情况下，我们为国家出谋划策就涉及顶层设计。我国曾经有1984年全国人大常委会和1985年全国人大两次授权国务院税收立法。尽管1984年全国人大常委会授权决定已被废止，但1985年全国人大授权决定现在依然存在，并且涵盖的范围非常广泛，包括金融、财税、投资和企业等。虽然很多领域的授权立法问题通过出台法律已经解决了，比如金融和企业领域已经出台了一系列法律，不再存在授权的问题，但是关于财税领域的法律仍太少。张德江委员长说下一步要提高立法质量和执行力，换句话说就是要把立法做细。改革应该给以民众稳定的合理预期，因此财税体制改革应该是长期的谋划，税收立法需贯穿整个财税体制改革中。

关于财税体制改革的重点。我觉得应以预算体制改革为重点和突破口。如何实现预算的公开、透明、规范、完整，不仅仅停留在口号上，而是需要一系列的制度和权利配置。换句话说，如果人大不能做好预算改革和预算立法，公开、透明、规范是不可能实现的。今年全国"两会"期间，财政部副部长朱光耀和国税总局副局长王力都曾表态支持税收法定，但担心全国人大人手不足。我认为到底人大是否有能力自行立法不是我们考虑的问题，我们只需要考虑税收立法权应不应该归还问题。其实，人员方面也不用担心，如果我们能够按照宪法和中央提出的顶层设计，把税收立法权还给人大，人大自然就会配备相应的力量。而且不解决这个问题，也会激化很多矛盾。

对于人大来说,在财税体制改革有两个重要权力,一个是税收立法权,另一个是预算审批权。预算审批权则涉及修改预算法。财税体制改革的思想和建议怎样在预算法修改中体现呢?比如,现在人大没有预算的否定权和调整权,无法很好地监督政府。为什么我认为财税体制改革是温和的政治体制改革呢?就是因为,我们要解决的核心问题是规范和限制政府的权力。财税体制改革相比其他的改革路径而言,具有更强的可行性,能够最大限度地凝聚共识、减小阻力。"它是低调的,不会过分提高人们的期望值;它是具体的,比抽象谈论'政治民主'更容易操作;它是务实的,可以在不太长的时间里产生看得见的变化。"[①]西方国家议会的主要职责是负责预决算审批,但是我们国家从1995年1月1号实施的预算法仍然没有给予人大相应的基本权力。曾经有人提出建议,在全国人大常委会预算工委增加200个编制,每年至少可以为国家节省200亿到500亿资金,地方各级人大也相应增加编制。

问:财税体制改革的核心是什么?

答:财政体制改革的核心问题还是权力配置问题,我们如何才能贯彻落实这一政策呢?我谈几点看法。

第一,我们要关注改革目标。为什么研究报告的四大目标里不提财税体制改革的目标应该是公开、透明、法治化?考虑了公开、透明、法治化的问题,为什么不提出稳步推进政治体制改革,这样做的话,财税体制改革报告的层级就会往上进一步。

第二,具体到各个税种来进行规划设计。比如个税是直接税,应该降低间接税在整个税收中的比重,提高直接税比重。有人说直接税低是因为征管力度不够,我不大赞同这个看法。我国个人所得税一直在下降,征税基数越来越小,那怎么增加直接税比重呢?其实在税种制度设计过程中,老百姓更关心直接税,比如个人所得税、企业所得税、房产税和车船税等,而间接税是隐性的,老百姓则不大关心。中国的纳税人并不明白,他们不关注税负很重的税的提高,反而更关心跟自身利益相关的小税。举个例子,两年前消费税中的烟税提高,政府从中得到500亿的税款,没有

---

① 王绍光:《美国进步时代的启示》,载《中国财经报》2001年8月18日。

一个人出来质疑。可在2011年车船税出台的时候,网民的意见非常大,其实,我国车船税款十分有限。我认为,个税法还是要朝着综合改革方向努力,即从现在的分类所得税向混合所得税方向发展。

另外,个税的改革始终围绕费率扣除标准在打转。实际上现在个人所得税规定的个人所得有11类,劳务所得和工薪所得都是劳动所得,高层觉得个税费率扣除标准是敏感问题,想通过提高费用扣除标准来关心民生。但是,我们忘了一个很大的问题,这会造成纳税主体之间不平等。另外,财产转让所得、劳务所得和个人纳税账户都还没有改革。所以,我想个人所得税的改革恐怕还是要回到十六大、十七大报告提出的,从分类所得税向混合所得税这个大方向发展。

又比如说,营业税和增值税改革是一个跨度长达八年的改革方案,并从2013—2020年分为两个阶段,改革分为两个层次,现在只在一些地方的部分行业——限于交通运输业和部分服务业(1+6)——先试点,并不断扩大试点,未来可以逐渐把增值税合并为营业税。但是,建筑业和金融业等都应该逐步并到增值税里。因为增值税是能很好地解决纳税主体税负过重和重复征税等问题的税种,报告应该针对此直截了当地提出一些建议。

第三,从现在发展的趋势来讲,税法的改革将从现在的行政主导向立法主导方向发展,人大将逐步收回税收立法权。当然,今年两会期间社会对此讨论很多,有人认为全国人大把税收立法权收回去就可以解决这个问题,其实没那么简单,后面还跟着一系列问题——现有行政法规的有效性要不要承认?这就存在稳定性和连续性的问题。据说全国人大常委会主要领导对全国人大收回税收立法权非常关心,前段时间专门找全国人大常委会预算工委领导谈税收立法权收回的问题。所以,这届人大可以重点解决包括增值税、增值税、房产税和环境税在内的立法问题,把这几个税种从行政法规上升到法律,其他税则可以在未来五年全部上升到法律层面。

值得一提的是,去年预算法公开征求意见时,我们专门向全国人大提出专家建议稿,其中提到财税体制改革的核心内容是规范政府收支行为。我认为,只有通过规范政府收支行为,才能解决公开、透明、让民众满意的问题。现在预算法的立法宗旨还是沿用1991年预算管理条例。在市场经济条件下,西方国家的预算法都在考虑一个问题——如何规范政府收支行为,这要求必须从立法宗旨上考虑,并进行一系列权力配置,把四种预算全部纳入现在的预算范围。

预算法还存在一个问题——政府和人大的权力如何配置?如果由人大审查预算案,没有通过的方案只能退给政府,不能自己修改。现在政府有三本账,一本是收入账,另外两个则是支出账,一是按照功能,一是按照经济性质。项目越细越有利于监督。所以,我们需要考虑人大和政府权力配置方面的预算体制改革理念。另外,关于预算法的责任,怎样追究政府责任?政府究竟应该承担行政责任还是政治责任?现在这方面预算法基本是空白。

问:在我国现有的财税体制下,地方政府为了获得更多财政收入,大量依靠"土地财政"。如何解决这一问题?同时,地方债务也越来越受关注,地方债务问题未来是否会酿成危机?

答:中国有一点和西方不一样——西方国家的地方政府对纳税人负责,我们的地方政府领导人却是对上负责,并不是完全对纳税人负责。如果不考虑预警机制和风险防范机制,在这种情况下让地方发行债券,问题很麻烦。

现在,中国爆发危机的可能性很大,需要有预防措施。三大共同体中,美国已经爆发次贷危机,欧洲债务危机也发生了,下一步要发生危机的就是中国,中国可能发生的就是地方债务问题。国务院常务会议专门提出地方债务管理的问题,这可能是中央政府的一块心病,在某种意义上来讲也是1998年为了应对危机、出台四万亿救市方案引发的后遗症。现在显性的地方债务究竟有多少?隐性的地方债务又有多少呢?

我并不反对地方发行债务,但是我觉得地方拥有发债权是很慎重的问题,弄不好会引发政权危机——地方债务危机会引发金融危机,继而引发政权危机。西方国家的市场很发达,可以通过市场自身去解决危机,可是中国的市场不是很发达,如果处理不好,就将使政权受到影响。有人说政治体制改革就是选举,在中国目前体制下选举可能吗?不可能。但是,财税体制改革能够解决中央和地方,立法机关和行政机关,国家和纳税人之间的种种问题,这就是实实在在的政治体制改革问题,是一个温和的、中央能够接受的方案。所以,研究财税问题,不管是从收入、支出,还是管理,最终目标是要使得收入合理、合法和合宪,支出公平、公开和公正,管理有规、有序和有则,这是国家实现长治久安所需要的。

未来五年我国税收立法五大看点*

2013年是十二届全国人大及其常委会的开局之年。在全国人大常委会不久前确定的2013年立法工作计划中,单行税法被列入立法预备项目,将视情况在2013年或者以后年度安排审议。此外,全国人大常委会还将公布未来五年的立法规划。展望本届全国人大及其常委会的税收立法工作,未来五年我国的税收立法工作有五大看点。

看点一:全国人大将通过何种途径收回税收立法权。今年全国"两会"期间,有全国人大代表向大会提出了收回税收立法权的议案,该议案得到了社会各界的广泛关注。从目前的情况看,全国人大收回税收立法权的方式分为间接收回和直接收回两种。

所谓间接收回,指通过加快推进税收立法工作进程,尽快将尚未立法的各个税种的行政法规上升为法律,从而逐步收回税收立法权。根据1985年全国人大作出的授权决定,国务院可以在经济体制改革和对外开放方面制定暂行规定或条例。这是一个覆盖面很广的授权,包括税收、金融和外贸等多个领域。28年以来,不少领域的授权已通过推进立法间接收回,唯独剩下税收领域的立法权仍未收回。我国现行的单行税法仅有企业所得税法、个人所得税法和车船税法三部,通过推进立法间接收回税收立法权还有大量的工作要做。

直接收回则是由全国人大通过法律清理的方式,废止1985年对国务院的税收立法授权。在实际工作中应该采取间接收回和直接收回相结合的方式。对此要厘清两个方面的思路:一是全国人大收回税收立

---

* 本文载《中国税务报》2013年6月7日,作者:刘剑文。

法权并不意味着国务院根据1985年授权制定的税收行政法规失去了法律效力,要认识到税收政策必须具有连续性和稳定性。在全国人大收回税收立法权后,国务院对现行的税收行政法规,在不增加纳税人税收负担的情况下,也是有权修改的。二是全国人大收回税收立法权,并不代表其今后不会再授权国务院制定税收方面的行政法规,全国人大可以在立法法的规定框架内,采取一事一议的方式授权国务院制定税收行政法规。

税收涉及民众的基本财产权,必须要通过立法加以规范,而立法的目的是为了在社会中取得更广泛的共识,减少和化解社会矛盾。对于收回税收立法权问题,全国人大应给出明确的时间表和路线图,积极回应全社会的关注。

看点二:未来五年立法关注重点领域改革。党的十八大提出的下一步重点领域改革措施,都是未来五年全国人大立法工作关注的重点。而税收立法恰恰属于这种重要领域。要充分认识到税制改革和立法工作在当前解决民生问题、化解社会矛盾中的意义和作用。本届全国人大在税收领域的立法计划中应继续沿用上届全国人大的提法,即将增值税等税种上升为法律。

看点三:税收立法突出重点税种。在未来五年将所有税种都上升为法律是有难度的,也是不现实的。在推进税收立法工作中,应突出若干当前社会各界比较关注的税种的立法问题,如增值税法、房产税法、资源税法和环境保护税法。期待在未来五年,看到上述四个税种上升为法律。其他尚未立法的税种,则应在未来十年内逐步解决立法问题,从而构建完备的税收法律体系。

看点四:税收立法应注重纳税人权益保护,强化民主立法、科学立法。税收立法的内容也非常值得关注,新制定的税法在内容上一定要考虑国家征税权力和纳税人权益保护二者之间的平衡。当前,纳税人权益保护问题受到社会各界的广泛关注,这种理念应在税收立法中加以体现。在税收立法中,立法机关要多渠道、多形式的听取民众的意见,建立民众意见的表达机制和反馈机制。

看点五：税收立法要提高税法执行力。要尽可能地细化税法条文，减少税种立法中的授权规范。要通过税收立法进一步提高税法在实践中的执行力和可操作性，尽量减少过去一部税法由多项行政法规"打补丁"的现象。

应当构建完备的税收法律体系[*]

问：您说过"建设法制的突破口应该从税开始",也说过"税收是公法之债",能不能给我们税务系统的同志介绍一下这种看法?

答：建设法治社会是我党的一个重要方针,也是我国政府实施依法治国方略的主要途径。当前,我们的国家和社会面临诸多问题和矛盾,在本质上是一种利益关系的冲突,这其中最基本的关系是纳税人与政府的关系。市场经济的逐步建立使得国家与法人和自然人的关系主要变成一个税的问题,这里涉及一系列的利益博弈问题,比如立法机关与行政机关之间、中央与地方之间、政府与纳税人之间以及纳税人之间的博弈。在众多的关系中,一个基本的关系就是税收关系。如果通过法律规范把税的关系理顺了,建立起清晰的税收法律关系,政府与纳税人的关系和谐了,那么,法治社会就离我们不远了。从这个意义上说,税收法治是法治社会的突破口。因为税收涉及纳税人的基本财产权利,政府依法征税,纳税人依法纳税,这个基本问题解决了,整个法治社会的问题就可以迎刃而解。

关于"税收是公法之债"的说法其实强调的是国家与纳税人之间的平等关系。传统上,人们认为税收是国家凭借政治权力,强制地、无偿地向企业和个人征收货币和实物的一种活动,国家与纳税人的关系是一种权力关系,是不平等的。在德国,以1919年《帝国税收通则》制定为开端,人们逐渐把税收视为一种公法上的债权债务关系。这一理念认为,税收是一种债,是法定之债、公法之债,其中国家是债权人,纳税人是债务人。纳税人向国家依法缴纳税金,国家给纳税人提供公共产品。"税收是公法

---

[*] 原标题为《理顺税的关系 构建完备的税收法律体系》,系武汉市地方税务局主办的《江城税月》杂志记者2010年12月26日对刘剑文教授的专访。

之债"的意义在于它提出了一种优化的税收法律关系,其实质是强调政府与纳税人之间的平等,有利于税收法治的建设。

问:您参与了中国历史上首次立法听证,对前段时间社会非常关注的个税起征点,您自己的看法?[1]

答:在税法理论上,"个税起征点"应当准确称为"个人所得税工薪所得费用扣除标准"。"个税起征点"的提高一直是纳税人关心的热点问题。个人所得税法的修改已列入2011年全国人大常委会的立法规划。我认为,我国个人所得税法改革的核心问题是实现从分类所得税向分类综合所得税转型。在此基础上,我仅就"个人所得税工薪所得费用扣除标准"问题谈点个人意见。

第一,应当确立工薪所得费用扣除标准弹性机制。最低生活费用不得课税的原则要求国家确定征税的范围应当保证人民能够依照当时的物价购买到当时经济水平所决定的维持最低生活所必需的生活资料。由于物价水平和社会经济发展在各个时期差异巨大,因此,为保证所扣除的费用范围足以保证最低生活的消费支出,费用扣除标准不应固定不变,而应当建立与经济发展和物价水平之间的联动关系,实现对工薪所得费用扣除标准的动态调整。目前,我国物价涨幅较大。物价上涨使纳税人的可支配收入相对下降,如果工薪所得费用扣除标准不变,就会导致纳税人税负上升,甚至可能将低收入者纳入课税的范围,最终损害纳税人维持基本生活尊严的经济生存权。

在2005年和2007年两次工薪所得费用扣除标准的调整中,尽管已经参照了物价水平、个人工资状况对费用扣除标准进行了调整。[2] 但两次调整都为专门的立法修订,都必须经历繁杂的立法程序,增加了个人所得税法修订的频率。因此,在建立工薪所得费用扣除标准与经济发展的联动关系时,不应当频繁地以立法修正的方式实现。为了保证工薪所得

---

[1] 2005年9月27日,全国人大常委会针对个人所得税工薪所得费用扣除标准的修订问题举行听证会,这是新中国历史上首次立法听证会。刘剑文教授是听证陈述人中唯一的法学教授,他所提出的"实施全国统一的1600元费用扣除标准"建议最终得到了立法机关的采纳。——编者注

[2] 工薪所得费用扣除标准在2005年由800元提升至1600元,又在2007年由1600元提升至2000元。——编者注

费用扣除标准能够适应经济形势的发展变化和物价水平上涨的幅度,同时避免频繁的立法,应当建立工薪所得费用扣除的自动弹性调节机制,如借鉴美国的税收指数化。税收指数化是利用立法确定公式,使税制中的一些项目随物价变化进行指数化调整,以实现自动消除通货膨胀对实际应纳税额的影响。工薪所得费用扣除标准随着每年消费者物价指数的变化来确定,以减少通货膨胀造成的个人名义收入增加、纳税数额增加而实际收入减少的影响。通过建立工薪所得费用扣除标准的指数化,能够依据消费者物价指数的不断变化而不断调整可扣除的费用额度,使个人的实际税收负担水平能够与经济发展同步,不至于因通货膨胀将低收入者纳入课税的范围,确保国家征税不因物价上涨而侵害纳税人的基本生活水平。

  第二,进一步扩大工薪所得费用扣除范围。工薪所得费用扣除一般应当包括经营费用、个人生活消费支出和家计生活支出三个部分。但就工薪所得费用扣除而言,由于工薪所得者均为单位就业者,所在单位已经提供了必要的工作条件(包括提供工作服、公费进修培训和兼有旅游性质的出差等),如所在单位为企业,这些支出一般也可作为成本或费用在企业所得税税前列支。因此,工薪所得费用扣除标准除包括个人基本生活消费支出外,还应当包括个人发展所必需的支出,如医疗费用支出、教育费用支出等。

  从我国当前所确定的工薪所得费用扣除标准来看,其扣除的范围仅仅包括个人生活消费支出的部分,而不包括家庭生计支出。从当前各国的个人所得税费用扣除制度来看,家庭是各国确定个人费用扣除的重要因素。如美国规定,纳税人除可以扣除纳税人满足最低生活水平的那部分生计费或生存费,还可以扣除纳税人的子女或抚养人的相关费用。

  所得税法应当体认社会变迁,对不同家庭状况特别是弱势家庭,对其扶养给付予以类型化定其适当负担,在课税标准中减除。作为课税禁区的最低生活费用的额度,其衡量的标准并非仅在所得者个人,而在于其负有物质给付的家庭全体维持最低生活所需的费用。也正因为如此,必须对所得者所处的家庭结构、家庭成员的状况以及由此所决定的费用额度予以全面的衡量和反映,才能在课以所得税时,避免侵及纳税人及其所扶养的家属的基本生活需要的经济生存权。具体而言,应当综合考量纳税人所赡养人口、老人、儿童、残疾人的支出、扶养无收入的配偶的支出、子女的教育支出等等,均应当成为确定工薪所得费用扣除的重要影响因素。如果说个人基本生活消费支出可以是无差异的话,家庭生计支出则因家庭结构、成员组成等而各有差异。因此,对家庭生计费用,可以由个人所得税法在统一适用的扣除标准以外,予以另行规定。

第三,引入家庭纳税申报制度。以个人为纳税单位只能考虑纳税人个人的因素,而不能考虑纳税人所在家庭的因素。目前世界上不少国家都以家庭为个人所得税的纳税单位,实行夫妻联合纳税申报制度。当然,纳税人可以选择是夫妻联合纳税申报还是单独纳税申报,原则上,夫妻联合纳税申报的税收负担轻于夫妻各自单独纳税申报。

一旦将家庭生计支出纳入工薪所得费用扣除的范围,"由于家庭生计扣除项目只有在以家庭为纳税单位的税收制度下才有意义",因此,家庭纳税申报也随之势在必行。由于家庭费用扣除额度必需根据纳税人的家庭结构、婚姻状况、子女人数和其他被赡养人口等情况才能予以确定。但在我国当前个人所得税采用以源泉扣缴为主、纳税申报为辅的征管制度下,仅可能对工薪所得取得中所支出的费用及维持纳税人本人基本生活消费水平的费用予以扣除,无法收集纳税人的具体家庭情况而确定其家庭生计扣除的数额。在现有的税收征管制度下,家庭生计费用是无法真正得以扣除的。因此,必须改变我国当前以源泉扣缴为主、纳税申报为辅的个人所得税征管方式,采用以家庭为单位的纳税申报制度,并推行全员纳税。在以家庭为单位进行申报的基础上,汇总家庭成员的所有收入,确定家庭的总开支,进而确定家庭生计扣除额度。

可以说,以家庭为单位进行纳税申报制度的建立,是将家庭生计支出纳入费用扣除范围的必然要求,有利于以家庭为单位具体衡量纳税人的经济支付能力的差异,从而真正实现以纳税人的综合税收负担能力为基础进行课税。因此,家庭申报制度的引入是工薪所得费用扣除标准完善的重要配套措施。

问:您在中国税务报上曾提出未来30年是财税法学者更好地报效国家的30年,财税法自成体系需要30—40部法律,而目前只有5—6部。

您认为急需完善的是哪些方面的?

答:中国财税法体系包括财政收入法、财政支出法、财政监督法和财政管理法等几大方面,应由40部左右法律组成,但现行有效的只有《预算法》《税收征收管理法》《个人所得税法》《企业所得税法》《企业国有资产法》5部法律。[①] 我国财税法体系存在两个缺陷:一是很多主要法律缺位,比如税收基本法、财政转移支付法、国债法、彩票法都没有,税收领域的就更多了,增值税、营业税、消费税等都需要制定法律;二是有关立法级次太低,大量表现为行政法规和部门规章。这种状况应该得到改变,主要通过提升税收法律体系的效力层级以及制定科学的税收立法规划来构建完备的税收法律体系。

问:我们税务系统有很多人是您的"粉丝",请您谈一下财税法的前景,没有专业背景的话,跨学科学习障碍大吗?

答:我从来没有听说我在税务系统有很多"粉丝",这的确让我十分意外,又很高兴。我一定要以感恩之心做事,报效国家,特别不能忘记税务系统朋友的期待。

财税法在整个社会主义市场经济法律体系中,是一个"顶天立地"的法律子系统,它涉及整个国家宏观经济的运转,是大政方针,同时涉及千家万户的利益,也可以说是"治国安邦"之法。近年来,财税法的作用日趋重要,社会对财税法的需求也不断增强,但是财税法学的研究相对落后,在人才培养上还有很大的不足。我们希望把财税法学界和实务界的资源整合起来,让整个财税法学有更强音。税务系统有很多财政学、税收学、经济学和管理学方面的人才,并且有非常丰富的税收实践经验,只要能够进行系统的法律专业的学习,一定能够成为财税法理论和实务界的骨干力量。

问:您对基层税务机关有什么期待和要求?对武汉市专业化改革印象最深的是哪些?

答:基层税务机关是我国税收工作的最前线,承担着繁重的税收任

[①] 2011年2月25日,十一届全国人大会常委会第十九次会议审议通过《车船税法》,启动了财税法律化的进程。——编者注

务,同时他们也是我国财税法制建设的重要力量。和谐社会的建设是需要强大的财力作为支撑的,而国家的财力主要来自税收,近十年来,我国税收收入保持较快的增长,从这个意义上讲,全国的税务干部尤其是基层税务干部为和谐社会的建设和发展作出了巨大贡献。我期待基层税务机关能够和我们财税法学界一起努力为推动中国财税法治的进步作出更大的贡献。

我很有幸应邀参加武汉地税税源专业化管理改革座谈会,诸多改革给我留下了深刻的印象。作为武汉市地税系统税源专业化管理改革试点单位,武昌区地税局推行以"先办后审"为突破口,以创新管理新模式为切入点,开拓进取,勇于创新,努力探索一条具有武昌地税特色的税源专业化之路。其中,尤其给我印象最深的是"先办后审"的做法。我个人理解"先办后审"实质是强调对纳税人的诚实推定权。

纳税人诚实纳税推定权在我国现行法律中是缺失的。所谓诚实纳税推定权,是指纳税人有被税务行政机关假定为依法诚实纳税的权利。征税机关向纳税人征税时,必须首先假定纳税人是诚信纳税人,推定纳税人在处理纳税事宜时是诚实的,并且承认纳税人所说的情况属实以及所递交的资料是完整和准确的,没有充足证据,不能对纳税人是否依法纳税进行无端怀疑并采取相应行为。诚实纳税推定权,在大多数国家的税法和纳税人宪章、宣言中规定的比较普遍,如澳大利亚《纳税人宪章》就明确,应当推定纳税人诚实报税,除非出现相反的情况;加拿大《纳税人权利宣言》也规定,法律认为纳税人是诚实的,除非有证据证明事实上有相反的情况。

在我国,依法确立纳税人诚实纳税推定权,一是有利于合理、有序、高效的纳税环境的形成,降低整体纳税成本。诚实信用原则随着商品经济的发展,由道德准则逐渐上升为法律原则,为市场经济树立了一个重要的法律标准,并极大促进整个社会的交易成本的降低。在税收领域,国家获得税收得以正常运行并提供必要的公共品,纳税人向国家支付税收并享受公共品,征纳双方在本质上是等价交换关系,双方理应秉承诚信原则、互相信赖。二是保护纳税人免受公权力非法侵害的重要手段。在税收法律关系中,税收机关作为公权力的代表,享有很大的行政自由裁量权,并且具有强制执行的权力,纳税人在实际上处于弱势。如果没有诚实推定权利,纳税人很容易受到公权力的非法干预,其财产权利和正常的生活、生产、运行秩序都难以得到充分的保障。正如刑法中的"无罪推定"原则是保护犯罪嫌疑人的基本人权、防止公权力非法侵害的基石性原则,税法中规定"诚实纳税推定权"也应当是保护纳税人权利的重要体现。

因此,武汉市地税局在武昌区局推行的以"先办后审"为突破口,创新管理新模式的试点做法在进一步总结经验后,可以在全国推行。

车船税立法树立了税收立法的榜样[*]

一度引起公众广泛关注的车船税法在经历两次审议后,于2011年2月25日下午由全国人大常委会表决通过。近10万条公众意见、二审稿大修……这部看似简单的法律为何受到如此广泛的关注?它的通过有何特殊意义?带着这些问题,《光明日报》记者在第一时间采访了参与该法制定的北京大学法学院教授刘剑文,请他对这部法律进行解读。

"车船税立法为增值税等与人民关系密切的税种立法树立了榜样。"采访伊始,刘剑文开门见山地表示。对车船税的性质、立法宗旨等颇有争议的问题,他也鲜明地表达了自己的观点。

加快了税收立法的步伐

问:车船税法已经表决通过了,你对这部法律如何评价?它对其他税种如增值税等的立法,有何借鉴意义?

答:作为我国第一个由暂行条例上升为法律的地方税种,车船税法的通过具有重要意义。

我认为,车船税立法的最大意义在于它加快了我国税收立法的步伐。目前,我国在税收方面的立法仍处于"缺位"状态。在车船税法通过之前,现行征收的19个税种中,以国家法律形式发布并加以规范的仅有个人所得税法和企业所得税法,其他税种都是由国务院得到授权后,以暂行

---

[*] 原标题为《树立税收立法的榜样》,载《光明日报》2011年2月28日,采访记者:王逸吟、殷泓。

条例或条例的形式发布并实施的。本届全国人大常委会将增值税法等若干单行税法列入立法规划,体现出国家立法机关对税收立法工作的重视,同时也体现出当前经济发展迫切需要对这些税收进行立法。立法机关对于税收立法的基本思路是"成熟一个,推出一个",在这种情况下,率先推出一些争议不大、立法基础较好的税收法律,势必成为我国新一轮税收立法的突破口。正是出于这种考虑,通过制定车船税法,我国税收立法的步伐将进一步加快。

总之,车船税法的通过为增值税等与人民关系更密切的税种立法树立了榜样,作为一项立法成果具有特殊的意义。

体现了民主立法科学立法精神

问:最终通过的车船税法与初审时的草案相比,大幅降低了税额幅度,2.0及以下排量汽车的税负与现在基本持平。你如何看待这个修改?

答:在草案一审的讨论中,我对这个问题表明过态度,就是税收立法不应当增加老百姓的负担。同时,我认为按排量分档征税是合适的,可以引导消费者理性购买。

大家原本以为,车船税立法是最简单的,也是最没有争议的。但结果发现并非那么简单,亿万公众都密切关注着这个法的制定。自去年10月草案公开征求意见以来,有关部门共收到近10万条意见。不少车主要求降低税额幅度,一些常委委员也提出,一审稿中规定的车船税税额幅度上调过大,给群众增加了负担,建议适当降低。

后来,立法机关根据常委委员、社会公众以及专家提出的意见对草案作出"大修",体现了民主立法、科学立法精神。这也符合财税法的一个基本原则——税收征纳关系的确立需要以人民同意即代议机关制定法律为前提,这是保障公民财产权利的必要举措。

总的来看,目前我国2.0升排气量及以下的乘用车占87%,这一改动使绝大多数车主的名义税负不会增加甚至有所降低,同时也使现有车船的税收收入跟过去基本持平。

是财产税而不是行为税

问:立法中还有一个争议点,就是车船税的性质和立法宗旨。有人说它是行为税,也有的说是财产税,还有的说征收车船税是为了节能减排。您认为呢?

答:车船税到底是个什么性质的税?显然,从"车船使用税"到"车船税"的名称变化,已经意味着它不再是一个行为税,而是纯粹的财产税。财产税是针对某些价格较高、对国民经济影响较大的稳定财产,如土地、房产、车船等征收的税,它是抛开财产的流通或交易过程,着眼于财产本身或保有环节设计的税种。因此,我国制定车船税法,将开启财产税变革的新时代。

所谓立法宗旨,通常是指立法目的,即立法者希望通过所制定的法律获得的预期结果。要征收纳税人的税,就应当合法、合宪,让纳税人心安理得。因此,每一部税法都应该有一个立法宗旨,当我们对某一个条款发生争议时,不管是行政救济还是司法救济,都可以通过立法宗旨去解释。

我个人认为,任何一部法律所希望达到的目的都是综合的。对于车船税而言,作为一种财产税,它首要目的在于组织财政收入,特别是地方的财政收入。同时,它对节能减排、发展低碳经济有一定作用。但我们不能把节能减排的实施都归结到一个制度,问题的解决需要多种制度的配合,比如对购买新能源车的补贴等等。用我们今天常说的一句话,就是要"综合治理"。

地方税收立法迈出的可喜一步[*]

2010年3月31日,山东省人大常委会审议通过了《山东省地方税收保障条例》,这是我国第一部地方性税收保障法规,在我国税收立法历史上具有重要的意义。

山东省地方税务局关于《山东省地方税收保障条例(草案)》的说明中提到,制定该条例的目的有三个:一是加强地方税收征收管理,保障地方税收;二是完善地方税收法律体系,提高依法治税水平;三是加强税收服务,保护纳税人合法权益。从立法目的角度可以看出这个条例的制定显得十分必要,除了保障国家财政收入外,第二点和第三点都是和谐社会构建中现代税法所应当重点关注的。地方人大在一些税收非基本要素领域制定法规,既符合税收法定原则,又不违反《立法法》的精神,改变了以前大多由行政机关立法的先例,同时,这部地方性法规将保护纳税人权益作为立法宗旨,尤其值得充分肯定。现代税法的精神是强调以纳税人权利为中心,无论是中央税收立法还是地方税收立法都应符合这一精神,这也是我国税制走向宪政的必要前提。

这部地方性法规主要是围绕《税收征管法》以及《实施细则》的内容所进行的更为具体的规定,并没有实体法规范创制的内容,这也是符合税收法定原则的,因为实体法上的诸多内容属于税收的基本要素,按照《立法法》的要求应该由全国人大及其常委会来制定。该部法规在较好地总结山东省税务管理部门实践经验的基础上,对税收管理、税收协助、税收服务、税收监督等方面进行系统的规定,这对我国正在进行的《税收征管

---

[*] 本文载《中国税务报》2010年4月9日,作者:刘剑文。

法》修订具有十分重要的参考价值。该法规的最大特点是贴近其地方实际,可行性强。其主要内容,是在多年来山东省各级地方政府进行税收保障和山东省地税系统广泛深入开展社会综合治税的丰富实践基础上总结形成的。2003年8月21日,山东省人民政府第十二次常务会议通过的《山东省地方税收保障办法》(以下简称《保障办法》)为本次条例的成型已经打下了坚实的基础,经过7年的实践和准备,这部地方性税收法规可以说是"问渠哪得清如许,为有源头活水来"。从目前该法规规定的内容及质量来看,其实施的效果是比较乐观的,因为许多规定本来就是一些实践经验的总结和细化,操作性较强。

在税收立法权高度集中在中央的我国,地方性税收立法,尤其是地方人大在这个领域的立法还是比较缺乏的,山东省领导解放思想,加大体制和机制创新力度,可以说是我国第一个敢于吃螃蟹的省。不论其后的实施效果如何,其勇气、胆量和思路都值得社会广泛赞赏的。因为这符合宪政和税收法治的精神,也是对纳税人权利的高度尊重。从这部法规的起草过程及通过可以看出,由人大来进行地方税收立法相比行政机关而言,无论是合法性上,还是立法技术上,以及程序上都会更加严谨和慎重,不再是部门首长拍脑袋,而是通过严格的法律程序,坚持开门立法、民主立法、科学立法,广泛地征求民意、体察民情、集中民智,这必然会使得通过的法规符合税收法治的精神,更加有利于纳税人权利的保障,更有利于建设和谐的税收征纳体系。

这种体制和机制创新为什么会发生在山东呢?我认为,这和山东省经济的快速发展,以及山东省对于地方税收工作以及依法行政的重视也是分不开的。应该说既有客观上经济环境和经济基础的使然,也有领导者与政府理念上的突破密不可分。

星星之火,可以燎原。山东省在地方税收立法上迈出的这一步,对于山东省和我国的税收立法都有着积极意义。对于山东省而言,该条例可能只是众多的法规中的一部,但对于我国的地方税收立法的意义却堪比加加林迈向太空的那一步。由国家税务总局牵头进行的《税收征管法》的修订起草正在如火如荼地进行中,山东省的这个法规将山东的经验予以法治化和规范化,对于全国立法当然有着一定的参考价值和意义。如果全国每个省能将各自的经验也予以法治化,自然对于国家立法更有益处。其他省份是否会跟进山东,当然和各自的经济发展以及省级领导的重视程度有关,但无论如何,山东省人大常委会制定这个条例带了一个好头,对地方税收立法的民主化、法治化起到了示范作用。

一石激起千层浪,如果全国各地都能够看清我国税收立法发展的潮流,以及税收立法对于整个国家法治社会构建的突破性意义,那么我国税收法治的早日实现,是值得期待的。

"设税权"理应回归全国人大*

近日,随着本届政府最后一次国务院常务会议提出"扩大房产税征收试点范围",关于房产税的讨论十分热烈,试点工作的扩围似乎已经箭在弦上。然而,从法理的角度看,这一重要的税种,却并非通过全国人大及常委会立法程序来征收,其合法性在法理上存在较大的争议。

看似只是房产税试点的问题,但却是我国税收设置现状的缩影。作为一个社会主义法治国家,我国现行征收的 18 个主要税种中,只有 3 个税种"于法有据",剩余的全部由国务院各类"暂行条例"作为征收的法律依据。① 五年前,十一届全国人大常委会曾经将增值税等诸多重要税种纳入立法规划,很遗憾,本届人大常委会却只是将车船税通过了立法。

也正是在这样的权力架构下,中国形成了超过十万亿元的财政收入。但是,"存在"并非意味着"合法"。

相比之下,英国通过 1668 年的光荣革命就确定了"未征得国会同意,国王不得随意征税"的基本原则,而这一原则在西方法治社会已经奉行超过 300 年。

1984 年、1985 年两年,全国人大通过两次授权,将设立税收的权力授权于当时的国务院。这样的结果,是改革开放刚刚起步的特殊历史背景下的特殊选择,意为"暂行"。然而,这一"暂行"的权力,却被行使了长达 30 年的时间。这 30 年间,"中国特色的法律制度体系"已经建成,"依法

---

* 本文载《中国经营报》2013 年 3 月 4 日,作者:刘剑文、张莹。文章系统论述了设税权回归全国人大的历史背景、必要性和具体要求,引起了社会的广泛关注。这也是全国人大代表提出全国人大收回设税权议案的参考和先声。

① 指《个人所得税法》《企业所得税法》和《车船税法》。——编者注

治国"也成为治国理政所遵循的基本原则。但事关所有公众利益的税收设置权力,仍不能遵循税收"法定原则",代表全体人民行使最高权力的机构全国人民代表大会对于税收设置和监督的基本权力仍然"旁落",这不能不说与我们过去近20年在"依法治国"领域取得的巨大成就形成了鲜明的对比。尽管全国人大在2009年废止了1984年给予国务院的"设税授权",但授权范围更为广泛的"1985年授权"至今仍然有效。正是根据这一授权,国务院制定了数量众多的税收暂行条例,构成了当前我国的基本税收制度,并以此为基础,形成了每年数以万亿元人民币计的财政收入。

如今,无论是全国人大在经济领域立法的专业性和经验方面,还是社会主义市场经济法制环境的完善方面,都与20世纪80年代的环境大有不同。因此,在新一届全国人大召开之际,理应择机废止对国务院的"设税授权",将这一权力交还全国人大,并由全国人大主导,制定有关财税的基本法律,并以法律——这一通过程序体现"全民意志"的形式,设立税种的各方面条件已经成熟。

择机收回国务院的"设税权"

中共中央总书记习近平在中共中央政治局全面推进依法治国进行第四次集体学习的讲话中指出,实践是法律的基础,法律要随着实践发展而发展。要完善立法规划,突出立法重点,坚持立改废并举,提高立法科学化、民主化水平,提高法律的针对性、及时性、系统性。要完善立法工作机制和程序,扩大公众有序参与,充分听取各方面意见,使法律准确反映经济社会发展要求,更好地协调利益关系,发挥立法的引领和推动作用。这在整体上准确概括了我国立法领域的现状。在目前的社会经济条件下,客观上要求财税立法领域税收法定主义的回归,对不符合税收法定主义、阻碍税收法律制度建设的授权立法实践进行清理、规范,具体而言,应着力于以下几个方面:

首先,立法机关应主导财税法律草案的起草工作。一直以来,全国人大作为国家最高立法机关的立法权力旁落的现实,全国人大及其常委会应在税收立法、税收授权立法过程中主动积极行使税收立法权和授权立法监督职能,充分发挥国家权力机关、最高国家立法机关的作用。在授权立法的实践下,行政机关依据授权承载了过多本应由立法机关主导的法律草案起草工作。部门立法的弊端主要体现在:其一,部门立法难免会涉及本部门的利益和立场,这将造成法律的部门利益化,且法律草案的公正性往往也会受到公众的质疑。其二,部门与部门之间缺乏有效的利益协调和统一的平台,容易引发部门间的争执,导致法律难以顺利、高效地通过。清理规范授权立法,首先应当在财税法律草案的起草过程中,发挥全国人大有关部门的牵头作用,避免国务院甚至国务院下放给行政部门起草的现象,保证立法的独立性和公正性。当然,财税立法技术性较强的特点,在客观上要求在全国人大发挥核心、主导作用的前提下,应充分吸纳财政部、国家发改委、国家税务总局等相关行政部门的专业人士以及相关领域的专家学者负责或参与法律起草工作,以充分发挥各相关方面的资源优势,提高立法的科学性和专业性。

其次,全国人大及其常委会应对国务院的税收授权立法进行更为严格的法律监督,建立授权机关的批准制度,将授权机关的批准作为税收授权立法生效的要件。应当完善授权立法监督机制,增强授权主体对授权立法的审查监督的有效性,完善完备有效的备案制度,明确专门的备案审查机构,建立撤销制度、报批制度。加强对国务院税收授权立法权行使的监督,防止国务院在根据授权制定与税收制度相关的行政法规时越权立法,或者将授权立法的事项转授权给国家财政部或国家税务总局。

第三,合理划分立法权限,提升立法层级,将现有主要税收上升为法律。税收法律为主、税收行政法规为辅的科学税法体系是税收法定主义的基本要求,基本或重大经济关系应当由国家制定的法律予以调整,授权立法在税法体系中只能处于辅助地位。应当依据《宪法》和《立法法》明确划定授权立法范围和法律保留事项。属于严格法律保留事项必须由全国人大及其常委会制定法律,国务院不得以行政法规进行规范,立法机关也不能随意授权。

具体而言,主要税法,包括税法通则,中央税、中央地方共享税,例如关税、消费税、增值税、资源税、证券交易税等税种的税收实体法,以及税收征收管理、税务救济、税务代理、发票管理等主要的税收程序法的全部立法权应集中在中央,并合理划分权力机关与行政机关之间税收立法权限。其中,税法通则是税法体系中的龙头法,应当由最高权力机关即全国人大制定。税收实体法是税法的基本构成部分,属于中央立法权限的大部分税种的基本法律应由全国人大及其常委会制定,其实施细则应由全国人大授权国务院制定;属于中央立法权限的其他税种的法因条件尚未成熟需要采用暂行条例等过渡形式的,应由国务院制定,其实施细则应由财政部或省级人民政府制定。

  第四,坚持授权明确性原则,被授权主体不得转授权。授权明确性原则是各国宪法的一项重要原则,也是税收法定主义的基本要求。在授权立法中,欠缺授权内容、授权目的、授权范围和期限的立法授权被称为空白授权。在空白授权的情形下,立法机关实际上放弃了自己的税收立法职责,立法权旁落,行政机关变成了税收立法机关。税收立法空白授权不仅直接对公民的私有财产权利构成威胁和侵害,也同税收法定原则相悖,对税收民主政治产生威胁。我国2000年颁布施行的《立法法》确立了授权明确性原则,规定了立法的法律保留事项,确立了授权明确性原则,禁止立法授权的转授权。根据《立法法》规定,"税收基本制度"属于法律相对保留事项,一般应由全国人大及其常委会制定税收法律,国务院只能按照授权明确性原则取得全国人大及其常委会就部分事项授予的税收授权立法权,而且不得向财政部、国家税务总局和地方政府转授税收授权立法权。

  根据《立法法》对授权明确性原则的规定,可以发现,全国人大及其常委会在1984、1985年的两次授权决定明显与《立法法》规定相冲突,应当予以废止。令人遗憾的是,在《立法法》颁布实施后,在长期以来的积累效应和巨大的制度惯性之下,在实践中国务院仍根据上述的空白授权行使制定税收基本制度的权力,制定了《车辆购置税暂行条例》,修订了《增值税暂行条例》《消费税暂行条例》等多个税收条例,使得我国税收制度形成了世界范围内少见的由行政主导的授权立法制,由全国人大及其常委会审议通过的税收法律寥寥无几。包括2011年转授权重庆、上海两地政府就个人非营业住房征收房产税在内的一系列授权立法实践,使得《立法法》关于税收授权立法的规定在实践中被束之高阁。

第五,建立完善税收立法公开制度,完善税收授权立法程序。在大多数西方国家,纳税人、税务代理人、税务官员和法官都有同等的权利查阅有关某一税法立法背景文件。但在中国,长期以来的实践是,公众无法获知与切身利益密切相关的税收立法的背景文件(包括草案)信息,在基本知情权不存在的情形下,公众在税收立法方面的参与权、表达权和监督权的实现更无从谈起。政府固然有权将特定涉及机密的信息出于公众社会利益的考量加以保护,但当这种权力被用在并无机密的场合时,法治的原则就会受到损害。解释说明税法立法意图和目的的文件不应当作为国家机密。税收立法攸关民众切身利益,国务院在进行税收授权立法的过程中,有义务亦有必要及时、全面地向社会公开立法信息,包括立法的主要背景根据、立法所需解决的问题、拟订的方案内容以及公众的参与途径方式等,构建、形成有效的公众参与。

人大设税权、监督权"旁落"

我国税收授权立法制度产生于20世纪80年代改革开放初期,时值我国从计划经济向有计划的商品经济过渡的转轨时期。

虽然1982年《宪法》中就确立了税收法定原则,但当时考虑到我国法治建设尚处于起步阶段,对建立现代税制的经验和条件都不够,当时迫切的改革需求无法等待全国人大繁琐漫长的立法程序,于是,由全国人大授权国务院使其拥有税收设置的权力,便成为当时最为可行、又不违反基本法律的一项"解决方案"。

1982年《宪法》第89条第1项则规定国务院有权"根据宪法和法律,规定行政措施,制定行政法规"。这里所指的授权立法,即全国人大及其常委会对国务院的授权。

1982年《宪法》颁行后,全国人大及其常委会于20世纪80年代在税收立法方面对国务院作了两次授权。

第一次是1984年全国人大常委会授权国务院在实施国营企业利改税和改革工商税制过程中,拟定有关税收条例草案。第二次是1985年全国人大授权国务院对于有关经济体制改革和对外开放方面的有关问题制定暂行的规定或者条例,这是一项范围相当广泛的授权,正是根据这一授权,国务院制定了数量众多的税收暂行条例。尽管全国人大常委会于2009年6月废止了1984年税收授权立法,但1985年的税收授权立法仍然有效。

在这里,有必要对"授权立法"做一些解释。所谓授权立法,即指依法将立法机关的部分立法权授予行政机关行使。在我国税收法制建设的过程中,由于立法条件不成熟等原因,立法机关采取赋予最高行政机关有限的税收立法权的方式进行授权立法。应当注意的是,授权立法并非中国所独有,实际上,随着人类社会经济活动发展的日益多样化、复杂化以及现代国家政府职能的扩张,立法领域的专业性、技术性日益增强,当今世界大多数国家都采用了行政机关授权立法制度,即便是在奉行"三权分立"最为典型的美国,也不例外。

综观我国近三十年立法实践,在税收立法中税收授权立法体制占主导地位,以致税收行政法规为主、税收法律为辅,成为目前我国的税收法律制度体系的一个突出的阶段性特征。诚然,这是由我国的社会、历史发展背景及现阶段的政治、经济发展现状所决定的,其存在具有一定的必然性及合理性。在我国特定时期,税收授权立法能使各种税收关系及时得到法律规范的调整,促进了税法体系的日渐完善,客观上推进了税制改革,为经济体制改革的顺利进行提供了制度保证。但与此同时,由于对税收授权立法使用不当,缺乏有效的限制监督机制,授权立法也导致了行政权力的恶性膨胀,往往以"税制改革试点"之名,实则延缓税收立法的进程,使得我国形成并长期保有着世所罕见的以行政法规、规章为主要构成内容的税收法律制度体系,进而影响税收法治的进程。

一方面,长期以来大量以暂行条例形式颁布的税收法规文件构成了我国税收法律制度的主要组成部分,税收行政法规在时间上的长期施行、在空间上的广泛存在,导致形成了巨大的制度惯性,本应由法律加以严格规范的税收领域在现实中被行政法规严重侵蚀,进而对整个社会的税收法治意识造成了较大的负面影响。以2011年国务院在重庆市和上海市进行非营业用房征收房产税试点为例,一直以来,我国的税收法律体系主要由税收行政法规和规章为主要内容,在长期以来积累的制度惯性之下,此次国务院的房产税改革试点虽然引起了社会的广泛关注,但令人遗憾的是,社会公众的质疑和呼声并未能通过媒体得以透彻传达。值得欣慰的是,学界的呼声不止于此,众多专家对国务院房产税改革试点的合法性提出了质疑,学者们普遍认为,国务院授权省级地方政府自行制定征税办法的做法,违反了《立法法》关于不得转授权的规定。《房产税暂行条例》是国务院根据1985年全国人大的相关立法授权制定的,按照我国《立法法》的规定,对全国人大授予的立法权,国务院只能自己行使,不得将该项权力转授予其他机关。

附录:关于车船税适用税额授权立法的建议*

车船税的立法形式从行政法规上升到法律,既是《立法法》的要求和税收法定原则的体现,也是尊重和保障纳税人权益的有效方式,是建设和谐社会、法治国家的必然要求。《车船税法》(草案)公布征求意见期间,社会公众踊跃提供反馈意见,说明纳税人对国家立法机关的高度信任,更说明了这种立法形式本身具有优越性。

车船税实行定额税率。所谓车船税的适用税额,其实就是单位车船的适用税率。按照我们的理解,税率是税收的基本要素,税率制度是税法中的核心制度。根据税收法定原则和《立法法》第 8 条、第 9 条、第 10 条之规定,税率只能制定法律予以明确规定。即便要授权立法,被授权机关也不能转授权。

《车船税法》(草案)通过所附《车船税税目税额表》对税目和基准税额幅度作出规定,第 2 条中又授权国务院在规定的税目和税额幅度内规定车船的适用税额,并可以授权省级政府确定车辆的具体税额,这种制度设计造成多层授权,容易导致税收法定原则成为摆设,难以体现全国人大及其常委会在税收立法中应有的地位和作用。因此,建议不再授权国务院规定车船税的适用税额。

同时,考虑到车船税为地方税,按照"统一税政,赋予地方适当的税政管理权"的要求,建议由省级人大或其常委会依照法律确定的基准税额幅度制定地方性法规,明确本地车船税的具体适用税额标准。为此,建议将《车船税

---

* 本文系中国法学会财税法学研究会、北京大学财经法研究中心于 2011 年 1 月 12 日向全国人大常委会递交的立法建议。该建议得到了立法机关的部分采纳,最终出台的《车船税法》取消了多层授权的规定,其第 2 条第 2 款变更为"车辆的具体适用税额由省、自治区、直辖市人民政府依照本法所附《车船税税目税额表》规定的税额幅度和国务院的规定确定"。

法》(草案)第2条修改为:"车船税的具体适用税额标准由省级人民代表大会或其常务委员会制定地方性法规确定。"

以上建议的理由有三:

第一,这种制度设计符合党的十六届三中全会提出的"赋予地方税政管理权"的要求。《车船税法》是我国第一部由暂行条例上升为法律的地方税法,应当为未来地方税的立法树立榜样。在我国地方税立法中,如何有效实现全国人大、国务院和省级人大及政府之间的税收立法权限的合理配置,是一个需要认真思考和妥善解决的问题。《车船税法》的制定应当为此确立一个科学、规范的先例。为落实党的十六届三中全会提出的"赋予地方税政管理权"的要求,在地方税方面适当赋予地方一定的税收立法权是必要的。在法律明确规定税额标准幅度的前提下,直接赋予省级人大或其常委会根据本地情况确定具体适用税额的权限是可行的。同时,通过省级人大或其常委会制定地方性法规确定适用税额,更加符合税收法定原则和授权立法的要求。

第二,不必担心授权省级人大或其常委会立法可能导致地区之间税额标准差异太大。从目前的实际情况看,在《车船税暂行条例》及其《实施细则》规定的基准税额幅度内,各地最终确定的具体适用税额差异不大,并没有产生"税收恶性竞争"现象。如果担心因法律规定的基准税额幅度太大导致各地具体适用税额差异过大,可以直接在法律中规定较小的基准税额幅度,也可以采取向全国人大常委会报送备案的做法。

第三,更不必担心国务院和地方政府在地方税立法中难以发挥作用。依时下中国国情,税收立法包括地方税立法的提案权、修改提议权和草案的设计权等都是由国务院行使的,国务院也会征求省级地方政府的意见,因而国务院和地方政府已经在立法的前期发挥了重要作用,立法机关无非是肯定或者适当修正国务院的相关提案。因此,国务院和地方政府在地方税立法中已经发挥并且将继续发挥举足轻重的作用。

以上意见仅供参考,不妥之处敬请指正。

预算修法

公共财政的奠基石

预算法是财税法的龙头法,关涉每个人的生老病死、衣食住行。完整、健全、有效的预算制度是现代财政制度的核心。厚厚的预算文本看似和普通人无关,但在实际上,预算的账本连着国家的钱袋,最终关系到每个人的生活。我国现行《预算法》制定于1994年,限于时代背景和立法技术,这部运行了近20年的法律从立法宗旨到具体制度设计上都已经和时代明显脱节。2012年6月26日,备受关注的预算法修正案草案正式提交全国人大常委会二审。然而,草案内容引起了学界和实务界的激烈争议,三审一再"难产"延期。

- 为什么说预算法是我国最重要的民生法?
- 如何理解预算法是纳税人钱袋子的法律?
- 预算法是政府管理的工具,还是规范政府的工具?
- 何为全口径预算?为什么要加强预算监督?如何加强预算监督?
- 如何合理配置预算立法权与预算行政权?
- 预算法修订的最大争议何在?修法前景路在何方?
- 如何看待我国现行的地方债务?如何防控地方债务的风险?
- 为什么要推进预算公开?我国应当如何推进预算公开?

预算法修改的期待与前瞻[*]

从地方债务管理到加强财政预算监督,社会对目前预算法的修订寄予了许多期待。北京大学法学院教授、全国人大委托项目《税法通则》和《转移支付法》等起草组组长刘剑文近日接受本报记者访谈,就预算法修订进行了前瞻性解读。

建议一:考虑预算调整权和修改权归位于人大

问:此前已经开展了好几年的预算法修订工作,今年终于将有实质性进展,您对目前预算法的修订有什么看法?

答:在讨论预算法修订时,我们首先应该明确目前此轮预算法修订究竟应当解决哪些问题。换句话说,就是修订法律的目标和价值是什么,财政部部长谢旭人此前的谈话中对于当前预算改革的方向,主要提出了加强预算公开、促进预算覆盖完整性以及加强预算监管等几个重点,应该说此次修法主要也是体现这几个要点。

此外,我们还应当关注修订幅度的大小问题,现在究竟是要小改还是要大改?从此轮修法的现实条件来看,目前还不具备大幅改动的现实条件。现在国务院讨论通过的预算法草案只是讲了一些原则性的问题,没有涉及更深入的内容。

问:在加强预算监督方面,我们目前的预算法还有哪些可以完善的空间?

---

[*] 原标题为《财政超收部分未来可考虑退税》,载《上海证券报》2013年3月13日,采访记者:郭一信。

答:在目前不断深化的改革过程中,经济体制改革和政治体制改革间的联结点就是财政体制改革。在预算权的配置上,我们现在的预算法中预算的编制是由政府行政机关来负责,而预算的审批是由立法权力机关负责,但目前预算法框架中对于预算的调整权、预算的修改权和预算的决定权等的配置,都主要还是落在政府行政机关,未来主要在这方面可以进一步探索,如何使预算权的配置更加有效,应该重新考虑预算调整权和修改权归位于人大的问题。

建议二:地方自主发债的限制不宜过大改动

问:社会目前对于地方债务关注度很高。此前预算法中规定,地方政府不能自主发债,您认为未来预算法修订后是否会对地方发债有新的表述?

答:允许地方发债必须是有条件的,为了要保持财政平衡和未来偿还能力,必须要对其规模进行控制。以前是说要经过国务院同意,现在主要还是由财政部代发。最近谢旭人明确指出,2012年要继续控制地方政府债务,因此目前条件下赋予地方自主发债的权利还是比较困难的,我国现在还没有建立类似西方国家中允许地方政府破产的机制,因此如果地方政府未来偿还能力出现问题,最后还是需要上级政府进行接管。所以现在必须更多地考虑风险问题。我认为目前预算法对于地方自主发债的限制还不宜作出过大改动。目前还是解决预算公开等比较优先、条件也更为成熟的问题更可行一些。

建议三:未来应对财政超收追究责任

问:除了上述问题外,多年以来财政收入的连年超收也比较受到关注,您认为如何从预算法的角度改善这个问题?

答:在超收收入方面,现在很多地方政府的偏向是超收越多越好,而很少有人、包括地方政府去思考超收收入的正当性在哪里。原则上说只要由人大通过的预算,就是有法律效力和执行力的,当然很多时候由于存在许多不确定因素,应该准许预算有一定的弹性空间,比如可以规定在一个多大的公众可接受范围内,允许实际财政收入和预算数的差异,我们是建议在5%的上下浮动范围内。

此外,未来还应该对超收追究责任,当然现在追究行政责任并不具备现实条件,但还是有一些追究责任的方式可以考虑,比如超收的直接责任人应该到人大去被问责,应向人大解释原因,通过施加压力来提高预算编制的准确性。主要还是应该从硬性规定上,让各级政府建立法律范围以外的超收收入必须受到遏制的意识。

另外,未来还应当考虑超收部分可以适当退税,第三种方式就是继续完善推广预算稳定调节基金,现在地方还没有稳定调节基金,地方以后可以考虑借鉴中央的制度来建立调解基金制度。

预算法修订应赋予全国人大更多核心权力[*]

在法学家眼中,预算法是一部事关民生福祉的经济宪法,而在普通民众心中,这部法律的重要性似乎还不及劳动合同法——在此次公开征求意见的过程中,截至昨天 22 时,《劳动合同法》修正案草案征求到的意见已达 338879 条,遥遥领先于《预算法》修正案草案二次审议稿(下称"二审稿")的 134001 条。两法所遭遇的这种"冰火两重天"的局面表明,政府长期以来在预算领域的不透明最终导致政府预算走向了"神秘化",民众的知情权和参与度都受到了局限。

刘剑文认为,正在征求意见的二审稿虽然有不可忽视的进步意义,但在预算核心权力的配置上仍然没有实现立法权和行政权的平衡,本应属于人大的很多权力被虚置,这些问题应该在下一步的修法中给予足够重视。

问:全国人大正在进行为期一个月的预算法二审稿公开征求意见,但无论是民众参与度还是媒体的关注度等方面都不太热烈,你认为这是什么原因造成的?

答:一方面是因为预算法专业性较强,另一方面是因为预算法一直都很"神秘",民众对其了解度不够。预算包括政府的预算收入和预算支出,涉及整个社会的财产权,是一个核心问题。比如,政府可以通过预算支出来创造更多的就业岗位和社会福利。

其实,预算法非常重要,因为预算法背后涉及中央和地方的关系、立

---

[*] 本文载《第一财经日报》2012 年 7 月 27 日,采访记者:郭晋晖。

法机关和行政机关的关系、政府和老百姓的关系,可以说是经济领域内的"宪法"。

问: 你认为,现在预算法修订过程中所面临的突出问题是什么?

答: 主要问题还是体现在预算权力的配置上,立法权和行政权之间还需要作出进一步平衡,目前草案中行政权力还是过大,本应属于人大的很多预算权力都被"虚位"了。

比如,草案的第17条、18条是关于预算权力配置的,这也是预算法的核心,但草案并没有赋予人大和人大常委会对草案的否定权、修改权和调整权,只是规定若人大和人大常委会觉得草案不合适,需要由政府来进行修改。

又如,二审稿第12条第2款规定,国家实行中央与地方分税制财政管理体制,具体办法由国务院规定,报全国人大常务委员会备案。

这个规定不合适,没有充足的法理依据,备案只是告知而已,按照《立法法》第8条、第9条规定,中央和地方的分权是中国重大的经济制度,这样的制度本不应该由国务院来制定具体办法,而应由全国人大或是常委会制定。退一步讲,即使授权国务院制定,也应该由全国人大常委会来批准,而非仅仅是"备案",这其中体现出了立法权对行政权的限制问题。

人大权力的"虚位"还体现在二审稿"法律责任"这一章,草案中的法律责任主要是政府对政府责任的追究而没有人大作为权力机关对政府的追究,草案规定了人大要实施对预算的监督,却没有赋予人大相应的权力,这在现实中很难执行。这背后涉及的实质是,预算法的责任除了行政责任之外,是否还包括政治责任。政府问责是行政责任,而人大问责是法律化的政治责任,下一步修订中应该加入关于全国人大及全国人大常委会问责的相关条款。

问: 我们谈到的很多问题都关系到行政机关权力过大而立法机关权力不足,现在也有声音认为,预算法立法过程中,部门立法色彩严重,是财政部的扩权,你对这个问题怎么看?

答: 《预算法》的修订不应该算作部门立法,我国《立法法》规定,草案可以由行政机关来提出,不能因为是财政部提出的草案就说这是部门立法,最终还要提交由全国人大或全国人大常委会来批准,一旦财政部起草的草案完整地提交全国人大或全国人大常委会,以后的修改就由全国人大或全国人大常委会自己来完成,而不会再退回财政部修改。

问:既然是由人大立法,那么人大自然可以根据《宪法》行使其赋予自己的权力,为什么你前面所讲的人大的权力在草案中却难以体现呢?

答:预算法的立法宗旨应该是规范政府的收支行为,本质上就是要控制政府的权力,也就是要以立法权来平衡行政权,以纳税人权力来平衡行政权。

实际上,预算法的修改没有那么简单,它涉及经济体制、财政体制和政治体制的改革,因此立法要考虑中国的国情,有一些问题我们建议在这次修法中加以解决,但有些问题可能这次解决不了,提出来形成共识之后下次再解决,这需要时间。但我认为,人大应该依据《宪法》将本应属于它的权力提出来,并充分行使。

预算法是关于政府"钱袋子"的法律[*]

2013年8月5日,本报报道了全国人大常委会预算工委专门听取财政部关于落实预算决议和履行政府三项承诺有关情况的通报,并将相关情况送达全国人大代表。

这是为了进一步加强对人大预算决议落实的监督,根据十二届全国人大一次会议"围绕大局、突出重点、加大力度、增强监督实效,进一步完善人大预算监督工作的方式方法"要求而开展的。

所谓预算,笼统地说即是政府的财政收支计划。预算法,顾名思义,就是关于政府"钱袋子"的法律。

去年6月,备受关注的预算法修正案草案,提交全国人大常委会二审。这是我国现行预算法自1994年颁布以来的第一次修改。

预算法为何是"民生法" 为何又称"政府支出法"

在法学家眼中,预算法是一部事关民生福祉的经济宪法。

国家的预算,是经法定程序审查批准的国家年度集中性财政收支计划。它规定国家财政收入的来源和数量、财政支出的各项用途和数量,反映着整个国家政策、政府活动的范围和方向。

刘剑文说,大家可能会觉得,预算离自己很遥远,但实际上,这个账本上处处写着"民生"。预算分为财政收入和财政支出。拿财政收入来说,它的重要组成部分是税收。税收连着千家万户,涉及每年向老百姓、纳税

---

[*] 原标题为《谁来看好政府的钱袋子》,载《人民日报》2013年8月21日,采访记者:毛磊。访谈对象还有国家发改委宏观经济研究院罗云毅研究员、清华大学白重恩教授等多位专家,编入本书时,为了照顾内容的完整性,保留了其他专家的观点。特此说明并致谢。

人收多少税、怎么收等问题。

刘剑文认为,其实,预算法非常重要,因为预算法背后涉及中央和地方的关系、立法机关和行政机关的关系、政府和老百姓的关系,可以说是经济领域的"宪法"。

预算法是规定国家预算决策机制的基本法律,其对于国计民生的重要性不言而喻。现代社会离不开政府提供的公共服务,而公共服务需要财政投入。预算决定了政府可以花多少钱,以及更重要的,这些钱应该花在哪里。预算太少,社会不足以维持必需的公共服务;预算太多,人民的财产即成为官员挥霍浪费的资本。近二十年来,财政预算年年快速增长,增长速度甚至远超过GDP增速,表明政府财政聚集了越来越多的社会财富,但是每年的预算增长却从未征求过社会意见。当然,即便预算数字看起来恰到好处,也还需要有效的监督机制,才能保证纳税人的钱确实被用在该用的地方。

这一切都表明,预算离不开民主过程。要保证"取之于民,用之于民",人民自己得对政府预算有发言权。虽然人民未必有足够的时间和信息决定自己的每一分钱花在哪里,但是他们可以选举自己的代表替自己决定政府预算方案。

预算是国家财政的收支,是国民经济生活中最重要的事情。无论是近些年来屡屡提及的年终突击花钱、私设小金库,还是税负过高、国富民穷,还有那些面子工程、政绩项目,其背后皆与预算法的失灵有着密切的关系。预算法修正案中哪怕一个小小条款的改动,既可能让财政资金走向正轨,也可能造成社会财富的巨大浪费。

预算公开如何法制化　如何让老百姓看得懂

政府长期以来在预算领域的不透明最终导致政府预算走向了"神秘化",民众的知情权和参与度都受到了局限。

预算法修正案草案规定,经本级人民代表大会或者本级人民代表大会常务委员会批准的预算、预算调整、决算,应当及时向社会公开,但涉及国家秘密的内容除外。各级政府财政部门负责本级政府总预算、预算调整、决算的公开。各部门负责本部门预算、决算的公开。

国家发改委宏观经济研究院罗云毅研究员提出，预算公开是社会各界非常关心的问题，预算法修正案草案对此作出规定是很大进步。同时，该条规定还应进一步细化，应明确预算公开的内容、程度等，以保证法律规定得到有效实施。

清华大学白重恩教授建议对"国家秘密"进行明确界定，以防止执行过程中政府部门滥用，将不愿公开的内容都解释为涉及国家秘密，影响预算公开的效果。中央财经大学王雍君教授提出，对不能公开的特殊情况，可以通过制定实施细则来明确。

对预算法，老百姓只关心两件事：一是钱是怎么花掉的？二是钱花得是否高效？预算要公开、透明，让老百姓看得明白。

阳光是最好的防腐剂，预算只有公开透明，才能得到有效监督。除了人大监督，还需要社会监督。然而预算法对于很多人来说，专业性太强，不容易看懂。这也是老百姓监督预算的一个"软肋"。即使是人大代表，有时也有这样的体会：政府的预算文本写得太粗，有的只在去年预算的基础上机械增加，但多个项目混在一起，变动大的也没有交代原因，代表没法"算细账"。以致一些人大代表坦言："在专业人士面前，我们这些不专业的只能靠猜。"

有学者认为，公众关心的是具体的东西。预算若公开得太笼统、不具体，也是一种变相不透明。目前公开的政府预算都是汇总的大数，人大代表和公众看不出名堂，监督难免流于形式。各种预算应逐步细化说明，让公众看得懂，这样政府在预算执行过程中的随意性就会得到遏制。

事实上，预算公开要有实际意义，必须以预算完整性为前提，按照完整性要求，政府所有收支都要纳入预算，包括税收收入、国有资本经营收入、土地出让收入、政府性基金收入、政府债务收入、预算外收入等所有政府收入都必须纳入预算，而目前，我国后几项政府收入尚未纳入预算。

相关专家认为，现行预算法中的预算结构不够科学、不完整，对预算收支仅作了大范围、粗线条的规定，导致只有部分政府收支纳入预算，存在着规模庞大的预算外收支，给政府收支脱离法律监管、滋生腐败留下了空间。

为此，预算法修正案草案规定，各级政府的全部收入和支出都应当纳入预算。

人大如何加强监督　审查如何取得实效

预算监督是宪法赋予人大行使的最重要职能之一。预算必须经过法定程序审查批准。由谁来审查批准？只能是我国的权力机关——全国人民代表大会和地方各级人民代表大会。

这些年,政府部门在收钱和花钱方面,不断遭到诟病,比如预算编制过粗、部分收入没有纳入预算、年底突击花钱等等,都说明人大对预算的监督还有待加强。所以,这次预算法修改,核心问题是要进一步强化人大及其常委会的决策权和监督权,制约政府权力。

中国法学会副会长周成奎介绍,人大的预算监督是最重要的,但全国人民代表大会一年只开十几天会,议程很短,审查预算可能只有半天,好多代表还没有看懂。"怎么将预算审查由形式转为实质？能不能像立法一样,由人大常委会来审查,再由国务院改,再提到大会上去。"周成奎说。

掌握着预算编制权力的是政府,审批权在人大,但按现行法律规定,审批的结果,除了批准,似乎也没有第二种选择。

草案对这样的现状也似乎无意于去改变,无论是现行预算法还是修正案,都没有对"人大如果不批准预算"该怎么办作出规定。

"这是严重的制度缺漏。"天津财经大学教授李炜光指出,往深了说,就是国家行政权力过大,立法机构人大权力过小、过虚,这也是预算法修订一再被推迟的原因。

预算法修改中应同时体现政府部门的自我监督、人大监督、民众监督和媒体监督,构建对政府预算活动的多维监督机制。预算法修正案草案对此作了许多新的制度设计,比如规定报送各级人大审查和批准的预算草案应当细化,本级公共预算一般收支至少编列到款,重点支出至少编列到项;草案还增加规定,经本级人大或人大常委会批准的预算、预算调整、决算,应当及时向社会公开。

刘剑文认为,预算法修正案草案二审稿虽然有不可忽视的进步意义,但在预算核心权力的配置上仍然没有实现立法权和行政权的平衡,本应属于人大的很多权力被虚置,这些问题应该在下一步的修法中给予足够重视。

预算法修正自首次启动以来已历时八年,社会各界对修正案均有很高期待,而最迫切的期待莫过于提升各级人大在预算制定和监督中的实质作用。这是此次预算法修正可以做到,也应该做到的。

预算法修改的核心是强化监督*

预算法是最重要的民生法

问：刘教授，几乎每个老百姓家里都会有一个账本，记录着每个月收入多少钱、支出多少钱。大家一般认为，预算就是国家的账本。这个账本，跟普通人的生活有什么关系？

答：国家的预算，是经法定程序审查批准的国家年度集中性财政收支计划。它规定国家财政收入的来源和数量、财政支出的各项用途和数量，反映着整个国家政策、政府活动的范围和方向。预算不是法律，但具有法律效力。

大家可能会觉得，预算离自己很遥远，但实际上，这个账本上处处写着"民生"。预算分为财政收入和财政支出。拿财政收入来说，它的重要组成部分是税收。税收连着千家万户，涉及每年向老百姓、纳税人收多少税、怎么收等问题。再拿财政支出来看，当前国家强调优化财政支出结构，重点要投向教育、医疗、社保、环保、治安等民生领域，这哪一个方面和老百姓关系不密切？可以说，每个人的吃穿住用，包括生老病死，都实实在在跟国家预算有关。从这个意义上讲，我认为预算法是最重要的民生法。

去年我国修改《个人所得税法》，调整个税工资、薪金所得费用扣除标准，因为涉及老百姓的切身利益，引起了广泛关注。个税收入毕竟还只是财政收入的一部分，这次预算法的修改，涉及的则是全面的、整体的预

---

* 原标题为《强化监督：预算法修改的核心》，载《光明日报》2012年6月28日，采访记者王逸吟、殷泓。

算收支问题,我非常关注。

问:时隔18年之后修改预算法,您认为主要应该解决什么问题?

答:前面说道,预算必须经过法定程序审查批准。由谁来审查批准?只能是我国的权力机关全国人民代表大会和地方各级人民代表大会。预算实质上是一个监督的工具,各级人大用这个工具来规范、监督政府行为,制约政府权力。一个不受预算约束的政府很难说是一个法治政府,只能是一个充满风险、不安全的政府。

这些年,政府部门在收钱和花钱方面,不断遭到诟病,比如预算编制过粗、部分收入没有纳入预算、年底突击花钱等等,都说明人大对预算的监督还有待加强。所以我认为,这次预算法修改,核心问题是要进一步强化人大及其常委会的决策权和监督权,制约政府权力。

取消预算外收入是巨大进步

问:您提到政府有些收入并没有纳入预算,这有什么危害?

答:预算的一个基本原则是要保持完整性,即政府的一切财政收支都应反映在预算中,在预算之外不应该有以政府为主体的资金收支活动。但长期以来,我国一直存在预算外收支和制度外收支。预算外收支是特定历史阶段的产物,对推动经济发展发挥了作用,但弊端也很明显。预算外收支不受人大审查、监督,缺少制约,有的地方政府发一个红头文件就能随意收费,收上来的资金往往形成"小金库",引发贪污腐败。

2010年,财政部下发通知要求将预算外资金纳入预算管理,大家比较关注的土地出让金等收入已经逐步纳入预算管理。①

问:预算法修正案草案明确规定:各级政府、各部门、各单位应当将所有政府收入全部列入预算,不得隐瞒、少列,也不得将上年的非正常收入作为编制预算收入的依据。您怎么评价这个改动?

答:取消政府预算外收入是一个巨大的进步。这样一来,预算将实现全口径管理,强化监督制约,地方政府发一个红头文件就能收费的局面会

---

① 指《财政部关于将按预算外资金管理的收入纳入预算管理的通知》(财预[2010]88号)——编者注。

得到改观,"小金库"存在的空间也被大大压缩,有利于遏制贪污腐化。

取消预算外收入,也有利于政府官员转变观念。过去很多人想当然觉得,财政收入收上来的钱,就是政府的钱、公家的钱,"不拿白不拿"。现在,政府所有收入都纳入预算管理并接受监督,就会让大家意识到,这每一分每一厘都是纳税人的钱。

另外,从实践来看,经过这些年的努力,政府预算外资金的规模不断缩小,规范性程度也不断提高。在这种背景下,取消预算外收入,实现预算的完整性,是切实可行的。

"国家秘密"不能成为借口

问:这两年,公开"三公"经费一直是公众和新闻媒体讨论的热点。与之相关的,是整体预算公开的问题。

答:是的,公开是监督的前提。预算公开,有利于保障民众对财政预算的知情权、参与权和监督权,促进预算管理的法制化、民主化和科学化。预算公开既是公共财政的本质要求,也是反腐倡廉建设的重要内容。

强化人大对预算的监督,就要提高预算公开的深度和广度。预算公开,既涉及对立法机关的公开,也涉及面向全社会的公开。预算法修改中应同时体现政府部门的自我监督、人大监督、民众监督和媒体监督,构建对政府预算活动的多维监督机制。我高兴地看到,预算法修正案草案对此作了许多新的制度设计,比如规定报送各级人大审查和批准的预算草案应当细化,本级公共预算一般收支至少编列到款,重点支出至少编列到项;草案还增加规定,经本级人大或人大常委会批准的预算、预算调整、决算,应当及时向社会公开。

问:我们也注意到,草案强调向社会公开预算时,"涉及国家秘密的内容除外"。

答:预算中涉及国防等一些内容不予公开,这是合理的。但总的来说,我认为需要对"国家秘密"进行尽可能明确的限定。公共财政不需要保密的就尽量不要保密,"国家秘密"不能成为政府拒绝公开预算的借口。

还有一个问题,现在不少人大代表包括一些财税专家都反映预算看不懂。如果他们都难以理解预算草案的内容,那么普通民众读起来就更为困难。因此,预算公开的内容应尽量细化到预算案的具体款和项,在写法上应让中等文化水平的公众都能读懂预算报告,这样才能真正起到监督政府财政收支的作用。

地方政府发债不妨放一放

问:近几年地方政府债务急剧上升,达十多万亿元,积累了不少风险。预算法修正案草案二审稿再次重申,除法律和国务院另有规定外,地方政府不得发行地方政府债券。对此您怎么看?

答:地方政府能否发行公债,是一个关键的争议点。对此,主要有两种意见:一种观点认为,鉴于部分地方政府面临财政压力,应适当赋予地方政府发行地方债的权力;另一种观点则认为,在缺乏配套制度安排的情况下,发行地方债可能会带来较大的地方债务风险。

我认为,从长远看,允许地方政府发行债券,具有一定合理性。但鉴于欧洲债务危机的教训,考虑到我国目前的财政体制,地方发行债券问题绝不是件简单的事,应格外谨慎。国外地方债券制度的建立有财政紧急状态应对制度等与之匹配,我国显然还不具备这些制度。

总之,地方债券制度的建立一定要放在我国整体财政体制改革中来考虑,不能孤立地出现。面对争议,不妨放一放,看看再说。

公共性是实行预算监督的基础*

2011年11月16日,国务院讨论并通过了《中华人民共和国预算法修正案(草案)》,此举叩开了"预算国家"之门。过去政府更多强调财政收入的稳定增长和保障,现在则越来越突出财政支出的公开性和透明度,这意味着中国正由"税收国家"转向"预算国家",这是理念上的巨大变化。随着人民民主意识和法治观念的不断提高,在"和谐社会"成为民众共同愿望的大背景下,及时修改预算法、推动我国建立真正意义上的"预算国家",就成为中国财税法治进程中亟待解决的重要问题。

预算法怎么改、改到什么程度,首先,应回答我国要制定一部什么样的预算法的问题。实现良法之治,必须树立新理念,明确立法基本原则和追求目的,否则,预算法的修改就无从谈起。

我认为,目前的预算公开实践,其实只是静态的结果公开,即政府将预算支出的结果向公众公开。然而,预算公开仅有静态的结果公开是远远不够的,还必须进一步做好动态的过程公开。

第一,预算民主原则既是预算法基本原则的核心,也是预算法修改所应遵循的首要准则。作为一个公民意志体现和政治均衡维持的过程,预算首先是一个民主过程,预算的决策必须反映人民的意愿,不仅要反映大多数人的意愿,而且需要人民选举产生的权力机关审批通过。从这个意义上说,预算应遵循预算民主原则。贯彻预算民主原则,一是可以保证预算的科学性,使预算符合国民经济发展的客观规律,以及真正反映未来年度财政收支情况;二是有利于实现对政府财政收支行为的监督,防止出现

---

* 原标题为《公共性,是实行财政监督的基础》,载《法制日报》2011年12月10日,作者:刘剑文。

预算随意性和预算权力滥用。

第二,预算法定原则是保障预算硬约束的基本要求,包括四方面:一是要素法定,即预算的主体、内容、时间等必须符合法律规定;二是程序法定,即编制、审批、执行、变更、调整、决算等预算整个过程必须依法进行;三是责任法定,只有明确法律责任,才能有效克服预算约束的软弱性,实现以预算控制政府财政收支行为之目的;四是权力法定,即立法机关和行政机关在预算过程中的权力运作也应符合法律规定。

第三,预算平衡原则是指国家预算要在一定的时期内,整个政府收支达到总体平衡,这是公共财政模式下对预算的基本要求。预算平衡首先要树立长期平衡观念,即某一特定年份的预算收支平衡并不一定意味着整体的预算均衡,而只需要在一段时间内保持平衡即可。其次要树立整体平衡观念,即保证部门、机构预算综合汇总而成政府预算整体上的平衡,而不需要在每个部门、每级政府都保持平衡。

第四,预算平等原则主要表现在:预算程序方面,人民享有平等的参与权;预算收支方面,必须设立合理的机制使公民平等地负担;地区间财政关系方面,预算法应保持最低限度的财政均衡。

其次预算法修改的目的应当体现"三性":公共性、法定性和公平性。关于法定性与公平性,学界已有一些共识,在这里,笔者特别强调公共性问题。预算制度是公共财政的核心,而公共财政就是"取众人之财、为众人之用",即建立民众利益诉求机制,由其选出的代表组成人大会议及人大常委会来制定财税法律,通过预算案,使财政收入和财政支出公开、透明,尤其是财政支出更好地用于公众,服务于民生。这种公共性,是实行财政监督的基础。就监督而言,则主要包括人大监督、政府部门自我监督、民众监督和媒体监督。阳光是最好的防腐剂,只有将预算置于监督之下,政府才能取信于民。总之,从预算的目的、过程到结果都应体现公共性。

预算法的刚性原则与"修法"的基本底线*

在整个财税法律体系中,预算法居于"龙头法"的战略性地位,它既是政府理财之法,也是最大的民生保障法,更是大国之道。

中国现行的《预算法》是在 1991 年《国家预算管理条例》的基础上于 1995 年颁布实施的。在市场经济体制建立之初,预算被定位成"政府管理财务的工具"。在深化市场经济改革的今天,该法的精神及其一系列制度规则已经不能适应当下现实需要。预算法需要从"政府管理的工具"转向"管理政府的工具"。尽管围绕预算法修改还存在诸多争议,但是现代预算制度作为公共财政的运行机制和基本框架,包含了诸多刚性的原则,即预算法必须保障预算具有完整性、规范性和有效性。预算法的修改必须在恪守这些原则的基础上,坚持"修法"的基本底线。

首先,预算法是通过规范预算行为来控制政府收支的法律,预算法的修改必须坚持强化而不是放任甚至放松对政府收支的控制。

财政是政府一切行动的物质基础,只有规范的财权才能确保规范的政府行为。同时必须明确的是,国家预算具有公共性,而一切具有公共性的领域都应当纳入法治化的轨道,接受公众的监督。因此,预算的效力必须及于政府的全部财务行为,而不能存在所谓的政府"预算外"收支。事实上,2010 财政部发布了《关于将按预算外资金管理的收入纳入预算管理的通知》,决定从 2011 年 1 月 1 日起,把按预算外资金收入,全部纳入预算管理,一切游离于预算之外的政府收支行为均存在法律风险。在实践中,一些地方政府(包括省、市、县、乡)的非税收入中,没有将中央和地

---

* 本文载《东方早报》2013 年 4 月 29 日,作者:刘剑文。

方金融企业、地方国有企业以及文化领域的国有企业上缴的利润纳入预算管理。这与预算法的原则是相背离的。

同时,中国目前的财政预算中也没有完全覆盖政府债务,如政府在国有企业改革为剥离不良资产而形成的债务以及政府投资中形成的债务等均未纳入预算。这不仅违反了预算完整性原则,也隐含了极大的财政风险。可以说,无论预算法拥有多么精巧的制度设计,只要存在没有被纳入预算管理的政府收支行为,那么预算法的效力会大打折扣。

预算法的修改必须明确预算完整性的刚性原则,并建立起相应的制度体系,将所有的政府收支行为"一网打尽"。预算完整性的原则要求建立完善的预算体系。根据市场经济、公共财政的要求,明确政府的不同身份和不同职能,严格将预算分为公共财政预算、社会保障预算和国有资产经营预算和政府基金预算,并建立相应的制度,用明确和清晰的预算体系来控制政府全部的收支行为。

其次,预算法修改的关键在于建立符合宪政要求的预算权配置的理性结构。

权利(力)、义务和责任是基本的法治资源,法律的专业化功能就在于通过对这些资源的合理配置以达到理想的治理效果。在预算过程中,预算主体享有包括编制权、审查权、批准权、否决权、调整权、执行权和监督权等在内的一系列权力,而这些权力同时也是职责和义务,违反了将应承担法律责任。这是预算规范性原则的要求。在上述权力中,批准权、否决权和调整权是具有决策意义的权力,必须掌握在立法机关(权力机关)的手中;编制权和执行权属于行政性的权力,可由政府享有;审查权属于事前监督权由立法机关享有,监督权一般在事中或事后实施,由审计部门享有。当然,审计部门要想更好地行使监督权应当考虑改变其隶属关系,将目前的行政型监督提升为立法型监督,即审计机关独立于政府,直接向人大负责。

中国《宪法》和《预算法》对预算权配置的规定以及实践中的预算权运行与宪政体制不合,表现为权力机关对预算案"批而不审"、行政机关"越俎代庖"和审计机关"监督不力"。预算法的修改应当强化和落实人大的预算权,合理分配好人大与政府,尤其是同政府财政部门之间的权力关系。对于决策性的预算权不宜通过授权性规范不加任何限制地整体授权给政府部门,这将导致政府或者财政部门预算权过于集中,不利于权力机关、审计机关和社会公众的监督。因此,应当通过限缩预算法中的授权性规定,充实权力机关的预算权,实现预算权的合理配置。为了保证预算职权的行使,必须明确预算法律责任,通过完善的预算法律责任体系来确保预算法的实效;通过加强"预算问责",构建全面的责任追究网络,强化《预算法》的威慑力。具体而言,首先要完善责任主体制度,如明确规定预算案如果不能通过或者被否决,编制主体应当承担的责任;其次,还可引入人大对政府的政治问责、质询等责任形式,如对绕开预算过程进行重大投资决策造成损失的负有直接领导责任的责任人,由立法机关或人民(以公益诉讼)要求其引咎辞职,将政治责任与法律责任相结合,实现预算法律制度的规范性。

第三,预算法的修改要通过程序控制来保证其规则的有效性。

从法律的类型划分来看,预算法更多地具有程序法的性质,一方面,通过将预算活动划分为编制、审查、批准、执行等一系列的步骤和程序来实施财政收支计划。另一方面,预算法决定着财政资金从收入、管理到支出的流动过程。任何法律的实施最终都要依靠程序的运行。预算法要以法律的程序和形式理性确保实质正当性。财政资金的收支均须经由国库管理,完善的国库管理制度是预算法修改的重要组目标,是保证公款不被滥用的"防火墙"。在实践中,各预算单位在商业银行开设大量"财政专户",包括收入过渡账户、支出过渡账户。大量公款的流入与流出都通过这些账户处理,而且长时间地存放于这些账户。各部门设立的此类账户中绝大部分都没有法律授权,审计部门与央行国库也难以进行监督。中国于2001年启动了财政国库管理制度改革,其初衷在于引入"国库单一账户"(TSA)机制,实现财政资金的国库集中支付,但是效果并不理想。原因在于国库单一账户之外仍然存在诸多"临时性"和"过渡性"账户和"财政专户"。这对财政资金的流向监管和程序控制带来了极大阻力。因此,预算法修改应当明确构建以"国库单一账户"而非"国库单一账户体系"为核心的国库管理制度,堵塞财政资金不受监管的非法渠道,所有财政收入必须直达单一账户,所有支出必须从单一账户直达收款人的账户,这样才可以充分发挥"国库单一账户"的防火墙作用。

预算公开是将权力关进制度的笼子*

针对财政预算公开,日前,刘剑文教授接受新京报专访时表示,目前预算公开与公众期望还有差距,要推动预算公开最重要的是靠顶层设计。

谈现状　预算公开与公众期待有差距

问:如何评价当前预算公开?

答:预算公开自2009年起步,公开的部门和范围逐年扩大。① 我们不要单看预算本身,而是看数字背后所反映的权力和义务关系,涉及中央政府和地方政府、国家和纳税人,行政机关之间,行政机关和立法机关之间的关系。预算公开,就是将权力关进制度的笼子里。

问:当前比较笼统的公开,是否还很不够?

答:预算公开是很艰难的一个过程。当前的公开跟民众期待确实有差距,这是制度不断完善的过程。当然,我们希望现在的步伐能够大一些、快一些。

问:为什么政府部门不积极?

答:对政府而言,没有勇气和胆量是做不到预算公开的。预算公开涉及政府的利益和对官员权力的限制,我国当前处于转轨时期,谁能保证自己的每一项开支都是合理的?

---

* 本文载《新京报》2013年4月19日,采访记者:蒋彦鑫。
① 2009年3月20日,中央财政预算在财政部官方网站正式公布。这是全国人民代表大会审议通过预算草案后财政部首次在第一时间向社会公开。——编者注

问：这是不是说财政支出存在很多问题，所以有些信息不敢公开？

答：有我国现行体制和机制的原因，存在一些不合理支出的现象并不奇怪。公开预算收支情况会让政府伤筋动骨，这是权力限制、规范和制衡的问题。

通过公开，可以检验收支合理性和合法性。一旦公开了，很多信息大白于天下，民众就有起码的判断能力。

谈作用　预算公开是反腐最有效方式

问：如何看待预算与反腐的关系？

答：预算是权力制衡最有效的方式。如果预算真正公开，能够把政府收支两条线控制住，可以减少腐败。

问：怎么理解？

答：预算不公开，政府行为不受限，自然存在暗箱操作。如果都公开了，自然这些行为都会收敛。这对改变政府形象意义很大。

不过有人说，限控公款吃喝影响了GDP。我认为这是不对的。减少吃喝上不合理的支出，在某种程度上也是增加了政府收入。

问：为什么公众对"三公"经费的关注高？

答：不少人理解的"三公"，就是买了好车，吃了公款，到哪里旅游。这种观点其实并不完全科学。三公经费强调的是公务花费，有一定必要性，但我们要看是否超标。所以，要促使其逐步合理化。

问：在"三公"上如何来抑制不合理消费？

答：制定标准、公开花费。公款接待方面必须有标准，公车方面，首先是标准的执行；其次是减少官员数量。出国方面，也是严格标准的执行和审批。

谈改进　公众对预算关注度还不够高

问：预算公开也确实引来了公众对政府的质疑，比如此前广州公立幼儿园的高额财政补贴。

答：公办幼儿园到底该不该补贴？这些信息公开以后，才能检验这些制度是否合理,民众有判断的标准。

总的来说,预算如何推开,一方面取决于高层到底有多大的决心,另一方面也需要公众倒逼。从整个发展趋势看,必须要这么做。

问:预算公开可以从哪些方面加强?

答:当前公众对预算关注度还不够高,事实上,预算涉及大家的衣食住行、生老病死。包括人大代表关注度也还不够。

问:但2013年两会上的预算报告反对票很高。

答:人大代表认知的高低不一样。但大家潜意识觉得预决算不公平,所以有很多反对票。事实上,有不少人大代表无论结果如何,都不会投反对票的,比如一些基层代表。如果刨除这些因素,反对票其实会更高。这是好事情,这就是一面镜子。

问:那人大应如何加强对预算的控制力?

答:全国人大常委会预算工委只有20来人,不足以应对当前庞大的预算报告。我们也建议,全国人大预算工委应当充实力量,增加200个编制也不算多。如果预算做得好的话,估计每年可以给国家省500—1000亿元。如果审核细致一些,很多不合理开销就能避免。

谈路径　推动预算公开要靠顶层设计

问:当前主要是政府部门公开,人大、政协等单位是否也应该公开?

答:人大、司法机关、政协等也要逐步推进预算公开。因为所有国家机关运转所需要经费是由纳税人提供的。因此,没有理由不对纳税人公开、对社会公开、接受民众监督。

但预算公开本身也是博弈的一个过程,监督力量越大,公开也就会越来越好,社会就越来越稳定。

问:博弈过程中,哪些方面的推动比较有效?

答:最重要的还是顶层设计,一些改革是自上而下才能推动的。同时,还要考虑加快预算法的修订等。全国人大常委会对《预算法》(修正案)已经二审了。社会提了30多万条意见,但缺少反馈。

问：我们需要一个什么样的"预算法"？

答：（预算法修正案）二审稿公布后，很多人不满意，比如还是沿用20世纪80年代计划经济时期所制定的《预算条例》的宗旨。此外，立法机关权限缺失、问责机制缺失等。

问：修订应如何把握？

答：预算法宗旨上必须明确，预算法就是对政府收支行为的控制和规范。在权限设置上，要赋予人大对预算的否定权、修改权和调整权。

同时就是要强化问责机制。当前在《预算法》中对这方面也是比较缺失的。

问：如何问责？

答：比如政府要定期向人大报告预决算的执行情况。介绍情况后，大家还要提问，财政支出是否合理、合法等。

一个很重要的理念尚需形成，人大越是加强对政府的监督，越有助于政府做好工作。

问：包括浙江温岭、四川白庙等，都出现了公民参与式预算或彻底公开的案例，你觉得这种模式是否可以推广？

答：白庙公开好几年了，基本还是孤例。我们不要过多指望某个地方试点后，在全国推开。还是要中央高层下决心，从顶层设计上规定。

问：香港模式有可借鉴性吗？

答：香港从预算编制到最后公开，全过程都是有民众参与。我们现在民主化进程比较缓慢，预算推进也比较艰难。

监督政府不是一件坏事情，政府官员需要转变观念，不能畏惧和逃避向公众公布账户。

附录一："预算法修改"学术研讨会纪要[*]

2012年8月3日,"预算法修改"学术研讨会在北京大学法学院凯原楼召开。本次学术研讨会由中国法学会研究部、中国财税法学研究会主办,北京大学财经法研究中心协办。来自中国法学会、中国财税法学研究会、全国人大常委会法工委、全国人大常委会预算工委、国务院法制办的各位领导,和来自全国各高校的专家学者50余人,就预算法中的关键问题进行了深入探讨,为预算法的修改建言献策。

研讨会主要围绕着预算法修改中的十大问题展开,各位专家学者各抒己见,展开深入而热烈的学术讨论,为预算法的修改提出了关键且务实的建议。

第一单元主题研讨:立法宗旨、预算权配置与地方债务规范

本单元由中央财经大学税务学院汤贡亮院长主持,围绕着三个主题展开,包括预算法的立法宗旨、预算权的合理配置以及地方政府债务规范。

在预算法的立法宗旨方面,与会专家一致认为,确有必要对现行预算法的立法宗旨进行修改。立法宗旨是一部法律的灵魂和基石,对该法的定位产生至关重要的影响。应当明确地将规范政府收支行为作为预算法的立法宗旨和价值目标,让预算法真正成为约束、规范和监督政府的法律,最大程度地保障广大纳税人的权益。武汉大学法学院熊伟教授指出,应当让预算法成为管理政府行为的工具,而不是政府进行管理的工具。我国现行预算法关于立法宗旨的规定实际上沿自1988年的预算管理条例,它已经不能适应当前的形势,与公共财政的理念更是格格不入。

---

[*] 新华社、《光明日报》《法制日报》《中国日报》、法制网、《中国青年报》《第一财经日报》等近30家媒体全程参与本次研讨会并进行了相关报道。

对于预算权的合理配置问题,与会专家强调,应当加强和落实人大的预算权,合理分配好人大与政府,尤其是政府财政部门之间的权力。预算法修正案中的一个突出现象就是授权性规范太多,而且其中多数为不加任何限制的整体授权,这将导致政府或者财政部门集多种权力于一身,不利于人大和社会公众对预算的监督。因此,应当通过限缩预算法中的授权性规定,实现预算权的合理配置。

关于地方政府债务规范这一热点问题,与会专家表达了自己的看法。大部分学者认为,现行《预算法》和《预算法》(修正案)中对地方举债行为既有限制,又预留了通道,符合现在的实际情况。不过,还应重点规制融资平台的问题,防止地方政府变相举债。但有些学者却表达了不同的看法,认为应当删除预算法中对地方发行债券的禁止性规定,让地方的自主发债行为合法化、"阳光化",以回应客观现实的需要,同时,可以通过将地方债务全面纳入预算、接受人大审批监督等方式来防范地方发债可能带来的风险。

中央财经大学财经研究院王雍君院长认为,保障公款安全有三道防火墙。第一,公款处置须经法定授权。大量预算外资金以及开设于商业银行的大量"财政专户",与该原则严重冲突;第二,所有公款存放国库单一账户,国库之外的账户必须与国库账户联动,实行零余额管理;第三,国库账户的资金流动和余额必须向人大报告。现在《预算法》(修正案)的众多条文存在严重问题,共同导致保护公款的三道关键防火墙严重坍塌,如不修改和矫正,后果不堪设想。

第二单元主题研讨:预算调整的审批方式、预算收支范围与政府收支范围

本单元由中国财税法学研究会俞光远副会长主持,对预算调整的范围和审批方式、预算收支范围与政府收支范围间的关联问题展开了讨论。

关于预算调整问题,与会专家认为,应当补充和完善预算法修正案中的预算调整范围,强调人大常委会在预算调整中的审批权,并在预算调整前增加听取民众意见的听证环节。安徽大学华国庆教授指出,《预算法》(修正案)中列举的四种预算调整情形并不全面,同时,应当关注超收收入的治理问题。

对于预算收支范围与政府收支范围间的关系,与会专家一致认为,预算收支与政府收支并不是同一个概念。中央财经大学蒋劲松教授认为,预算法修正案中将公共预算、政府性基金预算、国有资本经营预算等不同层级的预算类型并列在一起,造成了逻辑混乱。与会专家建议,应当将"公共预算"修改为"一般公共预算",从而实现各预算类型的标准统一。同时,建立事业单位预算这一独立的预算类型也很有必要。还有专家提出,国有资本经营预算没有必要单独存在,国有资本收入应该归入公共预算,由全民共享。

第三单元主题研讨:预算收支科目分类体系、部门预算制度改革与国库制度

本单元由华东政法大学陈少英教授主持,就预算收支科目分类体系、部门预算制度改革以及国库集中收付制度改革问题进行了讨论。

在预算收支科目分类体系方面,与会专家建议,应当在预算法中进一步细化预算收支的编制,并促进科目分类更加科学化和规范化,旨在实现预算完整和预算民主。北京大学刘剑文教授指出,政府有"三本账",具体包括收入账、经济性支出账和功能性支出账,应当在预算收支编制中将经济性支出预算与功能性支出预算相结合,以使预算的公开能够切实发挥更大作用。中央民族大学熊文钊教授也认为,预算法修正案中仅要求"重点项目"至少编列到项,这是不完整的。

对于部门预算制度改革问题,与会专家强调了部门预算对实现预算完整的重要性,建议在部门预算与各级政府预算之间实现标准相统一和口径相衔接,并且应当将部门预算草案也纳入各级人民政府向人大常委会报告的范围。浙江大学谭立教授认为,应当充分关注部门预算,同时应在保证各级政府财政行为灵活性的基础上细化部门预算的收支项目。

关于国库集中收付制度改革问题,与会专家学者一致认同国库单一账户的必要性,认为应当删除预算法修正案中关于设立财政专户的规定,同时恢复国库经理制。中央财经大学王雍君教授认为,要想实现公款的安全使用和妥善管理,就应当发挥国库作为"防火墙"的效能,由央行对国库进行统一协调和管理,并将全部的资金流动和资金余额状况定期向人大常委会报告,这样才能对财政部门的权力进行有效的制衡和监督。天津财经大学李炜光教授也表示,针对当前财政专户大量存在、资金流动异常频繁的状况,应当通过建立单一直达账户的方式加以规制,这样才能有效地防范腐败和权力滥用。

第四单元主题研讨:预算法与相关制度的协调、预算法律责任与设定方式

本单元由中国人民大学朱大旗教授主持,各位专家学者对预算法与相关法律的协调、预算法律责任的性质和设定方式等问题进行了探讨。

对于预算法与相关法律的协调问题,与会专家感慨,预算法修改更像是"单兵突进",其他法律规范甚至宪法中的不合理规定钳制了预算法的修改探索。与此同时,由于财政法制建设的落后,预算法还承担了一些本属于其他法律调整的内容,例如,政府间财政收支的基本体制,财政转移支付的形式和程序,等等。中央财经大学王雍君教授则指出,《教育法》《农业法》等一些法律中的法定支出条款可能会导致预算支出的不合理分配,是一个棘手的问题。

在预算法律责任的性质方面,与会专家强调了法律责任条款对一部法律的重要性,认为应进一步扩充《预算法》(修正案)第八章法律责任的条文。中国政法大学施正文教授提出,现行预算法中只规定了行政责任,这还不够全面,应当在法律责任中引入政治责任,加强人大的问责和审查,从而发挥人大在预算过程中的监督权,并增强预算法的威慑力。

附录二:法学专家关于预算法修改的建议(节选)*

建议1:关于预算法的立法宗旨

修正案第一条 为了强化预算的分配和监督职能,健全国家对预算的管理,加强国家宏观调控,保障经济和社会的健康发展,根据宪法,制定本法。

本条共有三种修改意见

第一种意见 建议修改为:

"**第一条** 为了强化预算的分配和监督职能,规范各级政府支出行为,保障财政支出的公正分配和有效利用,根据宪法,制定本法。"

理由:在现行预算法和预算法修正案对立法宗旨的表述中,"国家"一词模糊不清。国家里有人民、政府、政党、人民团体、人民代表大会等等政治主体,所谓"国家对预算的管理""加强国家宏观调控"究竟指谁?如果把"国家"理解为"政府"的话,这部预算法就成了上级政府约束下级政府的"内部"法律,成了一个政府管理工具,而不是人民对政府支出行为的法律约束。《宪法》对人民、人民代表大会以及政府三者之间的关系规定得非常明确:人民是国家的本源,人民通过其代表机构来管理政府。因此,《预算法》必须将《宪法》的这一基本精神明确体现在《预算法》立法宗旨条款中。

第二种意见 建议修改为:

"**第一条** 为了强化预算的分配和监督职能,保障公款的安全和有效管理,促进财政约束和财政秩序,充分发挥预算在经济生活中的作用,根据宪法,制定本法。"

---

* 该建议系2012年8月3日"预算法修改"学术研讨会成果,全文被中国法学会以《立法建议》的形式递送全国人大常委会预算工委、全国人大常委会法工委、财政部、国务院法制办等国家机关,成为重要的立法参考。限于篇幅,本书仅摘录了最受公众关注的6个问题的相关部分。

理由：预算法的立法宗旨是预算法的基石和灵魂，决定了预算法的定位问题，至关重要。现行预算法和预算法修正案对立法宗旨的表述仍然体现的是政府管理自身内部事务的理念，并未体现人大及社会民众对政府财政收支行为的监督和约束，不符合公共财政和预算民主的精神。应当认识到，预算是国民通过议会控制政府财政的手段，而不是国家管理财政的手段。因此，应当在立法宗旨中构筑起预算法作为"防火墙"的法律功能，从而更好地利用纳税人的钱，以促进公共利益。

第三种意见 建议修改为：

"**第一条** 为了强化预算的分配和监督职能，规范各级政府的财政收支和管理行为，保障公共资金的有效筹集和使用，维护人民群众的根本利益，根据宪法，制定本法。"

理由：立法宗旨体现了一部法律的价值目标和功能定位，具有统领性和指导性的作用，对具体条款的制定具有引导效应。现行预算法和预算法修正案的立法宗旨沿袭了《预算管理条例》中的表述，使预算法更像是政府部门的内部章程，不符合现代社会主义市场经济环境下公共预算和公共财政的理念。因此，我们应当转变预算理念，正确审视预算法的立法目标，调整立法宗旨。预算法既是一部授权法，又是一部限权法。在预算法立法宗旨中，虽然可不采用"分权制衡"的文字表述，但应当贯彻分权制衡的基本精神。也即，应当突出对政府财政收支行为的规范、约束和监督，以防政府滥用财政收入的行为，从而使得公共资金的筹集和使用能够真正符合公共需求和公共利益，实现预算的公平、公正、公开，最大程度地实现公共需求的满足。

建议2：必须明确完整表述预算法的立法原则

修正案第九条 各级预算应当遵循统筹兼顾、勤俭节约、量力而行、讲求绩效和收支平衡的原则。

建议修改为：

"**第九条** 各级预算必须遵循完整独立、公开透明、收支平衡、预算民主的原则。"

理由：完整性原则要求一切政府收支都必须毫无遗漏地纳入预算。按照完整性原则所派生的一个技术性原则是，所有预算收支都必须编列总额，不能编列收支净额。《预算法》（修正案）第四条将公共预算、政府性基金预算、国有资本经营预算、社会保障预算等均纳入预算的范围，即充分体现了完整性原则。同时,独立性原则要求上述预算类型之间必须保持独立,不得"混账"。因此,有必要在立法原则条款中对完整性原则和独立性原则再加以表述。

公开透明是现代公共预算的根本原则,必须明确表述。公开透明是保障公民知情权的最基本途径,如果公民对政府的预算收支信息不了解,就无法真正实施对政府预算的监督。在财政透明度方面,现代国家都应有很详细、明确的法律规定和具体措施。

收支平衡是约束政府支出规模的基本原则。如果政府支出超过收入,会形成赤字;赤字累积起来,就会形成对后代的财政负担,相当于当代人向后代人透支,而这是不负责任的做法。收支平衡原则不仅要求支出不得超过收入,也包括不能挪用的约束性含义,应作为一项基本原则在预算法中有所表述。

财政、预算民主是民主政治制度的根本,在宪政民主中处于核心地位,它是实现政治民主的先决条件,同时也是反腐败的利刃。因此,预算法作为一部规范和约束政府财政行为的法律,应当充分体现预算民主原则,并通过加强人大的预算权、推动建立面向社会公众的参与式预算等方式加以落实。

总之,预算完整、独立、公开、透明以及收支平衡均为体现在预算各个环节中的基本性原则,预算民主更是指导预算整个过程的核心理念,因此,应在预算法立法原则的相关条款中对其加以明确规定,从而保证预算法治目标的实现。至于《预算法》(修正案)中的"统筹兼顾、勤俭节约、量力而行"都属于比较空洞和笼统的理念,更像是口号式的宣言,谈不上具体的原则。而"讲求绩效"可以通过问责制的规定加以实现,也不宜作为原则来表述。

建议 3:扩大预算公开的范围

修正案第十一条 经本级人民代表大会或者本级人民代表大会常务委员会批准的预算、预算调整、决算,应当及时向社会公开,但涉及国家秘密的内容除外。

各级政府财政部门负责本级政府总预算、预算调整、决算的公开。

各部门负责本部门预算、决算的公开。

预算、预算调整、决算公开的具体办法,由国务院规定。

建议修改为:

"**第十一条** 经本级人民代表大会或者本级人民代表大会常务委员会批

准的预算、预算调整、决算,应当及时、准确、完整地向社会公开;人民代表大会或者人民代表大会常务委员会议决预算、预算调整、决算的过程应当通过人民代表大会常务委员会媒体,同步向社会公开,但涉及国家秘密的内容除外。"

应当通过听证、论证的形式广泛征求社会各界的意见和建议。

各级政府财政部门负责本级政府总预算、预算调整、决算的公开。

各部门负责本部门预算、决算的公开。

预算、预算调整、决算公开的具体办法,由国务院规定,报全国人民代表大会审批后执行。"

理由:预算公开原则的重点是预算编制的内容尽量细化透明,预算编制、审批、执行、监督的各环节和全过程尽量公开透明,以便加强人大监督、舆论监督和社会监督,从根本上遏制各种违法乱纪行为。预算公开是国民主权原则在预算问题上的延伸和扩展,是国民行使知情权、财政权和监督权的基本前提和重要内容,同时具有规范财政权力行使、限制权力滥用的重要意义。通过加强社会公众对预算的监督,可以使得权力在阳光下运行,也可以从根本上减少和杜绝滋生腐败的种子。

应看到,预算公开不仅体现在预算结果的公开,还体现在预算过程的公开。过程公开有利于进一步促进预算的社会监督,也符合《政府信息公开条例》中有关政务公开范围的规定。毕竟,预算收入来自于民,预算支出用之于民,所以,除了涉及国家秘密的一些事项需要保密的之外,其他都应该及时、准确、全面地公开。因此,应当在预算法中扩大预算公开的范围、增强预算公开的力度,从而更好地实现预算法的价值目标。具体地说,公民有权旁听或者同步收看议会会议的过程,这也是世界各国通行的措施。

此外,预算、预算调整、决算公开的具体办法不应完全授权国务院规定,毕竟,国务院作为预算的执行机关,不应当再享有决定预算何时公开、如何公开的权力,否则,将违背分权制衡的理念。

建议4:完善对人大预算批准权的表述

修正案第十七条　全国人民代表大会审查中央和地方预算草案及中央和地方预算执行情况的报告;批准中央预算和中央预算执行情况的报告;改变或者撤销全国人民代表大会常务委员会关于预算、决算的不适当的决议。

全国人民代表大会常务委员会监督中央和地方预算的执行;审查和批准

中央预算的调整方案;审查和批准中央决算;撤销国务院制定的同宪法、法律相抵触的关于预算、决算的行政法规、决定和命令;撤销省、自治区、直辖市人民代表大会及其常务委员会制定的同宪法、法律和行政法规相抵触的关于预算、决算的地方性法规和决议。

建议修改为:

"**第十七条** 全国人民代表大会审查中央和地方预算草案及中央和地方预算执行情况的报告;决定是否批准中央预算和中央预算执行情况的报告;改变或者撤销全国人民代表大会常务委员会关于预算、决算的不适当的决议。

全国人民代表大会常务委员会监督中央和地方预算的执行;审查和决定是否批准中央预算的调整方案;审查和决定是否批准中央决算;撤销国务院制定的同宪法、法律相抵触的关于预算、决算的行政法规、决定和命令;撤销省、自治区、直辖市人民代表大会及其常务委员会制定的同宪法、法律和行政法规相抵触的关于预算、决算的地方性法规和决议。"

理由:预算法修正案和现行预算法中均明确规定,人大具有批准预算、决算的权力。虽然这其中隐含了人大既有权决定批准,又有权决定不批准预算、决算的含义,但是,鉴于现实生活中人大很少不批准预算、决算的现象,最好应在有关人大预算权的相应条款中将原有的"批准"改为"决定是否批准"。这样能够使得人大更加全面、明确地获得决定是否批准的权力,从而为人大落实自身的批准权奠定规范基础。同样的,预算法修正案的其他相关条款(如后续的第18条、第41条等)也应做相同的文字改变。

建议5:关于地方政府债务规范的问题

修正案第三十一条 地方各级预算按照量入为出、收支平衡的原则编制,不列赤字。

除法律和国务院另有规定外,地方政府不得发行地方政府债券。

本条共有两种修改意见

第一种意见 建议修改为:

"**第三十一条** 地方政府可以发行地方政府债券,但是借债应当控制适当的规模,保持合理的结构。地方公债必须纳入预算体系内,受到本级人民代表大会及社会民众的广泛监督。同时,应当增设规制地方融资平台的规定。"

理由:其一,鉴于地方政府公共职责增加、财力存在空缺的现状,地方举债借钱是难以避免的客观事实。即使预算法中禁止地方政府发行债券,地方政府凭借着其所拥有的非常广泛的融资平台,仍然可以通过其他方式向外发债、填补自身财政缺口。同时,虽然预算法修正案和现行预算法中允许地方政府在法律和国务院另有规定的情况下发行债券,但这并未赋予地方政府自主合法举债的权力。因此,现行预算法以及预算法修正案的规定实为"掩耳盗铃",经过20多年的实践证明,通过这种途径来控制地方政府债务、完全限制地方政府举债是不可能的,这反而将导致地方的债务不能显性化,成为隐性赤字,影响了预算的公开、透明和完整。

其二,在适度放开对地方发债的禁止性规定的同时,更应关注的是防范地方的债务风险。风险防范的关键在于,应当将地方公债纳入预算管理和预算审查监督的范围内,必须要让地方各级人大在整个过程中发挥审核、监管和控制的作用,逐步建立起地方政府发债的约束体系和责任机制。只有这样,才能保证地方政府的举债行为在"阳光"下进行,始终受到地方人大和社会的监督,从而防范地方可能出现的债务风险。可见,在允许地方政府自主、合法地举债后,将影响到各级人大和政府之间的财政配比,有助人大预算权力的增加,这是有益的。因此,如何通过预算管理和人大监督来防范地方的发债风险,才应是最值得关注的。

其三,通过让地方政府举债"阳光化"有助于控制地方债务规模,因为地方政府举债和发债是有条件的。应当通过权力规制中的具体制度的规定和落实,比如规模控制、信用评级、财政透明度、风险预警、债务减免等等,从而在保证地方政府发债具有合法性的同时,合理有效地限制地方政府发债和举债的行为。

总之,应当在预算法赋予地方政府自主发行债券的合法权力,让地方的隐性债务浮出水面,将地方债务纳入法治化轨道。同时,必须将地方债务纳入预算的监管范围内,接受人大以及社会公众的监督,从而保障地方各级人大对地方债务进行约束和监管,强化地方人大对地方政府公债的决定权和掌控权。此外,还应清理地方的融资平台,对地方融资平台加以严格规制。只有通过逐步建立权力约束体制,加强内部与外部的监管,使得地方政府成为真正的责任主体,才能从根本上规范和规制地方政府债务发行问题,构建起地方财权的保障和约束机制,实现地方的收支平衡和财政民主。因此,应当对《预算法》(修正案)第31条有关地方发债权力的合法性问题进行调整,让地方债务被完整、公开地放到"台面"上受到严格的监管。

第二种意见 对此条不做修改,增设规制地方融资平台的规定。

理由: 从健全分税制财政体制的发展目标来看,地方政府应当有权举债。而地方的举债权在预算法修正案和现行预算法的表述下仍有空间,即在法律和国务院另有规定的情况下,地方政府可以发行债券,还可以由中央代发,所以,这条路并未堵死。因此,应当采用疏堵结合、严格规范的态度来对待地方债务问题,允许地方政府在法律有例外规定的情况下发行债券,可见,《预算法》(修正案)中的表述已经对此问题有合理的放宽。

总之,应当把握以下基本立场:一定要对地方举债进行限制,不仅是地方债券,还包括地方的融资平台。因此,虽然《预算法》(修正案)和现行预算法中并未赋予地方自主发债的权力,但这并不是一个大问题,地方政府仍然可以在满足法定条件下有限制地举债,从而弥补自己的财政空缺,这是合理的,也是行之有效的,应当坚持和保留这一条款。同时,还应在预算法中加强对地方融资平台的规制,通过具体规定来合理规制地方举债的行为。

建议6:扩充预算法律责任的条款,将人大问责的政治责任纳入法律

修正案第八十七条、第八十八条、第八十九条、九十条 (条款较长,故略)

建议在第九十条之前增设一条,规定:

"**第九十条** 违反本法第八十七条、第八十八条、第八十九条所列违法行为,造成公共资金损失的,应当向直接责任人员追讨。各级人民代表大会有权对直接责任人员问责和质询。"

理由: 法律责任条款的设置对一部法律来说至关重要,决定了这部法律条文的威慑性和震慑力,影响到这部法律的实施效果。《预算法》(修正案)相比现行《预算法》,虽然增加了大量的责任条款,但仍显不足,难以全面涵盖预算违法行为。因此,应当进一步对"第十章 法律责任"的内容加以扩充。

具体地说,为了严格法律责任,强化预算约束,预算法应当采取列举法和概括法相结合的方法,将较为普遍、危害较大的违反预算管理行为有重点地列举出来,制定相应的法律责任和惩罚措施,并视违者的情节轻重,追究有关部门主要领导和直接责任人员相应的行政责任或者刑事责任。

同时,应当认识到,违反预算法的法律责任是一个复杂的问题,这并不是完全的行政责任或者刑事责任,也不是完全的政治责任。《预算法》(修正案)中具体规定的法律责任只有行政责任,这是不全面的。应当将人大对政府的问责和质询机制纳入预算法之中,发挥政治责任在预算领域的作用。只有通过人大问责机制,才能弥补当前立法中政府违反预算法的法律责任的条款空白,防止人大的职权虚位,方便人大在整个预算过程中切实地对政府行为进行强有力的监督,真正保障预算的拘束力和执行力,实现预算的民主和法治。

总之,应当进一步扩充《预算法》(修正案)中有关预算法律责任条款,增强预算法的威慑力。同时,不仅应在预算法中引入追讨罚款等较为温和的归责措施,防止预算违法行为给公共资金带来危害,还必须增设人大对政府问责的规定,发挥人大在预算中的核心作用,保证政府在问责的压力下严格遵守预算法的规定、依法行政,最终实现财政法治。通过政治责任、行政责任等多重责任的规定,提高责任条款的可执行性,加强预算法的权威性,给预算法治的实现提供强有力的保障。

理财治国

公共财产的新思维

在法治视野下,理财就是治国。特别是对于中国这个每年财政收入超过十万亿的大国而言,规范、安全、有效地管好国家的"钱袋子"就更显重要。如何做到财政收入合理、合法、合宪,财政支出公开、公平、公正,财政管理有规、有序、有责。值得一提的是,新一届中央领导集体履新以来,通过了中央"八项规定"、国务院"约法三章"、《党政机关厉行节约反对浪费条例》等一系列党政规章,使得党风、政风焕然一新。这就生动地体现了管好公共财产对于规范公款行为、公务活动的根本性作用,凸显了公共财政制度建设对于国家治理的重要意义。

- 如何解读理财就是治国?财税法在推进国家治理现代化中的功能与作用?
- 为什么说财税法治是反腐倡廉的治本之道?
- 怎么准确理解"事权和支出责任相适应"?
- 如何破解地方债难题,实现中央和地方财政关系法治化?
- 如何治理突击支出等"合法但不合理"的不规范财政收支行为?
- 财税法治如何在生态文明建设等其他领域发挥作用?
- 如何理解治理"舌尖上的腐败"的关键在财税制度建设?
- 为什么说财税法是整治环境污染重要着力点?

"三公"防变通 花费算细账*

"三公"经费 关键是透明

问:有专家估计,我国"三公"经费总额突破了9000亿,对此,财政部财政科学研究所副所长刘尚希予以否认,并表示我国"三公"经费其实在逐年下降,如何理解官方和民间说法的差异?

答:数据这种东西是需要很严谨对待的。我也看到过所谓的9000亿的报道,但是我不知道它是从哪里来的,依据是什么,是不是按照某种指标推出来的?因此,我无法评价这个数字的准确性。国家中央预算是要通过全国人大审议的。每年3月份的全国人大会议都会有一个很重要的会议议程,就是审查政府预算的报告,即本年度的预算方案和决算方案。

"三公"经费涉及公款购车、公款出国和公款接待,确实需要官方的一个数字。但是,我认为数字的多少其实不是重点。关键的问题是,"三公"经费怎样做到公开透明,接受社会监督。如果公开透明,建立完整的预算制度,有财政监督,那大家就不会再说什么了。"三公"经费是政府机关依法行使职能可能所需要的经费,但是难免也会出现了一些不合理的花费,这就会让社会有不少猜测。政府预算首先做到公开透明,下一步才能让社会和民众来判断,这样的一种经费是不是必要和合理的。

问:"三公"经费支出的准确定义是"财政拨款中的'三公'经费",但

---

* 本文载《法制晚报》2013年4月1日,采访记者:林涛、曾炜。

是，其实在各个部门的相关支出中，财政拨款仅是其中一部分，其余行政事业性收入、预算外收入等非财政拨款中，往往隐含着更大的"三公"经费支出空间，你怎么看这种现象？

答：我们国家预算制度的建立有一个过程，从1994年才开始建立，那是为了适应市场经济发展的需要。过去，把资金分成三种资金：一个叫预算内资金，那是需要经过人大审批的；一个叫预算外资金，不需要经过人大审批，这就包括一些地方政府的小金库；还有一个就是所谓的制度外的资金。所以，有时候预算会出现统计口径上的不一致。

但是，现在我们国家，从2010年起，已经开始了全口径的预算，也就是说，我们政府所有的开支都要纳入到了预算内。这样就不可能出现制度外或者预算外的问题。至于行政事业性收费，那是针对事业单位而言。

从十八大的报告和全国两会的政府报告里，我们应该能看得很清楚，是实现了全口径预算的，以后就不会出现预算外和预算内的"三公"经费问题。当然，这里需要区别"三公"经费和"三公"消费，在一些地方，可能会存在"三公"消费大于"三公"经费的问题，但是，随着预算法的改革，相信以后这样的问题就应该不会再存在了。

控制"变通"　预算要细化

问：现在中央在大力提倡廉政和节俭，但是到了地方，便会出现所谓的"上有政策下有对策"或者"变通"的现象，这是什么原因导致的呢？

答：改革预算制度，需要考虑我国整个的大环境。实际上，这里还有一个"上行下效"的问题。就是上面的带头作用。"三公"经费合法合理的使用，到下面需要一个过程，并且还有过去的惯性思维在起作用，要改起来，有很大的难度，也需要时间。当然，现在我们的风气要比过去其实是好了很多的。不过，目前的预算制度改革还不到位，因此，地方有这种所谓的"变通"，也就不奇怪了。

问：从预算制度的角度考虑，我们该如何应对这种"变通"呢？

答：这里涉及怎么执行有关政策和怎么执行有关的法律，这是一个实施的问题。光有制度光有法律，没有实施，制度就等于零。所以，建立问责制就很重要。

"三公"经费的数额是要经过人大审批的,不论是地方还是中央,也不论哪种公款,数字应该是非常清晰的。现在一些地方出现在机关食堂里吃大餐、把茅台灌进矿泉水瓶子的现象,我想,只要把总的数字控制住,把经费控制住,公开透明,就不管你到哪里吃,也是不会出问题的。

关于政府预算,通常来说,有三本账:收入分类账;支出功能分类账;支出经济分类账。收入账,当然会比较细化一点,有所谓的类款项目。但是支出按照功能和性质来划分的话,有的就没有细化到那种程度。所以,关键还是细化,就是某个项目要花费多少,都需要一个预算。

问:看来,防止"变通",预算的细化是关键?

答:如何防止变通,其实这里一共涉及四个问题:第一需要制度;第二就是公开透明;第三就是细化,说明解释;第四,就是问责。"三公"经费的控制和合理使用,如果严格按照中央的要求,还是能够实现的。从观念的转变到制度的转变,再到制度的落实,需要一个过程,不过我们得明白,"三公"经费涉及公共财产,这就是我们为什么要公开和透明,为什么要监督,因为"三公"经费本质上是从纳税人那里收上来的税款,是纳税人的钱。

只减不增　制度能做到

问:近日,李克强总理指出,未来政府的"'三公'经费只减不增",如何从预算的角度,理解政府的这种表态呢?

答:预算通俗来讲,就是政府收和支的一个计划,计划就是未来可能发生的,现在还没有发生的。预算编制和最终的执行情况肯定是有差异的,这个应该是允许的。另外,从主观上来说,编制预算也不可能那么准确。但是,预算编制和最终差异的范围,却是需要考虑的问题。允许在一定的幅度内,误差在5%—10%这个范围是允许的。就是要力求准确,控制在一个合理的误差范围内。

李克强总理指出未来我们的"'三公'经费只减不增"。这首先表明的是政府的决心,因为民众对这样的问题是非常关心的。

我们要理解,"三公"经费是基于"公务"需要的花费,这里关键是看花费是不是合理,是不是合法。公务消费是必要的,只是看它是不是变了样变了调。李克强说以后的"三公"经费只减不增,我想如果严格按照制度执行,是可以做到的。现在,我们的"三公"经费的开支里面,确实存在一些不合理的地方。如果官员都有一个节俭的习惯,把公共的财产看成像自己的财产一样,这个问题就会好办多了。

制度建设需要时间。在《预算法》修改里面,对于"三公"经费也会有些规定。控制"三公"经费,需要靠法律,法律的层次越是高,就越能够树立起权威。

中央的八项规定出来之后,限制了公款吃喝,一下子就节省了很多的钱,而且整个社会的风气就不一样了。"三公"经费,如果不合法使用,不仅是浪费了纳税人的钱财,更主要的是败坏了社会的风气和政府的形象,这是需要引起重视的问题。

经费管理　法律更给力

问:除了法律,我们还出了很多"条例"控制"三公"经费,你怎么看待这类"条例"的作用和约束力?

答:国务院有些规定毕竟还是从行政法规的层面来讲的。相对于法律,它的刚性和权威性要差很多。所以我们一直主张,还是得诉诸法律。一定要通过高层次的法律。还有一个很重要的,是怎么保证法律的实施,否则,那法律是没有意义的。习近平说宪法的生命力在于实施。

对我们今天的政府来说,要改变过去那种依靠行政管理的思维,向法治思维管理转变。法律实际上是各种利益的博弈的结果,在立法的过程中,各种力量进行博弈,最终形成法律。而行政法规的利益博弈是不明显的,带有"长官意志",这样就会使得有些规定在实践过程中,能不能得到实施就会打问号了。当然,行政法规有一个好处,就是来得快,比较灵活,但是弹性太大,容易打折扣,会给执法带来一定的风险。

现在我们学界有种观点,说立法会阻碍改革,说法律制定后,就不能改,这种说法我不是很认同。因为,我们说立法是一个结果,其实也是一个过程。我们说结果就是最终形成一个法律文件,过程是从起草到通过的时间。在这个过程中,就能让不同的利益诉求的人经过充分博弈达成共识,最终形成法律后,也会有利于执行。

这有两个方面尤为突出,一个是财政领域一个是税收领域,这都涉及纳税人的基本切身利益。这里的利益相关者是纳税人,你不能在规则的制订过程中,把这些人排除在外,要强制他执行,效果肯定不好,只有法律是各种利益的博弈,达成了共识,这样就利于执行。

治理公务用车　关键做到"不反弹"*

日前,中共中央、国务院正式印发《党政机关厉行节约反对浪费条例》(以下简称《条例》),明确提出改革公务用车制度,取消一般公务用车,普通公务出行实行社会化提供,适度发放公务交通补贴。

接受本报记者采访的专家均表示,《条例》是对十八届三中全会后公布的《中共中央关于全面深化改革若干重大问题的决定》的具体细化和落实。上海政法学院教授、上海行政法学研究会副会长杨寅接受本报记者采访时表示,《条例》的推进一定要做到有令必行,配合监督等,最重要的是确保公车治理"不反弹"。

评价:八项规定的"升级版"

《条例》共分 12 章、65 条,对党政机关经费管理、国内差旅、因公临时出国(境)、公务接待、公务用车、会议活动、办公用房、资源节约作出全面规范。

杨寅表示,三中全会后有很多人持观望态度,认为会议结束后提出的很多东西就偃旗息鼓了。此时出台《条例》,可以让百姓感觉很多约束并没有"松绑",而是继续上紧发条。

"在三中全会之后、临近春节之时出台这样一个条例是很有独特意义的。"杨寅表示,十八大闭幕不久,全国各地都出现不敢公开用公款吃喝的现象,当时首先就是拿北京、上海"开刀"。如果每年都可以出台一个专

---

* 本文载《中国经济时报》2013 年 11 月 28 日,采访记者:张文晖。访谈对象还有上海政法学院教授、上海行政法学研究会副会长杨寅,编入本书时,为了照顾内容的完整性,保留了杨寅教授的观点。特此说明并致谢。

项,落到实处,反腐倡廉就不再只是一阵风。

"去年中共中央的八项规定中已包括禁止公款吃喝,此次的《条例》实际是一个升级版,主要规范党政机关的财政收支行为。《条例》中的节约、浪费特指公共财产(公款)。"刘剑文表示,十八届三中全会的决定将财税制度和财政法治,提到了相当高的一个位置。提出要建立现代财税制度。"我一直认为财税制度问题是中国反腐倡廉的关键。"刘剑文表示,"我想这一规定不应只局限于党政机关,对国有企业、事业单位等都应该有示范效应。"

要求:多项标准需制定

《条例》第25条提出,改革公务用车实物配给方式,取消一般公务用车,保留必要的执法执勤、机要通信、应急和特种专业技术用车及按规定配备的其他车辆。普通公务出行由公务人员自主选择,实行社会化提供。取消的一般公务用车,采取公开招标、拍卖等方式公开处置。适度发放公务交通补贴,不得以车改补贴的名义变相发放福利。

杨寅表示,社会化是一个改革方向。公务出行时如果组团或者人员较多时,可以向市场化的租车公司进行租赁,政府购买社会服务。"但这个企业组织和政府之间应该要理清关系,不要牵扯太多。"杨寅认为,要有多家公司竞标,避免由一家公司垄断而带来新问题。

对于发放公务交通补贴,在此之前地方已有所尝试。目前试行中的车贴有两种形势,第一,按年或按月发放,相当于工作之外的额外补贴。第二,一次性的购车补贴。据了解,购车补贴在不同的地方具体实施方法不同。杨寅表示,原本没有公车的干部享受了车贴,会觉得比较划算。但之前有司机的干部,取消公车改为补贴后会觉得待遇有所下降,心理上感觉没有以前有盼头。"我觉得这种盼头是应该得到批评的。"杨寅说。

但车补应该发多少?刘剑文表示,这需要有一个标准,但如何制定标准、制定标准时以什么样的程序来解决、提供服务的标准如何建立等问题都还需慎重对待。程序正义是看得见的正义,程序合理、规范,可以减少社会的质疑批评。"因此,我们在执法过程,包括落实制度过程中,一定要注意程序规范问题。"

此外，《条例》还提出公务用车实行政府集中采购，应当选用国产汽车，优先选用新能源汽车。杨寅表示，对使用国产车的强调是系统的改革，牵扯很多方面的内容。可以先从低处着眼、着手，即使只有一两项可以落到实处，都是在进步，都是在原有的改革不成功或不完全成功的基础上取得的新成果。

目标：治理保证"不反弹"

杨寅表示，公车对一般的领导干部来说只是一个人、一个车、一个司机而已，对更高级别的干部来说还牵扯到车队问题、配车问题。公车问题占有巨大的公共财政开支，所以对公车问题进行改革非常有必要。

对于之前公车改革不彻底，或改后反弹的现象。杨寅提出两个建议，一是中央要动真格，配合一系列的问责制度；二是在具体措施上中央要督促地方。

杨寅表示，验证《条例》真实效果的标尺就是公车治理是否出现"反弹"，补贴可以考虑随物价指数逐年增长，但绝不可以出现"反弹"现象。如果出现反弹，应该追究省级财政责任和相关领导的责任。

"《条例》颁布以后最关键的是落实问题。必须要有一些细化标准与监督。"刘剑文表示，制度制定之后，如何维护制度的严肃性、权威性，真正确保贯彻不打折扣、落实不偏不虚，是更加艰巨的任务。他认为，要约束"三公"消费，特别是治理公车问题，最终还是要回到制度化和法治化建设的轨道上来。归根到底要"按照十八大确立的精神，建立全口径的预决算管理体系，将政府全部收入纳入到预算管理制度中来"。

纪委书记"签字背书"能走多远*

2013年10月21日,国资委纪委书记强卫东通报了有关中国铁建8.37亿元业务招待费检查情况。

3月,中国铁建股份有限公司披露了公司在2012年的业务招待费,这笔总数高达8.37亿元的支出一经公布,便引起了社会的广泛关注和热议。

国资委纪委检查发现,中国铁建业务招待费支出总体上符合规定,但确实存在发票开具不规范、报销程序不严格、会计科目使用不当等一些问题。国资委纪委查处了少数人的违纪违法问题,对检查发现的问题均进行了处理和问责,通报批评57人,党纪政纪处分8人,移送司法机关1人,并对有关领导进行了诫勉谈话。

与处理结果相比,此次事件备受瞩目之处还在于,中央纪委书记王岐山要求,国资委纪委书记强卫东和中国铁建纪委书记齐晓飞在核查报告上"签字背书"报结果。

强卫东表示,"签字背书"是由监管责任人在核查报告上签名后上报,以利监督和责任的担当。

"这不完全是监督的问题,"刘剑文表示,"签字背书"并不是单纯从外部和表面进行监督,"纪委书记签字,相当于一种担保",是把纪检制度视作了财税制度的重要组成部分。可以说,这是我们国家财税制度建设、企业财务管理制度建设中的一个重要里程碑。

不过,这一具体的做法如何常态化、制度化,尚需时日观察。

---

* 本文载《中国青年报》2013年10月22日,采访记者:李丽、苏梦迪。访谈对象还有北京航空航天大学公共管理学院教授任建明,编入本书时,仅保留了刘剑文教授的观点。

"签字背书"将推广应用

据了解,强卫东和此次检查涉及的中国铁建各级主管领导、中国铁建纪委书记都在"签字背书"的范围中。

强卫东表示,这次检查的实践证明,"签字背书"实现了压力逐级传递、责任层层落实,促进了责任担当、监督到位。

实际上,关于"谁来监督纪委"的问题一直讨论不断。目前"签字背书"的做法,似乎成了应对这一问题的答案之一。

"'背书'实质上是一种责任,"刘剑文说,这里所讲的招待费,即使不"背书",如果业务招待费中存在违法乱纪的行为,也应该追究相应的责任。现在背书,强调的是纪委书记的责任,因为之前的这种情况,强调的一般是直接责任人的责任,比如业务招待费在一个单位中可能由董事长、副董事长或者总经理来主管,现在作为纪委书记的监管人和企业财务主管人之间存在一种连带的责任。

不过,他们应该承担哪些责任,还没有明确的规定。

"党内还没有要纪委书记在业务招待费核查报告签字的要求,"刘剑文说,这次是一个制度上的创新,从国家反腐倡廉的角度考虑,是很有必要的。

强卫东表示,中央企业从事纪检监察工作的同志要认真推广运用"签字背书"这个新方法,进一步强化担当意识,健全责任机制,以踏石留印、抓铁有痕的精神,抓好各项工作落实。

根本在加强财税法律制度建设

众所周知,业务招待费属于"'三公'经费"之一。这也是各级纪检监察机关监督的重点所在。

"'签字背书'的要求,强调的是权责对等意识。"刘剑文表示,这种做法存在被效仿的可能性,但这应该只是一种过渡性的措施,长远的考虑是应当将这一要求通过加强制度建设来落实。

刘剑文表示,这么多年来,纪检工作的核心问题就是财税制度执行的监督问题,而纪委书记签字的做法,则是为了加强这方面的监督,把这项工作做细、做实。从这个层面讲,这对纪委书记提出了更高的要求,强化了他对企业财务的监督职能。

不过,相对于事后"背书",刘剑文认为,事前"背书"的意义更大。

"如果是事前'背书',就要求纪委书记在招待费的发生过程中随时监督。而事后'背书'则是和报到上级机关的核查报告是不是真实合法关系更密切。"他说,"这种签字制度可以使得纪检工作做得更扎实、更细,纪检监督不再停留在表面。"

刘剑文表示,核查报告的"背书"涉及核查报告的真实性和合法性问题,由纪委书记亲自在核查报告上"背书",至少能够保证这一报告的真实性,而核查报告的真实性是其他部门判断这一报告是否合理、合法的关键。"目前这一项措施更多的是从党纪、政纪的角度考虑,也就是说行政责任和政治责任多一些。"刘剑文表示,在这一过程中,如果业务招待费有违法的,就涉及法律责任的追究问题。

从根本上讲,业务招待费要通过完善预算法、预算法实施条例以及有关的财务制度等行之有效的措施来解决。因此,在这一过程中,要对党纪政纪和法律责任加以区分,不能将两者混为一谈。

"最重要的是加强法律建设,这是预算法和财务制度所要解决的问题。"他说,比如国有企业"'三公'经费"应该有预算,公司中应该有专门的委员会、经过一定程序做预算,并要看最终的落实情况是否符合当初制定的预算,在过程中是否有违法乱纪的情况。

会议管理应纳入预算法框架[*]

2013年9月底,财政部、国家机关事务管理局、中共中央直属机关事务管理局,联合印发了《中央和国家机关会议费管理办法》。其中对会议费用标准、参会人数、会期等进行了明确。

此前,我国中央和地方陆续有系列规定,加强对会议费的管理,但超规模开会、超标准列支费用等问题依然存在。财政部表示,此次的新规定,旨在解决当前会议费管理中存在的漏洞和问题,避免造成财政资金的损失浪费。

据《新京报》记者整理,目前共有17省份会议费管理办法,有公开资料可查询。虽然人均费用均低于中央单位的标准,会期和人数有一定差别,但由于数省份现行政策是2007年左右发布,少数是2010年之后发布,因此跟此次中央新规定相比,在政策的细化、落实、追责等方面,还有待改进。专家建议,地方会议费新规定,应紧随中央规定细节,同时,会议费管理纳入预算法,使之上升到法律层面,更加规范化,从而减少损失浪费,抑制奢侈浪费之风。

盘点会议管理

【费用】一类最低230元,最高450元

根据中央的规定,中央一类会议的标准是每人每天660元,二类会议550元,三类和四类会议450元,第四类会议的划分为此次新增加。

---

[*] 原标题为《专家建议将会议费管理纳入预算法》,载《新京报》2013年10月16日,采访记者:蒋彦鑫、李丹丹。访谈对象还有上海财经大学公共经济与管理学院副院长刘小兵等多位专家,编入本书时,仅保留了刘剑文教授的观点。

与中央此前的规定相对应,各地也将会议分成一二三类,人均费用差别虽然很大,但均低于中央单位,各类会议每人每天 270 元左右。其中一类会议最低与最高标准相差 220 元,平均约 316 元。

从各省的数据看,经济发达的地区,会议费要稍微高一些。最高的为广东,一类会议每人每天 450 元;二类会议 350 元,三类会议 280 元。其次为浙江,一类会议 400 元,二类会议 300 元,三类会议 260 元。同为经济发达地区的北京,费用较低,且并没有进行分类,而是统一为 300 元一天。

福建、辽宁没有明确规定一类会议费用标准,但强调实行预算控制,须经主管部门和财政部门审核后列支。重庆和青海一类会议费用也未一刀切,重庆为 230—300 元,青海为 230—390 元。其他会议费用相对较低的省份还有甘肃、内蒙古、宁夏,分别为 250 元、270 元、280 元。

【地点】会议定点饭店最高五星级

和中央一样,各地会议费的构成均由房租(住宿费)、伙食补助、其他费用三类组成,房租往往占了最大的部分,大约在 50%—60%。

而且从各省份规定看,都要求到定点饭店召开,但查询信息可见,在定点饭店中不乏三星、四星乃至五星级的酒店。

这些省份的会议费中,每人每天住宿费为多少?从具体来看,普遍都不高,处于 100—300 元之间。这与四星级以上酒店动辄七八百甚至上千元的费用相比,相差甚远。

从公布的省份信息来看,浙江较高,人均一天的费用中,一类会议房租费 250 元,二类会议房租费 170 元,三类会议房租费 150 元。内蒙古则分别为 150 元、120 元、70 元。

这样的费用够不够住?此前,有媒体质疑北京人均 300 元的会议费,缘何有时能住五星级酒店?对此有酒店负责人解释说,对于政府会议的,由于量大,酒店会自动压价,以达到政府采购的价格上限之内。北京一家四星级酒店销售人员表示,政务会议一个标间是 450 元左右,这意味着如果两人一间,人均一天的房租费为 225 元。

【禁令】禁发纪念品,禁到景区开会

在关于会议召开的禁令方面,和中央单位此次的规定基本一样,各省份几乎都有禁止发放纪念品、禁止到风景名胜区或度假村开会的规定。

比如北京禁止以开会之名赠送礼品,不准借机大吃大喝、游山玩水,不准组织高消费娱乐活动等。上海严禁组织高消费娱乐、健身活动,严禁在风景名胜区或度假村等地方组织会议活动,严禁组织与会议主题无关的活动,严禁以任何名义发放纪念品。

此外,湖北、湖南、福建多个省份均明令禁止将会议费转嫁至下级单位,甚至明确"任何单位和个人有权拒绝参加'要求与会人员食宿费用自理'的各种会议"。

有的省份还出台了一些较有个性的规定,比如云南就提倡召开电视电话和网络视频会议,还有量化规定:电视电话或网络视频会议次数不得少于全年部门会议总数的1/3。

三问会议费

【一问】会议费用能否入法

北京大学法学院教授刘剑文表示,就会议费的使用而言,仍有很多人在会议费使用上不规范,滥用公款,通过会议费的模式,将公款转为私人私用,比如预留会议费等。此外,过去在报销标准,会议费怎么利用等方面没有一个较详细的制度性规定;对有关费用的公示程序不足。会议费到底花在了哪些地方,花了多少,大家都不知道,这需要进行公示。

刘剑文强调,当前基本的制度出台以后,需要对其细化与落实。对此,他建议,在会议费管理上应制定更高层次的制度规定,如在预算法或在预算法实施条例修改里增加关于会议费的相关规定。他说,现在关于会议费的管理依旧停留在规范性文件的层面。如果纳入预算法,一旦滥用会议费,将涉及法律责任的问题,约束力度就要大一些。

【二问】如何真正节约费用

"地方省市应按照财政部的新规定,制定适合本地区情况的规定。"刘剑文还建议,在实施规定的过程中,应充分实施监督:除了审计,监察,纪检之外,更需要加强舆论监督。

刘剑文进一步表示,会议费管理不是一个孤立的问题,应放到整个干部制度改革与经济体制改革中去看待。会议费的加强管理只是问题的一个方面,还需要其他制度配套,如干部的任免制、预算制度等。

【三问】违规行为如何追责

与此前的会议费规定相比,中央对会议的管理办法,新增了"会议费公示和年度报告制度"以及违规行为的追责规定。对于计划外召开会议;以虚报、冒领手段骗取会议费等行为,对直接负责的主管人员和相关负责人,报请其所在单位按规定给予行政处分。如行为涉嫌违法的,移交司法机关处理。

但是地方对违规行为基本未明确如何追责,主要还是强调监督检查和加强核算。比如安徽强调"省纪检、审计部门要加强对会议费支出的监督检查",重庆要求"财政严格按照会议规模核定会议经费会议"。

对此,专家建议,各地应与中央同步,对涉及会议费用的违规行为,要明确细化处理和追责条款。

央地财政分权重在"权责统一"*

刚刚闭幕的党的十八届三中全会,充分彰显了领导集体的改革意识和攻坚决心,为全面深化改革绘就了路线图,吹响了冲锋号。

会议通过的《中共中央关于全面深化改革若干重大问题的决定》(以下简称《决定》),一改过去仅把财政问题视作经济环节的观念,把财政提升到"国家治理的基础和重要支柱"的高度,显示出中央的高度重视,也说明中央对财税改革作出的规划极具高度与眼光。这表明,财政问题已经不单单是经济领域的重要问题,更涉及政府职能、社会治理等诸多方面,涉及国家和纳税人、立法与行政、中央与地方、政府与市场等各方关系。强国之路,必须有财政作为支撑,这是实现中国梦的物质保障。毫不夸张地说,财税体制问题,不仅是经济问题,还是政治问题,更是法律问题,而且是直接关系到一国根本制度架构的宪法性问题。

《决定》在财税体制改革方面,着墨甚多。值得注意的是,在央地财政分权问题上,《决定》采用了"事权和支出责任相适应"的新提法,表现出中央在央地财税体制改革上的新思维。

自1994年分税制改革以来,我国政府间财政关系存在的主要问题之一,就是中央和地方的事权界定模糊,并且地方税收体系不全、税基不顺。特别是省以下各级政府之间事责、事权界定不明晰,基层政府的支出责任与财力保障不匹配现象尤为严重。而《决定》的新提法正是旨在强调中央和地方权责相适应、有权必有责。具体来说,政府在实现事权的同时,也应承担相应的支出责任。尤其是地方政府在承担本级事权的时候,应

---

* 本文载央视网《央视网评》栏目,2013年11月20日,作者:刘剑文。

当有相应的财权,能够按照预算承担相应的财政支出。上级政府移交下级政府事权时,应当通过转移支付保证下级政府能承担支出责任。形象地说,过去经常是"中央请客地方埋单",而改革的目标就是要实现"谁请客谁埋单"。同时,这一新提法将"事权"置于优先位置,表明对"明确事权"的强调。可以预期的是,今后一个时期,中央适度上收事权,应当是一个大的趋势;从财政联邦主义的视角看,虽说越是接近纳税人的基层政府,越是能提供符合该区域纳税人真实需求的公共服务和公共产品,但是,从宏观上进行统筹协调,仍然是较高级次政府才能具备的治理能力。

应当看到,"事权和支出责任相适应"的新提法,并没有取代"财权与事权相匹配"的原有方针,二者应当是并重、递进的关系,而且在根本上应该将二者联系起来,才能分别加深对二者的理解。从长远来看,要确保地方政府能够承担起相应的支出责任,就必须合理配置财权、切实保障财力。形象地说,要实现"谁请客谁埋单",离不开"谁请客谁有钱"。新提法只是在强调下一步财政体制改革的方向将更加重视事权调整,实现事权与事责的统一。

在未来的央地财税改革进程中,应侧重强化中央政府职能,弱化对地方政府的干预。例如,地方政府事权要适当上移,如教育、社保、医疗、环境等基本公共服务应由中央承担。同时,事权划分还要基于简政放权的大环境。对于一些不需要政府承担的事务,就应当放手让市场、让社会去承担。在此基础上,还应当按照事权优先原则,适当调整政府间收入划分,培育地方税收的主体税种,不要"涸泽而渔",而应"放水养鱼",不仅在国家与纳税人关系问题上,在中央和地方财政分权问题上,这一点也是适用的。此外,健全统一规范透明的财政转移支付制度,仍然是很有必要的,尤其是加大一般性转移支付的比重,并规范转型转移支付的制度运作。

对于中国财税体制改革的总目标,《决定》明确指出:"完善立法、明确事权、改革税制、稳定税负、透明预算、提高效率。"将"完善立法"放在目标的第一位,有其必然性。它充分体现了中央重视法治,强调以立法为主导的改革信号。在中央与地方财税改革的进程中,法治思维尤显重要。

通过完善立法,可以最大限度集中民情、民意、民智,从而实现公平。

特别是面临来自既得利益与制度惯性的障碍与阻力,要保证改革方向不动摇,更应当坚持用法治思维指导改革进程。从过去的政府间财政关系实践情况看,之所以出现"跑部钱进"等法外现象,"财权上收、事权下沉"的分权模式固然是一个重要的原因;但是不容忽视的是,财政分权这一具有宪法性质的事项,甚至缺乏法律层面的制度规范,从而使分权的一般原则和具体标准,都具有较大的不稳定性,也是出现种种不规范现象的制度动因。因此,央地财政分权体制的改革,应当强调事权与支出责任的统一,而这种标准的确定与实施,都应当在法治的框架下进行。

财政转移支付应提高法治化水平[*]

2013年5月,国务院常务会议将缩减专项转移支付作为本年度推进的经济体制改革9项任务之一,财政部部长楼继伟在作《关于2012年中央决算的报告》时,明确将逐步取消不符合经济社会发展要求的专项转移支付项目,将部分属于地方事权且信息复杂程度较高的专项转移支付项目下放地方管理,对部分使用方向类同、政策目标相近的专项转移支付项目予以整合,进一步提高资金使用效益。

6月底原本是《国务院机构改革和职能转变方案》中承诺的缩减专项转移支付的任务期限,时间已过,却没有什么实质性的动作。据相关媒体报道,由于部门阻力,财政部编制的相关方案尚未获批。

调整专项转移支付被认为是重新划分中央与地方财权、事权,也是中央政府不久前提出的盘活"财政存量"的重要手段。2012年全国财政决算数据显示,2012年,中央对地方专项转移支付接近2万亿。改革能否取得突破,可谓兹事体大。

不愿放弃的审批权

"增加一般性转移支付,缩减专项转移支付,主要是解决不公开透明、资源配置不合理的问题,有序规范部门的'二次分配权'。因为专项转移支付都是各部委自己在执行的,财政权原本应该由财政部统一行使支配,但专项转移支付这部分的权力其实是被各部委分割了。"刘剑文对《南风

---

[*] 原标题为《近2万亿"戴帽资金"如何改革?》,载《南风窗》2013年第16期,采访记者:张墨宁。访谈对象还有中国社科院财贸所财政研究室主任杨志勇,编入本书时,为了照顾内容的完整性,保留了其观点。特此说明并致谢。

窗》记者说。

作为一种财政平衡制度,转移支付是基于1994年分税制以来地方财权缩小的背景之下,鉴于各级政府的收入能力和支出需求不一致,中央通过政府间财政资金的转移,实现各地公共服务水平均等化。目前,2/3中央财政收入是通过转移支付给地方。其中,一般性转移支付主要服务于中央的特定政策目标,由财政部预算司进行统筹、安排,主要是弥补地方财力缺口。地方在使用这部分资金上,有较大的自由裁量权。而专项转移支付的审批则分散在各个部委。各部委批复了相关项目后,再由财政部在相应部委次年的预算中进行拨付。这部分也被称为"戴帽资金",必须专款专用。

近年来的专项转移支付涉及基础设施、农林水利、国土气象、教育科技、医疗卫生、社保等多个领域,与此相对应的则是发改委、教育部、科技部、农业部、卫生部等相关部委的审批权和地位。专项转移支付的缩减首先意味着要对部门的"固化利益"动刀,改变多头管理的局面。

"财权是改革的焦点和神经,专项转移支付涉及很多关系,是一个多重利益的博弈。第一是中央和地方之间的关系,第二是行政机关之间的关系,第三涉及国家和纳税人之间的关系,第四则是行政机关与立法机关之间的权力,可以说是牵一发而动全身。核心问题还是在行政机关之间的关系。"刘剑文认为,专项转移支付改革首先面临的是财政部与其他部委之间的关系问题,对掌握审批权的部门来说,肯定不愿意主动放弃。

审计署曾经发布报告披露,中央参与转移支付资金分配的部门多达37个。自2006年以来,不同领域的专项名目加起来通常超过200项。由于一般性转移支付是按照公式化的分配办法,中央转给地方的资金有着复杂的计算公式,所以跑部不跑部并不影响分配结果。而专项转移支付则完全灵活分散于中央各部门,地方能拿到多少,很大程度上取决于公关能力和与上级部门的"亲疏关系",因此催生了广为诟病的"跑部钱进"现象,成为权力寻租的"重灾区"。

事实上,专项转移支付多年来一直面临改不动的局面。早在2006年,财政部就已经提出要对现有转移支付进行必要的清理整合。对到期项目、一次性项目以及按照新形势不需要设立的项目,予以取消;对使用方向一致、可以进行归并的项目予以整合;对每年数额固定,且分配到各省数额固定的项目,调整列入财力性转移支付。当年,专项转移支付达4411.58亿元,共计213项,一般性转移支付4731.97亿元,两者比例接近1比1。专项转移支付比例过大引起的问题开始受到决策层的重视。次年,财政部明确表示,以法治化、透明化为方向的《财政转移支付暂行条例》已基本完成,将在2008年正式出台。然而,随着2008年的大规模经济刺激计划的上马,转移支付改革进入了迟滞期。

专项转移成"问题资金"重灾区

2009年和2010年的专项转移支付规模迅速扩大,超过一般性转移支付。2009年达到了近年来的最高点52.5%,大量中央财政资金通过立项、审批的模式经过国家发改委和相关部委间协调,最后由财政部拨款。从2010年比例开始逐渐回落,但仍然保持着相当大的规模。2012年,中央向地方转移支付的预算数额为17386.26亿元,而实际执行数额则为18791.52亿元,2013年的中央预算报告中,中央对地方总体转移支付中,专项转移支付占到44%,比2012年执行数下降约3%,但绝对数字仍然比上年增加2.5%。

占比过重、涉及面广,中央大笔资金层层下达,虽规定专款专用,但监管起来难免鞭长莫及。"以教育专项资金为例,财政厅教科文处占一部分,基建处占一部分,企业处还占一部分,其他各个口都有一点,各处汇总后,才能算出来专项执行的情况,而且各个处的统计口径都不一样,最终的数字也不一定严丝合缝。审计的时候完全靠的是指标文件,就是看财政部门下拨了多少钱,具体分到了哪些科目、市县,还有就是看时效性,比如,为什么中央1月份下拨的钱,3月份才花。另一方面就是看资金是否被挪用。"甘肃省财政厅一位不愿具名的人士表示,审计只要不违背《预算法》和相关的经济法律就行,审计单位和被审计单位是相互博弈的关系,就看谁能把谁说通,账目本身没有什么算头。

监管乏力使得专项转移支付成为"问题资金"的重头。根据审计署最近发布的报告,285项专项转移支付中,有25项因投入市场竞争领域、投向交叉重复等需要清理整合。抽查能源节约利用、可再生能源和资源综合利用三个款级科目转移支付资金在18个省的使用情况发现,至2012年底,这些地方当年收到的420.92亿元中央专项资金中,42%的资金结存在各级财政或主管部门。同时,拨付到项目单位的资金有7.73亿元被虚报冒领、挤占挪用。

财权和事权匹配

对于地方来说,增加一般性转移支付的比重无疑是利好消息。作为主要接受转移支付的中西部省份,对待专项资金的态度似乎颇为纠结。一方面,能够争取到多少中央资金往往与政绩考核相挂钩,不能不去争取;而另一方面,"戴帽资金"又让地方束手束脚,对其施政能力形成了干预。

"最明显的是教育支出,最近几年盖了很多学校,校舍建得特别好,但是很多学校现在逐渐合并到中心校,重复建设、校舍空置,导致专项资金浪费。而且原则上要求下拨多少资金就要支出多少,这几年还好一些,以前经常会出现12月份才拨款的情况,但是项目还要上报相关部委,同意批复后,才能执行这一笔资金,根本没有时间操作,只能是突击花钱。"上述甘肃省财政厅人士表示,上面管得太死,有点乱戴帽子,省里真正需要的地方又没有钱,几百个项目分散在不同的领域,不能集中力量办一些事情。与此同时,省里跑来的钱,市县又并不感兴趣。

他对《南风窗》记者说:"专项资金下来之后的分配,基本上都做不到调研,时间太紧、任务太重、工作量太大,尤其是省直管县以后,县里的资金要由省上统一拨付,以前还有市一级把关,现在财政厅对应的是14个市州加86个县,工作量一下子增加了很多,根本没有时间去调研项目,依靠的手段只有县市报上来的项目本子。但是因为很多项目都涉及硬性配套资金的问题,从10%到50%不等,市县也就不爱争取了,到下面去调研的时候,提得最多的也是转移支付的问题,县市都希望能够增加财力性的转移支付。"

作为严重依赖中央转移支付的省份,甘肃省2011年接受的转移支付是1200多亿元,其中700亿是一般性的支付,550亿是专项转移支付。而同年甘肃省的财政收入不超过500亿。财权很大程度上受制于中央,这也是依赖于专项转移支付的中西部省份的共同困境。而接受转移支付较少的发达省份,同样颇有怨言,自分税制以来,地方政府财力大大削减,但是承担的事权却并没有减少。

"转移支付改革的本质就是中央和地方的财权、事权的重新调整。"刘剑文说。分税制执行20余年,中央与地方一直处于激烈的博弈关系中,要求分税制改革的声音不绝于耳,地方财权受限,以至于不得不想办法创收,由此产生的"土地财政"成了诸多社会问题的根源。

加大一般性转移支付、减少专项转移支付,赋予地方合理的财权,被看做是分税制未完成的改革的延续。央地关系的调整已经是大方向,但怎么调整,或许还将经历一番博弈:增加地方财权还是减少地方事权。过去的财政体制改革主要是在财权上做文章,未来事权的调整可能是新的思路。

政府间财政关系法治化

近日,财政部部长楼继伟表示"财政改革应调整中央政府和地方政府支出责任,适当增加中央政府的支出责任"。对此,刘剑文认为,这也是一种改革思路。"中央加大公共品的提供,减少地方的事权,中央加大教育、医疗和社会保障的投入,将属于地方政府的事权揽过来,需要给地方拨的钱少了,专项转移支付的规模自然就减下来了。"他说,1994年的分税制只是强调分税,没有强调分财权,现在应该要有一个合理的比例。

"不管是哪种思路,最终还是要落实到法治化的问题。"刘剑文说,现行财政转移支付制度依据的主要是1995年财政部颁发的《过渡期财政转移支付法》,属于部门规章,《预算法》对于转移支付也只有几款原则性的规定。"财政税收基本制度只能制定法律,这个《立法法》写得很清楚。动辄几万亿的资金规模没有一部法律来规范。"刘剑文说,2007年,他曾经参与财政转移支付法的起草,但方案上报后不了了之。据他介绍,方案的主旨是解决转移支付法治化的问题,并且建议在国务院下面成立一个跨部委的委员会。"财政部当时也不是很积极,如果成立一个委员会,等于把它的权力限制了。可行的办法是国务院制定一个转移支付的条例,实行几年后再制定法律。"刘剑文说。

楼继伟在其新书《中国政府间财政关系再思考》中也提到:"政府间财政关系法治化,以中央财政为主导寻求分权与集权的最佳组合。"作为1994年分税制改革的"副产品"和次生制度,现行转移支付解决了中央的"控制力"问题,新一轮的分权改革如果脱离了"法治化"的规范,"最佳组合"恐怕很难实现。

地方市政债试点扩围声起

2013年10月22日,国务院总理李克强重申,中国政府性债务总体上处在安全可控范围内,未来将继续严控赤字率。

李克强是在当天召开的世界审计组织第21届大会开幕式上作出上述表态的。李克强说,目前中国政府的赤字率在2.1%。随着经济增速的"换挡",财政很难像过去那样以两位数增长,我们必须在转型升级的过程中提质增效,使财政收入与经济发展相匹配,把财政赤字和债务规模控制在合理范围内。

值得关注的是,为缓解对大规模隐性地方债危及国家金融稳定的担忧,地方政府市政债券试点扩围声再起。

10月20日,路透社报道称,中国或将于下个月决定扩大地方政府市政债券试点计划。国务院发展研究中心已向国务院提出建议,"'打开前门,堵住后门',扩大地方政府独立发行债券的范围"。

所谓市政债券,是指地方政府根据信用原则、以承担还本付息责任为前提而筹集资金的债务凭证,一般用于交通、通信等地方性公共设施的建设。市政债券属于地方债的一种。

刘剑文称,"对市政债券,要采取积极、谨慎的态度。从'收'的角度,它是一种收入,到期以后,还本付息是必须要考虑的问题。适当给予地方必要的税收立法权,原因就在这里,现在中国的地方基本没有税种的立法权。"

目前,中国地方政府几无举债权。《预算法》(修正案)草案二次审议

---

* 本文载《东方早报》2013年10月23日,采访记者:胡苏敏。

稿恢复了现行《预算法》第28条的规定,"地方各级预算按照量入为出、收支平衡的原则编制,不列赤字","除法律和国务院另有规定外,地方政府不得发行地方政府债券"。

目前地方政府主要通过地方融资平台、银行借贷等方式为基建项目融资。渣打银行上周发布的一份研究报告估计,目前中国地方政府性债务规模可能达到21.9—24.4万亿元,占国内生产总值(GDP)的38%—42%。

刘剑文认为,"《预算法》第28条第2款中,关于地方政府不得发债券是一个附条件的条款。这意味着,如有'法律和国务院另有规定'这个条件,地方政府是可以发行地方政府债券的,并非绝对不能发行。"

2011年,上海市、浙江省、广东省、深圳市开展地方政府自行发债试点,但发债规模须由国务院批准,还本付息由财政部代办。

据刘剑文称,1994年中国进行分税制改革后的20年间,随着财税改革的推进,实际上造成财权上移、事权下移,地方财力越来越小,与其所提供的公共品不相称,而近些年出现的"土地财政"也不是长久之计。

他认为,解决地方财政困境有多种方式,一是中央财权适当下移,其中包括下放部分税种的立法权给地方,以及允许地方市政债券的发行;二是事权适当上移,比如社保和教育。

政府部门预算支出为何常"前低后高"*

近日,有媒体报道,广东省人大对该省交通厅、环保厅、统计局3个省级部门预算执行情况进行监督时发现,2013年前7个月,该省交通厅及其下属部门296个项目支出中,有109项预算执行率为0.00%。

2013年上半年,该省省级部门预算支出平均进度为46.88%。116个省级部门中,高于平均进度的省级部门有24个,低于平均进度的省级部门有92个,进度最慢的10个省级部门上半年的预算执行率都在20%以下。

该报道引起社会关注,在许多人看来,这就意味着本年度后4个月,这10个部门将要花完占全年预算支出八成多的钱。

"这一现象又一次反映了我国财政预算编制粗糙、年度预算执行进度前低后高这些多年来的痼疾。"刘剑文接受中国青年报记者采访时表示。

刘剑文表示,我国现行预算法规定,预算年度采用历年制,即从公历1月1日起到12月31日止。审批预算的全国人民代表大会在每年3月初召开,年初的预算执行计划经过层层审批之后,往往要下半年才能到位,导致支出执行进度滞后。

中央财经大学财政学院副院长李燕分析说:"全国人大3月份审批预算之后,有一个往下批复的过程,就中央预算来说,财政部要批复到各个中央部门,各个中央部门再批复到各预算单位,这样小半年时间就过去了。一些新增项目支出要等预算批复了才能花这个钱,很可能就到下半

---

* 本文载《中国青年报》2013年9月15日,采访记者:王亦君。访谈对象还有中央财经大学财政学院副院长李燕等多位专家,编入本书时,为了照顾内容的完整性,保留了其他专家的观点。特此说明并致谢。

年了,这样就会使一些资金支付延后。"

2012年12月,财政部财政科学研究所负责人曾经就后半年财政支出规模高于前半年接受媒体采访时表示,后半年财政支出规模较大的原因包括,一些项目支出在前期准备阶段资金需求量小,后期实施阶段资金需求量相对较大,相应资金支付也是前少后多;一些据实结算和以收定支的项目年底按实际工作量进行清算,年底支出相对较多;预算安排的一些支出项目由于客观条件变化等原因,资金支付后延,其中有一部分资金还需要结转到下年使用等。

中国政法大学财税法研究中心主任施正文表示,目前我国预算批复和财政资金使用是脱节的,每年3月全国人大批准中央财政预算之前,项目支出中一般只有延续性项目按一定比例预拨部分资金,新增项目大都在预算批复下达后才开始支出,这就使一些资金只能延后支出,由于对预算资金只有总量规定,并没有"花钱时间和进度"的约束,因此形成一年中预算资金支出"前低后高"的尴尬。

同样都属预算支出,为何预算基本支出的进度高于项目支出的进度?

刘剑文解释说,我国现行预算法对此有规定,即在预算年度开始后,预算草案被批准前,政府可先按照上年同期的预算支出数额安排支出,预算经人大批准后再按照批准的预算执行。"这里的'上年同期预算支出数额'是指安排用于部门单位的人员经费、业务经费等必需的支出。因为人员和日常公用经费的开支属于基本支出,是一个持续性开支,这个是要保证的,否则政府部门就无法运转了,但如果是新增的项目开支,则要等人大审批完以后才能进入预算的执行阶段。"

除此以外,李燕认为,还有其他因素会导致预算资金的延迟支出,比如近年来为了规范财政收支行为采取的一些措施,如国库集中收付制度、政府采购制度等,增加了财政资金支付审批流程。再如政府集中采购大型设备,货到前或确保质量前先不付款等,也会导致预算资金的实际支出有所滞后。

接受本报记者采访的几名财税学者介绍说,我国一直实行传统的"基数预算"。在这种模式下,每一年的预算编制都会参考前一年度的预算申报和执行情况,一般是在上一年拨款的基础上增加一定的数额,如果执行有结余,结余全部上缴,不允许上一年没用完的预算留到下一年,因此,一些预算单位就会想着在要求的时间节点前、在有限的时间里全部花完。

据了解,多年来,湖北省统计局副局长叶青和一些财税学者一直在大力提倡用"零基预算"模式取代"基数预算":每年的预算都从零开始,不考虑上一年的金额。

这一模式虽然早已被广泛认可,却始终没能真正实现。在李燕看来,"零基预算"这种起源于西方国家企业预算编制的模式,在政府预算编制的借鉴中应具体分析,区别对待。

"因为按照'零基预算'的编制方法,相对于庞大繁杂的政府开支来说,需要耗费很大的人力物力,其编制成本很高。"李燕认为,"零基预算"的编制方法在政府部门预算的编制过程中应更多地用于新增项目支出上,而对于部门预算中的基本支出则没有必要每年一一重新核定预算,因为现行部门基本支出是通过定员定额标准体系来制定的。部门的编制定员和各项开支定额国家都有相关具体规定,比如什么级别的基本工资是多少等。

记者注意到,此次只是广东省人大加强对整个预算过程监督的工作内容之一。2012年7月,广东省人大常委会预算工作委员会组织19名省人大代表到省交通运输厅、省环保厅、省统计局等部门对2012年部门预算执行情况和2013年部门预算的编制情况进行调研。2012年11月,代表对这3个部门准备提交给省财政厅的预算草案进行了初步审议,这一做法改变了代表在人民代表大会开会时才与预算报告草案见面的历史。

在刘剑文看来,在政府将预算报告草案提交人大之前,由人大代表对政府部门的预算提前介入审查,地方人大这种尝试,对于发挥人大"盯紧钱袋子"作用具有关键意义。

在大多数财税学者看来,监督应该贯穿于部门预算编制的整个过程。

预算草案太粗略,这是各级人大代表和各界人士多次提出的意见,过于粗略就不足以看出问题。即使人大通过了,监督的意义也不是很大。

"广东从2009年起就编列到款,算是较好一些的了。"广东省人大常委会预算工委副主任黄平直言,现在政府提交预算时他们也不清楚具体的项目是什么,"预算经过人大审批后,再去找项目花钱。这种习惯如不改过来，没有办法做到细化。我们一再跟政府提出要提高预算的到位率，但是目前进展还是有限。"

作为多年研究预算制度的学者，刘剑文一直呼吁在预算法修改中引入"预算监督专家咨询委员会"制度，由专家协助人大和人大代表对政府预算的编制与执行情况进行全程监督，提出独立的专业建议，让政府预算的编制与执行有随时接受监督的紧迫感，从而在根本上实现人大对政府行政权力的刚性约束。

财税法是整治环境污染重要着力点[*]

财政部财科所副所长苏明近日在公开场合表示,环境税方案已上报至国务院,正在按程序审核中。

2013年12月初,百余城市遭受严重雾霾侵袭。雾霾已然成为环境污染的高频词,使得公众在诸多环境污染问题中,对空气污染的不满最为突出。

有专业人士指出,环境污染问题在本质上是一个经济问题,它的根源是经济性的,因为污染伴随着效益;但同时又是法律问题,因为与相关主体的权利、义务、责任的配置密不可分。因此,必须借助经济手段、法律手段等才能有效地予以解决。

"造成污染的原因是多方面的,治理也是多方面的综合治理,财税法是其中的一个重要着力点。"刘剑文近日在接受《法制日报》记者采访时表示。

环境治理难题

环境污染防治需要经费。

2013年9月17日,环境保护部、发展改革委等6部门联合印发《京津冀及周边地区落实大气污染防治行动计划实施细则》。

10月14日,中央财政安排50亿元资金,全部用于京津冀及周边地区(蒙晋鲁)大气污染治理,重点向治理任务重的河北省倾斜。

---

[*] 本文载《法制日报》2013年12月17日,采访记者:廉颖婷。访谈对象还有中南财经政法大学教授高利红等多位专家,编入本书时,为了照顾内容的完整性,保留了其他专家的观点。特此说明并致谢。

环保部政策研究中心主任夏光称，目前全国大气污染防治至少需要17000亿元，这个费用是由企业、地方各级主体去承担的，中央财政拨款50亿元并不是用于投资实际的治理工程，而是以奖代补，奖励决策执行者。

此前，北京市政府称，将在未来5年投入2000亿元到3000亿元治理大气污染，而全社会投资则将接近1万亿元。

中南财经政法大学教授高利红表示，在财政制度方面，环保预算投入由中央和地方财政组成。但是，目前地方财政投入非常吃紧，尤其是县级财政更是困难。

比如，随着城镇化的发展，中小城市对污水处理的投入很高，尤其是纳污管网的成本很高，其投入是污水处理投入的5倍。而且，纳污管网等基础设施的投资是一次性投入，因此，地方财政可以说严重不足。

"说到底，环境问题既是一个全球性问题、全国性问题，也是区域问题或地方性问题，现在地方的财权、事权不匹配，财事分割的状态，导致了地方对环境治理的不足。"高利红说。

目前，我国治理环境污染的资金主要通过现行征收排污费筹集，因其缺乏强制性和规范性，征收困难，任意拖欠现象严重。

由此，在我国经济快速发展而环境污染日趋严重、环保资金严重不足的情况下，对排污企业课征环境税，将排污收费改为征环境税的声音强烈。

一种声音认为，由税务机关征收环境税（排污费目前由环保部门征收），由行政性收费改为法律上的征税，可避免收费的随意性和降低收费成本，保证环保资金的稳定来源，从而适应市场经济的快速发展。

财税政策解决之道

税收制度以及财政制度作为政府用以调节社会经济生活的一种重要工具和手段，在保护环境方面发挥着越来越重要的作用。

"财税法在环境保护中主要包括三个问题，一个是财政投入怎么治理的问题；第二是资源如何有偿使用的问题；还有一个是把有关收费改成税的问题。"刘剑文说。

苏明近日公开表示："未来环境税的主要实施路径是将排污费等改为环境税,而且肯定会提高税率,不然以现在的排污费标准,直接改环境税就没有意义了。"

目前我国有关生态环保的财政政策主要包括排污收费制度、环保预算投入、政府采购和排污权交易机制;税收机制主要是通过征税限制和税收优惠引导来实现。已经开征的有益于环境保护的税种主要包括资源税、消费税、车船税、城市维护建设税、城镇土地使用税、耕地占用税和企业所得税。

"税收制度非常复杂,涉及很多税种;如果征税,税种的设计、征收的环节等是否合理都是一个复杂的过程。"高利红说。

如何有效治理

刘剑文告诉记者,财税法在环境治理方面的作用包括四个方面:

一是财政投入。环境治理需要钱,钱从哪里来?纳入预算的钱哪些应当由中央负责,哪些则由地方负责?这些问题需要明确规定,尤其需要预算程序的透明。

"我们常说,加大环境治理的财政投入,其实就是钱从哪里来、如何花、如何用这几个问题,也就是钱的来源、去向、监督。环境治理的财政投入,应当坚持先预算、后花钱的原则。"刘剑文说。

生态补偿的税费改革问题。十八届三中全会决定提出了资源付费,即谁破坏、谁负责;谁污染、谁付费。这涉及将污染收费改为环境税,专款专用。环境税在大部分国家采取生态补偿的法律手段。

"生态补偿还涉及资源税改革问题。我国目前的资源税课税范围有限,目前虽然原油、天然气、煤炭等已纳入征税范围,但还有很多方面并未纳入征税范围,如水、黄金等。我们应逐步将资源税扩展到各种自然生态空间。"刘剑文说。

自然资源资产的监管。自然资源属于国有资产,比如水流、森林、草原等,这些都需要进行统一确权登记,需要完善自然资源资产的监管体制。

划定生态保护红线,需要编制自然资源负债表。对领导干部实行自然资源资产离任审计,保证自然资源不被非法侵害。

王振宇的观点则是,治理污染需政府和市场联动、制度和权力协调、产业和文化共进。大气污染治理绝不仅仅是政府的事情,离不开公众参与和社会监督。

高利红则建议,在传统的以行政管制为基础的环境污染治理体制基础上,运用财税措施,提高治理机制的弹性,充分调动市场的作用,是一个非常值得尝试的方法。需要注意的是,在运用这一方法的过程中,应充分分析问题,在意识到问题复杂性的前提下,合理设计相应的财政税收制度。

"在我国全面深化改革和推进法治中国建设的背景下,财政体制改革是一个综合性的改革。全社会需要全面认识财税法的性质、功能和作用,财税法不是涉及单纯的经济环节,更不是宏观调控法(经济法)可以替代的。我国需要加快财税立法,使财税法在生态文明建设等各项改革中发挥应有的作用。"刘剑文说。

税制改革

牵动万家的平衡器

税收是国家和纳税人之间的利益平衡器,深刻而直接地影响着社会财富的分配与流转。增值税、个人所得税、房产税、车船税、遗产税……这些过去五年中的税制改革关键词,和每一个人息息相关。从总体上看,我国的税制结构还存在诸多需要优化之处,例如:直接税比重偏低,财产税体系相当薄弱;税收公平性导向体现不够充分,调高、扩中、补低的力度不足;环境税、资源税、遗产税等相关税制尚未建立或不够健全;税收优惠政策管控不严甚至形成地方恶性竞争;等等。

- 如何处理好税收立法目的正义与程序的正义?
- 为什么"税收调控"不能代替财税改革?
- 增值税改革与立法的重点、难点何在?
- 怎么体现个人所得税改革的调节分配导向和发展趋势?
- 如何塑造房产税改革的正当性?
- 如何从"暴利税"透视资源税改革的必要性?
- 为什么说遗产税是调节高端的"小众"税种?
- 如何理解环境税与生态文明建设的关系?
- 所谓的"月饼税""加名税"是否有税法依据?

"税收调控"不能代替财税改革*

50万、800万还是1000万元起征？近日，关于开征"遗产税"的讨论愈演愈烈，甚至传出关于起征点的"三个版本"。在房价高企和收入分配失衡的当下，遗产税和房产税这"两税"一度被赋予了公平正义的色彩。在20世纪90年代，遗产税便被纳入过国家立法计划，但直到目前也尚未出现立法上的实质进展。相比而言，房产税在立法上已大幅"领先"，加之财税改革的"倒逼"效应和重庆、上海两市的经验积累，房产税全面铺开已不遥远。针对以上热点，记者采访了著名财税法专家刘剑文。

房产税立法上已"领先"遗产税

问：目前，房产税已在上海和重庆试点，而深圳等城市也被传"即将开征"。有观点认为，房产税全面开征的准备更为充足，而操作性也更强，因此开征可能性要大于遗产税。但作为对公众影响巨大的两种税，其开征必须严格按照程序进行。作为立法方面的专家，你怎么看？

答：从立法上来看，我国全面开征房产税的可能性更大。早在1984、1985年，我国的立法机关全国人大及其常委会就已对国务院进行了制定相关法规的两次授权。1986年，国务院发布了《房产税暂行条例》，规定对营利性住房征税而对非营利性住房免税。因此，房产税并不是一个新税种，全面开征不过是扩大了征收范围，开始恢复对非营利性住房征税。2010年，国务院又提出了要逐步对居民住宅征收房产税，而试点也为全

---

* 本文载《深圳特区报》2013年10月25日，采访记者：谭德波。

面开征进行了有价值的探索。

按照相关程序规定,国务院有权修改《房产税暂行条例》,只需要国务院对征收范围进行修改即可,将非营利性住房纳入,即具备全面开征房产税立法条件。相比而言,遗产税则是一个新税种,国务院尚未获得授权,由全国人大及其常委会授权是第一步。因此,从立法程序上来看,房产税已走在了遗产税前面。

但房产税的全面征收绝不能草率为之,特别是要树立法治思维,坚持立法主导的原则。目前,中国城市家庭的主要财产都以房产为主,这个法律关系到多数群众的切身利益。因此,要在广泛征求民意并充分考虑民间实情的基础上,通过国家立法的形式来开征。我认为,可以考虑废除全国人大1985年对国务院的授权决定,让这个房产税改革重新走进全国人大的立法框架。

税收调控无法替代配套改革

问:一直以来,对住宅持有环节征收房产税被看作是楼市调控"利器",但在调控中却弃而不用。房产税果真是楼市泡沫的一剂"猛药"吗?

答:税收的最主要功能是组织收入,其次是分配调节,最后才是宏观调控。前不久,厉以宁教授说了一句话,"宏观调控不能替代改革"。我认为,在财税体制的改革过程中,同样不能过分强调以某个税的宏观调控功能来替代相关改革。

房价高广受诟病,但这涉及很多深层次的原因。土地财政是首要因素,而这光靠房产税解决不了,必须要进行对中央和地方财权、事权进行调整的财税改革;此外,通货膨胀和居民投资途径较少也是重要因素,这些都不是房产税能解决的问题。因此,必须要推行系统的配套改革,包括土地流转、劳动力市场、不动产评估和登记公示等。同时,还应加强廉租房的建设,没有必要让人人有房产,但要保证人人有房住。

在我看来,房产税只能延缓房价的上涨,但要真正降低房价,恐怕作用是有限的。

问:谈到财税体制改革,目前的热点莫过于营改增。营改增对于产业升级意义重大,但也会影响地税部门的税收收入,这是否是一个财政改革的契机,可以推动地方开征房产税已达到弥补收入不足的目的?

答:不可否认,营改增之后地税部门的收入的确出现了不小的下降。因此,应该有一个系统的财税改革来适应新形势的变化。

首先,最直接的方式是可以考虑提高地方政府在增值税中的分成比例,同时还应进一步完善转移支付制度,根据当地具体情况增加地方的收入;其次,按照我国现行法规,地方没有税种立法权,即地方无法在当地开征某一种新税。在这方面,可以考虑中央适度放权,让地方有更多自主性;此外,市政债目前的发行体制也应进行改革,让地方自行发债的权限有所扩大,但要保证能还本付息。

营改增和土地出让金的下降,可以看作是对财税体制改革的"倒逼",而地方财力水平各异,部分地方通过全面开征房产税增加收入也并非没有可能。

应强化对初次收入分配的调节

问:当前,支持开征遗产税的观点多以国外发达国家作为"参照",认为这是调节社会收入分配的有效手段,有助于限制财富的沉淀,实现"公平"的价值。你认为如何?

答:这种看法恐怕有失偏颇。在很多发达国家,遗产税其实仅是个人所得税的补充,是一种"小众税"。以美国为例,2011年,该国需要被征收遗产税的人不过5000人,而美国人口2亿多。即便在美国的富豪榜上,这5000人也属于金字塔顶端1%以上的人物,是绝对少数。

此外,目前在一些有遗产税的国家,已出现降低遗产税税率或者缩小其征收范围的趋势,因为它没有能够达到当初预期的政策效果。

更重要的是,调节社会收入分配既要发挥税收等再次分配工具的作用,也要重视初次分配的调节。就后者而言,国家应在产业政策、就业政策等方面进行相应改革,促进中小企业群体的发展,在扩大群众就业的同时不断提高劳动者收入,这才是更重要的方面。光靠税收对分配进行调节,无法从根本上改变当前收入失衡的格局,同时还可能会对企业家精神带来负面影响。

问:从现实角度来分析,特别是结合我国新一轮财税改革已经启动的背景来看,遗产税的开征是否会被纳入这一轮改革,并成为其中一环呢?

答:短期内,中国肯定不会开征遗产税。首先,我国财税体制改革是以中央地方财权、事权的调整为核心的。在这个意义上,营改增、房产税和资源税收的改革都更为重要,它们直接关系着以上核心议题,关系着地方和中央的财力分配。遗产税对改革的意义有限。

其次,从实际操作层面来看,我国财产登记、公示制度都不完善,而遗产税的制度设计也没有准备好,它到底对谁征收,是小众税、中众税还是大众税,目前都没有搞清楚。这些限制决定了它很难在现阶段推行。

房产税改革试点的法学审思*

"北京房产税人均 24 平米起征"的传闻一经传出就遭到官方的辟谣,房产税试点扩围迷雾重重。目前,房产税改革在上海、重庆试点已满两年。房产税试行期间积累了哪些经验?房产税该不该开征?未来的房产税改革应当选择什么路径?搜狐微博特邀刘剑文教授做客微访谈,聊聊房地产税试点改革。

什么是房产税?

问:每个人都要征收房产税么?是否需要根据财产和房产状况区别对待?

答:房产税主要是依据家庭的人均房产平米数,达到了法定的征税标准后才会征税。法理上来讲,凡是拥有房产应该缴纳房产税。并不意味着你有房产一定要缴纳房产税,里面还有关于费用扣除标准、起征点的问题,你的面积是不是达到了法定的标准,没有达到法定标准是不需要征税。比如上海,上海是人均 60 平方米,60 平方米以下就不需要征税。至于以后出台房产税法是规定 60 平方米多少平方米,这可能是下一步的规定问题了。

问:买房子也要缴税收么?

答:买房子的时候是不需要缴纳房产税,但是买完以后,未来要依法缴纳房产税。买房子的时候涉及我们要缴纳契税。

---

* 原标题为《北京离房产税还有多远?》,系刘剑文教授 2013 年 2 月 4 日做客搜狐微访谈的访谈实录,网址:http://t.sohu.com/talk/1016483。编入本书时,编者作了适当增删。

问：为什么要交房产税？这不是征收二遍税吗？

答：房产税的征税或者为了加大对房产管理问题，为了筹集地方的财政收入，解决地方公共品和公共服务提供的问题。至于房地产市场的调控是次要的功能。关于是不是征二遍税，我们应当看到，双重征税并不是指对同一对象多次征收税收，而是指对同一对象多次征收相同性质的税收。因此，房产税和原有针对房屋的所得税、契税等并不构成法理上的双重征税。不过，我们也必须认识到这些税负在实际上是重叠的。因此，我们主张房产税的增负应当以其他房地产税费的减负为基础。

问：房产税的征收会对普通市民有什么影响？

答：我想还是有影响的，如果普通市民超过法定面积部分要缴纳房产税，从这个意义上讲居民要负担更多一些，从长远角度来讲，也能够增强普通市民税法的意识，加强对政府收支行为的监督，让收上来的房产税更好地用于市民，更好地用于市政建设和经济的发展，能够加强对官员行为的监督，从这个意义上来讲，它还是有积极意义的。

问：每一个税种的征收是由哪些部门决定？征收的依据又是如何？这个税率在我国是否过高？

答：我们国家税种征收按照《宪法》和《立法法》规定，应该由全国人大和全国人大常委会制定法律，确定征税的问题。因为税是涉及人民的基本人权，涉及纳税人的保护。在20世纪80年代，全国人大和全国常委会对国务院进行过税收立法的授权，现在在税收征收由国务院确定，这个状况以后要逐步地解决。至于征收的依据又是如何？不同的税种征收依据是不一样的，比如增值税涉及生产经营增值的部分，个人所得税涉及个人纯所得。

房产税的税率我国目前的税率还没有对私人非营利性住房进行征税，你现在还不能说高和低，因为它还没出来。现行房产税的税率是中等偏高一点。

问：国外都征收房产税了吗？为何在中国现在才开始起征？

答：国外也征，有的叫房产税，大部分国家叫不动产税，它是构成地方财政收入主要来源。房产税是西方国家地方政府财政收入主要的税种，我国实际上在1987年就开始征收了,1987年国务院制定了《房产税暂行条例》,当时对居民非营利性的用房,就是我们现在所讲私人的自住这一部分是免税的。现在所讲的房产税的改革,说白了就是要对于私人自有、自住这部分房子要征房产税,这是在法定意义上征收的,从这个意义来讲这个对私人自住的房子中国在上海和重庆试点,其他地方还没有进行。

国外的情况跟中国有一些不一样,国外通常私人对房产拥有所有权,现在我们国家私人对房屋拥有使用权没有所有权,这里有区别,所以我们不要一味的跟国外一致,但是至少国外有一些好的经验我们可以借鉴,再结合中国的国情。

问:房产税受益的最终者是谁?

答:房产税最终受益者,从形式上来讲好像是政府,从实质上来讲,最终受益者还是纳税人。因为这里解决一个问题,国家为什么要征房产税?国家征房产税是要筹集资金,提供公共品和公共服务,公共品和公共服务最终受益者是普通民众,是纳税人,从这个意义上讲他们是最终受益者。

问:为何房产税会引起激烈的反应?

答:其实这个问题并不难理解,因为他涉及人们基本财产权的问题。私人财产在现在主要表现在房产,虽然也有动产。如果有房产,在这种情况下要征税,大家可能有一些心理抵触。其二,现在已经曝光的很多现象,有多少人有多套房子,可能大家对于反腐过程中官员的财产问题希望早日公开,这种情况下可能也是一个反映比较大的问题。还有一个原因,地方财政收入有限,地方要维持地方的运转需要钱。过去靠卖土地,现在主要已经不能靠卖土地了,所以他只能靠房产税解决,从这个意义上讲,大家反应比较激烈。

房产税的征收目的是什么?

问:张五常在之前某财经年会上表示了他对政府开征物业税的不理解。他认为房子是人民自己的财富,用房产税打压楼市是有问题的。对此,您怎么看?

答:在这里我想强调这样一个问题,不要认为房产税是关于房地产市场调节的主要工具,实际上房产税功能是政府组织财政收入的一个重要的工具,这是它重要的职能。现在社会上有一种误解,似乎只要开征房产税就能够把房价压下去,这个想法是不对的,因为调控必然是有限的。至于说房子是自己的财富要不要开征房产税,这里涉及另外一个问题,我们要看房产税用于什么,征收下来是一个公共财产,最终还是要于人民。

问:有专家认为,开征房地产税可以减少地方政府对土地财政的过度依赖。房地产税现在开始推广,能够逐渐替代土地财政的工具吗?

答:目前我国地方土地财政的很大一部分来源于土地出让金,随着房产税的开征可能土地出让金政策会出现一定的变革,具体情况还要看土地出让金的政策的长远发展。

问:现在对于房产税最根本的定位,决策层面尚没有定论——房产税的出台,究竟是为了抑制投机性房产消费行为、调节收入差距,还是为充实地方财政、完善地方税体系?

答:我觉得现在恐怕大家对于这个定位也没有完全清楚。从房产税目前试点的初衷,恐怕还是在考虑抑制房产过度消费行为,调节收入差距。但事实上,房产税的主要功能还是政府组织收入分配财富,调节功能只是次要的。从长远的角度来讲,他可能在充实地方财政和完善地方的税收体系,当然要达到这样的目的,是我们整个国家财税制度要进行大的改革,要处理好中央与地方财政的分传问题。这个过程中,我们觉得房产税的出台,它的改革是应该很慎重。

问:其实关心房产税,最主要的是关心房价,人民都以为征收房产税必定会使房价大幅下降,真的会有这样的效果吗?

答:我并不这样认为,我想那是对房产税改革和房产税出台寄予过高的期待。房产要大幅度下降可能涉及土地出让金问题,涉及整个价格体系,涉及中央和地方收入的分配,所以即便有房产税,房价也不一定会大幅度下降。

我们不要过分强调税收的调控功能,还是应该还他本来面目。如果我们过分强调调控功能,这可能有一个剑走偏锋的问题。

问:"重庆、上海的房产税试点方案,对房价走势影响不大,并未对购买行为形成太大压制作用。"为何还要继续扩大房地产税的试点?试点有什么意义?

答:重庆上海的房产税改革应该是初见成效,至于说它是不是达到我们的初衷,我想这是需要时间证明的问题。但是扩大房产税的试点,我们还是考虑一个问题,房产税究竟是在调控市场,还是在为地方筹集更多的财力,我想这是我们需要对房产税定位的问题。我们一再强调,不要过分夸大房产税调控的功能,房产税主要功能在组织收入,在财税分配。未来我们要处理好中央与地方的关系,要让地方有更多的财力用于地方的建设。

问:我们是否可以利用征收来的房产税来建设更多的经济适用房呢?

答:我想现在重点是在保障房,国家建设重点不在于经济适用房。社会里有一种观念的变化,我们究竟是居者有其居,还是居者有所居,如果社会创造每个人都有自己的房子,这对国家是一个巨大的压力。如果我们解决每个人有房屋住,至于这个房子是不是你的,那是另外一个问题,这时候就需要强调政府职能的问题。从这个意义上讲,中国未来的发展,还是应该多种房屋,像商品房、保障房并主,结构上应该有一个大的调整。

税制设计需要注意哪些方面?

问:住房兼有消费品和投资品的双重属性,在扩大房产税改革试点问题上,要充分考虑居民基本住房需求,对属于基本住房需求的部分予以一定的税收优惠。您认为自主需求和投资性需要,在征收房地产税时该如何区分对待?

答:这里有一个问题是要澄清的,对私人财产征房产税,并不意味着对私人财产所有部分都要征税,通常考虑到合理的需求,因为涉及居民基本的人权、生存权、住房的问题。在这种情况下,即便房产税出来了,但是它也是一个合理的扣除,从现在上海强调60平方米,网上也有人强调40平方米,在规定面积以下部分不需要缴税,这里有我们所讲需求的问题。自主需求、投资需求,如果超出自主需求肯定要缴纳房产税,细节的问题在将来房产税改革方案里。

问：目前，北京存在央产房、仅有使用权的房屋、经适房、限价房、公租房、定向安置房等十多种房屋权属关系，要理清历史成因、有无缴纳土地出让金等情况，比较复杂。如果要开征，该如何界定呢？

答：我想要开征房产税因为涉及征收对象、征收范围，肯定有一个区分的问题。公租房大家在税率方面肯定有一些区别的。这里也有一个问题我们需要讨论，房产税按照房产面积征收，还是按照房产的价值征收。可能有些地方面积很大，价值很低。有些地方面积很小，但是价格很高，这可能是未来要综合考量的问题。

改革的配套制度如何推进？

问：按照国务院和住建部的要求，全国40个重点城市的个人住房信息系统，应于2012年6月30日前实现与住建部联网，但时间已经过去半年，住建部仍迟迟未公开全国住房信息联网情况。这其中阻力在哪儿？

答：这个阻力我想首先是怎么样能够把住房的信息搜集的很清楚，这是很重要的问题。现在有经济统计普查，这个普查工作已经做过一轮，现在还有后一轮细化的工作。我想这是阻力的一个方面。第二个方面，我们的技术，全国信息联网的技术是不是能够达到这一点。第三个方面，人们的认识，你这个过程中是不是能够把每户、每个人的住房信息原完全收集起来。

问：在"房姐""房叔"频频被曝光的背景下，全国住房信息联网的房产信息是否可以实行信息公开？

答：全国的房产信息现在是不是体制化、完整化的收集起来了，这恐怕是一个问题。第二个，对私人财产怎么样保护。因为信息涉及私人财产，普通人和官员不一样，官员通常是公众人物，公众人物他的房产是应该公开的。可是普通人因为涉及对私人财产的保护，所以我们很多制度、规范没有出来以前，我们是不是可以考虑部分人先公开，这涉及私人财产先公开，这也跟国家反腐大的战略紧密配合在一起。

问：房产税改革如何与其他改革配套？

答:在我们国家今天整个财税体制改革,财税体制改革是一个综合性的改革,不仅仅是经济方面的改革,是涉及政治、和社会体制的改革。我们过去过分强调财税体制经济的功能,而忽视了其他的功能。房产税改革,包括房产税立法问题,只是我们整个财税体制改革中的一个环节,如果这个环节没有其他的方面考虑,我们现在很多人都把房产税改革认为是抑制房价,我想这样的思维不是很全面的,这样会出现剑走偏锋的问题,你要抑制房价需要多管齐下,需要打组合拳。

比如对于房子贷款的问题,房子贷款税是一个方面,还有地方收入问题,把 GDP 看得很重,这些会影响我们税收改革,我想我们要把房产税改革放到整个税制改革中看,放在财税体制改革中,把财税体制改革放在社会中看这个问题,这样使我们房产税改革符合公平正义,因为房产税改革最终追求公平正义。当然这里有权利的公平,机会的公平和结果的公平。我们怎么样通过房产税改革调节社会财富不均,这些问题需要在这个过程中需要引起社会广泛的关注。

未来改革选择哪条路径?

问:房产税必须要立法,中国不能再走税收绕到税法法制轨道外面运行的老路了,这种事情已经不行了。这种涉及每一个公民的利益,没有民众直接配合是很难征税的,必须走法制、民主的路,公平和正义不可缺失,如果缺失了宁可不要这个房产税。

答:你说得很有道理,我们一直在强调税收立法要坚持税收法定主义,要让民众有充分表达自己意志的机会。按照十八大的精神要有法制的思维,不要靠行政命令。我们特别不希望听到说还没接到上面的通知,应该让大家有一个心理的准备,通过一个立法在比较长的时间里大家进行一个利益的博弈。

问:关于房产税的法理之争,绕不开产权问题,房产税先试点还是先立法?

答:我的看法还是应该先立法,或者边立法边改革,我们讲改革就是要通过改革推动立法,通过立法引导改革。在现在的情况下不要过分强调行政命令的色彩。

问：若不先制定相应的法律，您觉得房产税能够执行得顺利吗？

答：我觉得不可以，因为税收问题涉及人们基本权利，我们不能按过去管理的旧思维，靠行政命令的方式。为什么要制定法律，制定过程中有严格的程序，是一个过程，在这个过程中要让社会所有的人充分表达自己的意志。在制定过程中大家相互妥协，最后形成共识，这种共识的形成就是我们所讲的法律。如果我们靠行政命令，短期是有效果的，但是长期来看后遗症是很大的，这是中国多年来改革里应该吸取的教训。

问：房产税下一步试行城市有哪些呢？

答：现在没有明确的讲有哪些城市，如果从倾向性的角度来讲，房产税还是要减少试点的方式，因为试点地方和非试点地方，意味着对试点地方的不公平。试点地方要征收，非试点地方不征收，这不公平。另外，试点方式阻碍了立法的进程，人们往往以试点作为一个借口。我觉得要下大决心就是要通过立法，大家不要认为今天立法明天就出来了，事实上立法需要很长的时间。按照我们现在讲要经过三审，甚至有时候更长，一年、两年、三年。

问：您觉得房产税改革与立法是什么关系？

答：我们现在有一种看法，把改革和立法认为是相互矛盾的。事实上房产税的改革和房产税的立法是相辅相成的。改革能够促进立法，改革本身也是一种立法，我们过去讲变革，立改废也是一种立法。另一方面我们要看到，房产税的立法，实际上中央一直提出顶层设计的问题，我们要通过立法进行一个顶层设计，减少社会的问题和社会的矛盾。这里我一直呼吁，应该把房产税条例尽早上升为法律，这里对于我们整个房产税有比较系统和规范性的考虑。这是我想表明的一个问题。

另外，关于立法和改革试点的问题。特别是税制改革里，我觉得应该慎用改革试点。国外大部分国家关于税的问题都是以法律的形式出现。我认为，制定法律是形成改革共识最有效的途径。党的十八大提出要有法治思维，首先就是合法性的思维。你出台任何一个方案要符合法律规定，即便没有法律规定，我们也要符合宪法精神。宪法精神包括公平、正义、法制，尤其我们所讲的公平、正义，这一点是很重要的。在我们国家过去是比较强调效率问题,那是从经济学角度比较强调效率。在今天的中国,当社会财富积累到一定的程度,我们要更多强调公平的问题。通过这种公平、正义,才能够化解更多社会问题和社会矛盾。

问:为什么房产税改革要立法呢?

答:房产税涉及千家万户的利益问题,民众又如此的关心,通过立法推进改革,一方面可以提高房产税的刚性和权威性,另一方面也有助于民众、纳税人减少抵触的情绪,还能够提高政府依法行政的观念。

房产税的改革应该坚持立法主导,而不是行政主导。我比较倾向于应该国家立法,通过国家立法减少试点的方式。这不仅仅是房产税,我们所有税制改革要减少试点,通过国家立法的方式推进。立法就是顶层设计,要把我们的税制改革作为系统的工程来做,通过立法来集中民智、民慧,制订出来的方案才是大家愿意遵守执行的。

遗产税的目标是促进分配正义[*]

近日,有媒体报道称,业内专家透露"征收遗产税被写入十八届三中全会文件草稿",消息一出便引发广泛关注。虽然相关当事人予以否认,但"征收遗产税"再度惹来诸多议论。而2013年国务院同意并转发国家发改委等部门《关于深化收入分配制度改革的若干意见》称,"研究在适当时期开征遗产税问题"。遗产税应在什么时候征收?征收应注意哪些方面?有哪些国际经验可借鉴?针对遗产税及系列问题,京华时报记者采访了刘剑文教授。

开征前提:先建财产评估和登记制

问:您认为国家应在什么时间点,或者说具备什么条件之后,出台遗产税制度?

答:十年前国内学界和有关部门曾集中讨论过出台遗产税的问题,但由于当时条件并不适宜,遗产税并没能推出。从目前情况看,不少条件仍不具备,短期内要出台遗产税还是比较困难的。出台遗产税并不是我国现时财税体制改革的重点,加上我国并没有建立起财产登记制度、财产申报制度和财产评估制度,以及应当充分考虑社会对这一税种的承受力、广泛的民意基础等问题。

在征收时,包括房产、珠宝、字画、股票等各类有价资产都应该纳入征税范围,而不宜划定免税资产范围。参照个税的征税方式,遗产税也应实

---

[*] 原标题为《专家称遗产税起征点80万不实际 应500万元起征》,载《京华时报》2013年10月9日,采访记者:赵鹏。

行分档递进的累进制税率,涉及资产额越高,税率也相应提高。如可考虑以3%至5%的税率为初始税率,最高税率则不超过50%。

问:遗产税开征的话首先该解决什么?征收税款的方式应该是什么?

答:抛开操作层面问题,其实国家应该首先解决制度层面的问题,尤其是开征遗产税的法律逻辑。2013年全国"两会"期间,30多位全国人大代表曾将《关于终止授权国务院制定税收暂行规定或者条例的议案》正式上交本届全国人民代表大会议案组,激发了各界对税收立法权回归人大的热烈期盼。因此如果征收遗产税,作为一个新税种,绝不能再以国务院行政法规的形式来实现,而要以全国人大立法的方式推出,用立法主导来化解社会矛盾。

目前国际上征收遗产税主要以两种方式呈现,一是总遗产税制,二是分遗产税制。总遗产税制是指税务部门先确定遗产总额,根据资产评估结果相关继承者纳税后,才能继承剩余的遗产。这种方式相对来说更利于税务部门征收税款。分遗产税制则是指相关继承者先分配继承遗产,税务部门根据资产评估各人的继承额,再确定税额,并要求继承者缴纳遗产税。这种方式对纳税人更为有利一些,但对税务部门来说,存在遗产继承后税款可能不好收缴的问题。

起征点:应对500万元以上部分征税

问:遗产税或将开征引争议,有一种说法是起征点为80万元,但有网友称80万起征过低,这个标准有"雁过拔毛"之嫌。您认为呢?

答:起征点为80万元的说法,是来源于10多年前有关部门拟推出的《中华人民共和国遗产税暂行条例(草案)》等文件,其内容早已过时,不具有可操作性了。如果在近期内推出遗产税,因为现在受通货膨胀等因素影响,确实应当考虑较大幅度地提高起征点,可以考虑对500万元以上部分征税。

因为遗产税应该定义为一个解决贫富差距、深化收入分配改革的税种,是个人所得税的一个有益补充。遗产税并非一个大众化的税种,应定性为一个小众税种,只向高收入人群征收,绝不能面向工薪阶层等中低收入群体征收。

问:遗产税开征,政府部门还有哪些需要注意的问题?

答:有关部门应注意福利接轨问题。发达国家征遗产税主要用于教育、医疗、养老等社会福利,我国也要在这些方面加强建设。

征税与房产:可拍卖房产筹现金缴税

问:有观点认为,由于近年来房价迅速攀升,比如北京地区一些炙手可热的学区房,现在卖到七八万元每平方米,对于动辄价值千万元的房产,如果是家庭唯一住房,作为遗产留给子女,但子女又交不出数百万的遗产税,是否要被剥夺继承权?拍卖房产?

答:如果实行分遗产税制,当继承者继承大额房产后无足够现金缴税时,从理论上是可以通过拍卖房产等方式筹得现金并缴税的,相关继承人也可继承缴税后的剩余资金。

问:最近"以房养老"的问题受到外界普遍关注。价格合理、条件较好的养老院成为老人的心头渴望。若出台遗产税,会不会增加老人的心理负担?

答:这方面国家应该加强宣传,使公众意识到"以房养老"的本质其实是一种融资、理财的方式,要强调养老这一社会问题主要是政府的责任,与遗产税问题事实上相关度并不高。

防财产转移:需改善投资环境留住国民

问:遗产税开征,可能导致一些富裕阶层为了避免死后遗留的财产被课以重税,而在生前多消费或浪费,甚至将大量财产转移到国外等,那么,您认为如何避免这种大量不动产的税前转移?

答:遗产税推出还是具有一定积极意义的,不能说因为有这方面的顾虑就不推出。首先,不动产就是无法直接转移走的;其次,国内实行的外汇管制制度,也在一定程度上限制了大量不动产和现金的转移。而且即使不征收遗产税,部分富豪移民其他国家的事件也不断上演。要让企业家等高收入阶层正确认识遗产税问题,其实更多的应该是靠国家改善投资环境,健全企业生产经营的法律环境。只要我国经济仍能长期持续繁荣地发展,为了争食这块巨大的经济蛋糕,绝大多数企业家并不会仅仅因为遗产税问题,就放弃在中国的发展机会而转移资产到国外。因为目前美欧日等发达国家的经济增速持续低迷,这些企业家移民过去,并不能立竿见影地就找到新的经营项目。我预计即使推出遗产税,也不会引发大规模财产转移的浪潮。

问:除了转移财产,有些富人可能会采用避税手段,这如何预防?

答:对于资产是必须要加强监管的,例如官员财产不申报不公开,一个人用多个身份证分散资产达到避税目的等问题,都要加以堵漏。

操作时最核心的问题是先建立起强力的财产评估制度。2013年8月,十二届全国人大常委会第四次会议对《中华人民共和国资产评估法》(草案)二次审议稿进行了审议,有关部门正在推进这一工作。此外,包括官员财产申报制度以及公民财产登记制度也要加快建立,为遗产税推出进行准备,增强税务部门的执法能力。

对非法转移资产,可通过我国与相关国家的双边合作协定,共同加以查处。

国际经验:切忌向中低收入群体征税

问:您认为其他国家在遗产税制度方面,有哪些教训是我们应该避免的?

答:遗产税曾被很多国家采用,也一直伴随着社会争议。近年来曾有中国香港、澳大利亚、意大利等国家或地区停征过遗产税。其原因就包括因为起征点和税率设置不当,导致征收到了不少社会、家庭负担都较大的中产阶层头上,背离了调节高收入人群收入的初衷。

美国则是一个多数富人支持征收遗产税的国家。小布什政府曾提议取消遗产税,却遭到广大富裕阶层的反对。理由一是美国富人担心取消遗产税会使其子女失去进取、创业的自主精神。理由二是部分富人也担心政府取消遗产税后会在其他领域加税,反而不利于其企业运营。目前美国个人遗产税的起征点较高,为500万美元,夫妇是1000万美元起征,税率为35%。

问:中国的综合税率被一些人士认为相对较高,如果遗产税出台,会不会让外界进一步加深政府与民争利的印象?

答:注意使遗产税不要成为中低收入者的负担,不要与普通百姓争利。除了将遗产税界定为高收入者税,不向中低收入者征收外,应该进一步明确遗产税的属性,是属于中央税收,还是地方税收,不过,我倾向于地方税收。根据其属性再确定其税款投向的具体领域,尽量将其用于民生领域,使公民意识到其是取之于民、用之于民的。

上海自贸区成为财税体制改革的新窗口[*]

在党的十八届三中全会前夕,中国(上海)自由贸易实验区挂牌成立。这对财税改革是否有新的意义?中国在经济全球化的新形势下面向世界的主动试验,是否会带来一个财税新政?上海自贸区是否能够、已经在多大程度上可以"先行先试"?有哪些领域是最需要、最应该率先改革的呢?带着这些问题,天和网记者采访了刘剑文教授。

上海自贸区要强调法治化管理

上海自贸区的市场化程度应当比我国现在的市场化程度高很多,要按市场经济的要求促进投资、贸易的发展。也就是说,自贸区里既要维护本国人的利益又要维护外国人的利益,既要维护国有企业的利益又要维护民营、私营企业的利益,要让所有的市场主体平等地竞争,建立公平、统一、规范的市场机制。

有观点认为,上海自贸区内暂停多部法律的实施,表明自贸区"自由"、"少法"甚至是"无法"。这不得不说是一个重大的误解。其实,正是因为自贸区里政府对市场的干预减少了,才更需要强调法治化管理,要用法律规则来理顺政府与市场的关系,因为"市场经济的本质就是法治经济"。纵观世界各国,主流市场经济的发展无不是由成熟的法治为其保障。香港特首梁振英在论及香港作为国际金融中心的优势时,就把法治

---

[*] 本文系天和网 2013 年 10 月 24 日对刘剑文教授的采访,网址:http://live.weibo.com/zb/201310242966。

环境作为重要因素。上海市近日也正式提出,要在五年内率先基本建成法治政府。这是一个可喜的进展。

市场机制天然地对法律有着依赖,要求政府不依靠行政指令来进行管理,而要依据法律来进行治理。例如,上海自贸区的最大亮点之一,就是实行了"负面清单"管理模式,改变了传统的行政审批模式。所谓"负面清单",是指政府仅对列入管制清单的行业进行市场准入管理,外国投资者可以对清单之外的行业自由投资。虽然2013版负面清单的内容相比原有的《外商投资产业指导目录》并无实质性改变,但这种管理模式的变化本身就是最大的突破。一方面,它为投资者带来了更大的自由和较强的可预期性,有利于扩大开放;另一方面,它也暗合了"法无禁止即自由"的理念,为政府权力划定了明确的边界,体现了从计划经济的审批思维到市场经济的规制思维的转变。其实,法治经济、法治社会与法治政府是一体相通的,改革完善市场经济,也就是在推进法治建设。

上海自由贸易试验区在财税领域的法治化涉及三个方面问题:财税立法、财税执法,还有财税司法问题。从执法上看,主要是简政放权,简化行政审批程序,强化行政机关的服务职能。

上海自贸区成就了新的改革窗口

上海自贸区的成立意义深远,这个改革窗口孕育了无限的新可能。从自贸区概念的变化,其实就可以看出它的功能。上海自贸区最开始叫做探索自由贸易区功能的海关监管区,后来又叫做自由贸易园区,现在叫自贸试验区。这说明,自贸区的建立实际就是在为整个中国改革探路,是法治建设的排头兵。作为国家综合改革的试验区,自贸区要实现大社会、小政府,充分简政放权。在这方面,上海自由贸易试验区就可以成为我国改革的一个新窗口,而且它跟当年深圳的改革不一样:

从国际环境上看,深圳特区设立于1980年,恰逢20世纪70年代末世界性新一轮发展机遇,发达国家向发达国家进行大规模的产业转移,国际投资非常活跃。而在目前,美国等发达国家正在寻求于WTO框架外另行制定游戏规则,重构亚太和全球贸易版图,我国面临着"二次入世"危机。在全球贸易竞争的复杂形势下,上海自贸区的关键问题不再是单纯的吸引外资,而是如何成为我国进一步融入经济全球化的重要载体。

从国内需要上看,深圳特区建立时,国内的资金、人才、技术都相当匮乏,因此其主要任务关键是让一部分地区对外开放、"先富起来"。而上海自贸区的建立,已经不完全是生产要素层面的问题,而是涉及市场经济的制度创新。目前,我国传统的行政主导型经济发展方式已经遭遇瓶颈,深化经济体制改革的核心要求是使市场在资源配置中起决定性作用。上海自贸区正是按照这一要求"先改起来"。

从具体措施上看,深圳特区的改革措施集中在经济领域,主要表现为大量的特殊优惠措施。时至今日,依靠政策红利来吸引国际资本的效果很难持续,只有释放改革红利、制度红利,才能从根本上增强国际竞争力。上海自贸区在筹建期间,就坚决表示"要改革,不要政策",其所推行的改革措施大多属于市场机制创新而非单纯的政策优惠,强调要具有在全国推广、复制的可能性。总体来看,深圳特区的实质是"政策洼地",即通过大量独有的优惠措施来吸引外资,进而拉动经济发展。而上海自贸区则是"改革窗口",即通过率先推行制度创新,来为全国投石问路。

我们讲制度创新,一方面是自由贸易区自身的创新;另一方面,国家层面在其他地方不好试点的方面,也可以在自贸区试验。通过改革试点,如果顺利,就逐步推广到全国。

在财税改革方面,自由贸易区的政策里面还主要是流转税、所得税。自由贸易区政策中,所得税的政策应该是全国统一的。2013年10月15日,财政部、税务总局作出关于自由贸易区税收政策的规定,但主要是流转税政策。未来,我国税制中一些正在探索的改革是可以在上海自由贸易试验区先行的,例如,"营改增"是我国财税改革的重点领域之一,但其改革目前只限于交通运输业和部分服务业。因此,上海自由贸易试验区是可以考虑进一步扩大"营改增"的范围,率先将其扩展至金融业、建筑业和邮电通信业等。又比如,能否在上海自由贸易试验区试行环境税呢?我们每个人都知道环境对生活和健康的重要。再比如,保有环节的房产税改革也可以在上海自由贸易试验区先行,不仅对增量房征税,可以考虑对部分存量房征税。这样,上海自由贸易试验区就能有为我国税收制度改革和创新的示范。

还有一个关键问题是预算制度改革。例如,"三公"经费和预算公开,能否更加透明、更加细化?或者从"三公"经费公开推进到整体预算公开?在预算公开的步子上能不能迈得更大点些呢?还有官员财产公开是否可以在上海自由贸易试验区先行呢?总之,我们对上海自由贸易试验区的地位和功能的认识要不断地加深。它不是强调要国家给它多少优惠政策问题,更多应该是我国新一轮改革的试验区、制度创新试验区,日后在全国复制和推广。

设立税务法院先要破除制度障碍

自贸区应该保护纳税人的利益,当然包括自贸区的企业。这样,就需要建立救济机制,我们要建立一个什么样的救济机制?这个救济机制应当包括税务诉讼,是否要设立一个税务法院?从另一个角度来看,税务法院的设立要先有一个需求。如果在自贸区的税务案件很多,那么设立一个税务法院还是有可能的。从这个意义讲,我认为可以分两步走,先可以考虑在普通法院中设立一个税务法庭,条件成熟以后,再设立一个专门的税务法院。

但问题是,这还面临一些制度上的障碍。例如,按照现在《税收征收管理法》第88条,纳税人、税务代理人、纳税担保人与税务机关产生争议的,先要交税,才能申请复议,复议以后才能提起诉讼。另外,如果《行政诉讼法》没有大的变革,抽象行政行为现在仍是不可诉的。如果这两个方面没有变化,设立税务法院基本不可能。因为按照现行规定做,就基本上没有税务案件,那还有什么诉讼?举个例子,比如现在在自贸区里中,一个从事服务贸易的企业,与税务局发生了争议,税务局说应该交税1000万,纳税人说只应交10万,那按照第88条的规定,先得把1000万交完以后再产生复议。如果这个企业资产才100万,连交税务局认定的税都不够,企业就无法复议。所以,在自贸区里,可以考虑突破这些障碍,先行先试。更为关键的是,上海自由贸易试验区在处理税务纠纷、化解矛盾时,要树立法治思维,摒弃人治思维。尤其是应当改变税务机关"零纠纷"的思维,在法律框架下化解税务纠纷。

增值税立法有望提速*

随着十二届人大一次会议闭幕,新一届人大的立法工作已经启动。《中国经营报》记者了解到,3月底,全国人大常委会有望研究并确定未来五年任期内的立法规划。作为我国第一大税种的增值税,有望进入立法程序。① 目前,征收增值税的依据是国务院颁布实施的《增值税暂行条例》。

实际上,早在2008年,增值税等若干税种立法已被纳入十一届全国人大常委会的立法规划。但由于税收立法的复杂性,涉及各种利益关系的调整,以及2011年"营改增"试点工作的推行,增值税的立法进程延后。

立法规划

目前我国增值税征收依据是,国务院1993年12月13日发布、2008年11月5日修订的《增值税暂行条例》。

"3月底,十二届全国人大常委会可能要确定未来五年的立法规划,增值税等若干税种立法,有望纳入本届人大的立法规划。"刘剑文向记者表示。

2013年1月底,全国人大常委会法律工作委员会召集了就新一届全国人大立法规划征求意见的座谈会。在这次座谈会后、新一届全国人大召开前,刘剑文向全国人大法工委建议择机废止1985年《全国人民代表

---

* 原标题:《财税改革起步 增值税有望进入立法程序》,载《中国经营报》2013年3月25日,采访记者:许浩、杜丽娟。访谈对象还有财政部财科所所长贾康等多位专家,编入本书时,为了照顾内容的完整性,保留了其他专家的观点。特此说明并致谢。

① 2013年10月30日,十二届全国人大常委会公布立法规划,《增值税法》等若干单行税法被列入第一类项目,即条件比较成熟、任期内拟提请审议的法律草案项目。——编者注

大会关于授权国务院在经济体制改革和对外开放方面可以制定暂行的规定或者条例的决定》，由全国人大以立法形式确定各类税种的设置和征收。

增值税作为现行税制体系中的第一大税种，根据国家财政部发布2012年税收收入增长的结构性分析报告显示，2012年全国税收总收入完成100600.88亿元。其中，国内增值税实现收入26415.69亿元。增值税占所有税收大约为26%。

目前我国增值税征收依据是，国务院1993年12月13日发布、2008年11月5日修订的《增值税暂行条例》。修订后的增值税条例确定在全国范围内实施增值税转型改革。

值得关注的是，即将进入十二届人大未来五年立法规划的，不只是增值税，其他依据暂行条例征收的税种也有望进入立法规划。

刘剑文教授认为，我国现行的主要税种包括增值税、消费税、营业税等都不是通过制定法律开征，而是由国务院颁发《增值税暂行条例》《消费税暂行条例》等行政法规开征。

2006年10月，刘剑文教授曾给全国人大常委会讲授法制课《我国的税收法律制度》。当时，他是这样评价我国税法体系的现状："税收法律偏少、税收行政法规偏多。"时间已过去六年多，但是我国税收立法现状并没有根本的改变。

财政部财科所所长贾康则表示，如果增值税由条例变成法，意味着法的层次提高了，一方面是比较成熟、比较稳定的状态，上升到法是比较严肃的，但是又很明显地带有探索性，所以叫条例，现在可能有些方面觉得更积极地做工作，选择增值税上升到法也有一定道理，主要在基本规则方面的共识相对比较明显。

"对一个相对成熟的税种来说，上升到法比较可能，因为法本身也在转轨过程中，也需要一步一步地修改，目前18个税种，很少叫法，一般都是暂行条例，然后下一步是具体的税种，比如说征管法，不是对税种的，税种上升到法需要有选择。"贾康说。

阻力何在？

增值税的改革涉及财政体制改革。现在增值税为中央地方共享税，目前按中央75%、地方25%的比例分配。一旦增值税通过立法程序进行改革,势必影响到中央和地方政府的分成比例。

2008年,十一届全国人大常委会将增值税等若干单行税法列入了一类立法规划。由国务院负责立法起草工作。

此后,全国人大常委会和国务院共同对增值税立法工作进行了多次调研。

全国人大常委会预算工作委员会与财政部税政司于2008年选拔国内外优秀的增值税法专家,开始进行立法研究与调研,起草《中华人民共和国增值税法(专家稿)》与中国增值税改革与立法建议报告,该增值税立法草案与报告于2009年12月底完成。

在2010年初国务院下发的《2010年立法工作计划》中,增值税立法成为年内力争完成的重点立法项目,将增值税改革列入立法程序。

此后,增值税立法进程延后,未能按原计划于2010年提交全国人大常委会审议。

刘剑文认为,增值税立法进程延后的原因有两个:一是增值税作为国内第一大税种,涉及面极广,需要协调多方利益和多种关系;二是"营改增"试点工作开始。

增值税的改革涉及财政体制改革。现在增值税为中央地方共享税,目前按中央75%、地方25%的比例分配。一旦增值税通过立法程序进行改革,势必影响到中央和地方政府的分成比例。此外,原来实行的是生产型增值税,即在征收增值税时,不允许扣除外购固定资产所含增值税进项税金。

2011年11月,财政部、国家税务总局正式公布了《营业税改征增值税试点方案》,从2012年1月1日起在上海部分地区和行业试点。其后,又有近10个省市参与试点。

中国社科院财经战略研究院院长高培勇则认为,当时(2008年)增值税改革的条件并不充分,而在中国目前宏观环境下,体制改革处于转型和探索期,推进工作也应逐步实施,因此对增值税内容实施了"转型"和"扩围"两大改革,目的也是从试点开始,尝试这种改革路径是否正确,而没有对改革做任何定位。

此外，高培勇表示，目前增值税实行的条例并不是中央有意降低立法层次，而是因为法律必须是要成型的，而其实施立法的完善程度不像企业所得税一样成熟，在试点成熟后，也必然会走入立法程序，改革的最终目的是所有税种都要走入法制体系。

刘剑文建议，我国已进入改革的攻坚阶段和"深水区"，财税改革是整个改革的突破口和抓手，应当利用难得的机遇，用法治思维和法治方式化解社会矛盾和冲突，坚持税收法定主义，全面提升财税法律的效力层级，加快对各个税种的立法，将尚未制定为法律的税种立法尽快全部上升为法律，争取早日实现"一税一法"，并抓紧制定《增值税法》《消费税法》《房产税法》《资源税法》《环境税法》《土地税法》《契税法》《关税法》等税种法。

"不过，鉴于我国的国情，所有的税种在短期内全部上升为法律是不现实的，因此，立法要突出重点，特别是要对重要的税种如增值税、房产税、资源税、环境税等优先立法。"刘剑文强调说。

月饼税、加名税,是不是伪命题*

近期,月饼税、加名税引起热议。2011年8月30日,福建省地税局向媒体表示,对月饼征个税早已有之,不缴者将被罚。而上海税务部门则表示,对月饼征收个税采取人性化操作,企事业单位不申报职工月饼收入,税务部门将不予深究。这个中秋赶上个税新政,到底要不要交月饼税,各地说法不一,公众一头雾水。就此,记者采访了有关专家。

一问:月饼征税,冒出新税种?

刘剑文认为,所谓"月饼税",只是一种民间说法。从本质上说,它属于个税征收范围中的工薪所得,并非新增税种。

现行的个人所得税法实施条例对征税范围作了明确规定,既包括现金,也包括实物。个人所得税的核心为"所得",发月饼当然应该缴个税。

所得实物怎么缴税?根据个税条例,应当按照取得的凭证上所注明的价格,计算应纳税所得额;无凭证的实物或者凭证上所注明的价格明显偏低的,由主管税务机关参照当地的市场价格核定应纳税所得额。

月饼年年发,为什么以前很少听说月饼税呢?其实,对作为福利发放的月饼征税,并非新事物。只是由于实物征税领域逃税现象比较严重,所以没有引起如此广泛的反响。

对实物福利严格征税,将真正实现税收公平。现实中,有些单位通过

---

* 本文载《人民日报》2011年9月1日,采访记者:张志峰等。访谈对象还有北京市金台律师事务所高级合伙人郭卫东等多位专家,编入本书时,仅保留了刘剑文教授的观点。

发放实物进行避税,这是不公平、不合理的现象。今后,严格征管是大的趋势。

二问:重复征税,传言属实吗?

有媒体报道,虽然将单位发放给员工的月饼作为实物所得征收个税并无不妥,但是以什么数额为基数进行征税却存有疑问。

以一盒价格为300元的月饼为例,售价中至少应当包括17%的增值税和一定数额的营业税。也就是说,对于需要将月饼折算为收入的员工来说,他在获取这项实物收入时,已经被商家"转嫁"承担了商品的税款。按照月饼含税价进行征税,让一些媒体和公众质疑,月饼征税可能涉嫌重复征税。

对个人所得的月饼征税属于直接税的范畴,并不存在重复征税的问题。不同环节有不同的纳税主体。在月饼的生产经销环节和个人工薪方面,按照目前的税法,都需要征税,不存在直接税的重复问题。

我们这里讨论的"月饼税"问题中的"月饼",并不是从月饼生产或销售的角度而言的,而是指发放给个人的、以实物形态表现出来的个人所得。如果这样想会比较容易理解:中秋节前,发放月饼,和发放相当价值的人民币,本质是一样的。刘剑文说。

三问:合法征税,为何意见大?

单位发月饼,个人要缴税,虽然很合法,却不近人情。合法征税如何取得公众理解?刘剑文表示,老百姓对月饼征税意见大,完全可以理解。毕竟,税收和人们生活息息相关,涉及民生和利益诉求。我国税制还不尽完善,这也导致老百姓的税痛感较为强烈。

这方面,税务部门并非无可作为。加强税款征收、使用的透明度,加强税收法治的宣传,都能让老百姓对合法征税更加理解。他说。

同样是单位发月饼,有的地方严格征收个税,有的地方表态将酌情处理。有的单位严格代扣,有的单位"合理避税"。甚至有人说,月饼税针对企业不针对行政事业单位。种种这些,让许多人感到税收不公。

刘剑文强调,"老百姓有较大的反响,不要认为是坏事。这说明,他们在关心自身利益的同时,也关心国家的未来。政府应当思考,税收如何有助于民生,如何实现良法之治。"

他建议,国家应当规定价值较低的实物福利免征,国外有类似的做法,同时,税务机关人性化的征收是必要的。

加名税也是一个争议很大的话题。2011年的婚姻法新司法解释称,婚前房产归个人所有。于是,各地纷纷传出"房产加名应征税"的消息,南京、武汉等地均在传闻之列。让大家困惑的是,据媒体报道,短短几天,南京关于加名税变了多个说法:从"即日开征",到"等国税总局的意见",再到"暂不征收"。武汉也存在着房产、税收等各部门口径不一的情况。一时间,众说纷纭,着实叫人摸不着头脑。

一问:加名征税,师出有名吗?

近日,南京市地税局在其网站登出回复称,根据《中华人民共和国契税暂行条例》规定,在中华人民共和国境内转移土地、房屋权属,承受的单位和个人应当按规定缴纳契税。

该回复指出,根据《婚姻法》最新司法解释,婚前房产归个人所有,将原本夫妻一方婚前购买的房屋加上另一方的名字,即将房屋的部分产权转移给另一方,按照现行规定属于契税征税范围。

加名税是媒体提出的概念,实际上就是契税的一个征税项目。房产证加名后,部分权属转移,依法可以征税。

但各地对加名税做法、态度不尽相同。广州市房地产交易中心表示,广州目前政策暂无变化,房屋产权证夫妻一方加名不征收契税。只要夫妻双方带齐证件,到交易大厅办理,并与相关部门签订证明该产权是"夫妻双方共用财产"的协议,则可免征契税。

广州市地税局纳税人服务中心相关工作人员坦陈,新司法解释出台后,执行中确实遇到一些问题。但市级税务机关无权制订税收政策,已向上级税务机关反映。如上级正式出台实施意见,将按规定执行。

二问：征收乱象，根源是什么？

如果征税师出有名，南京缘何又决定"暂时不征收"了呢？南京市地税局公告称，社会对此事关注度较高，市级税务机关无权制定税收政策，市地税局已积极向上级税务机关反映。这一说法依然让公众不解：如果无权制定，最初为何表示"即日征收"？

同样纠结的还有武汉。此前有媒体称，武汉对婚前房产证加名按加名方取得房产份额征收4%的契税。8月29日，记者向武汉市房地产交易管理中心咨询。工作人员说：过去按照4%征收加名税。《婚姻法》有了新解释，社会上很关注，暂停办理此业务。

武汉市地税局办公室一位负责人没有正面回应过去是否征收加名税，但他表示，一直按湖北省地税局规定执行，具体政策须向省地税局咨询。

湖北省地税局税政三处一位熊姓负责人说，目前该局做法是，不管婚前婚后，此类房产视为夫妻共同拥有，只要双方同意加名，不征收加名税。

但他也强调，能不能征收某项税，是由国家税务总局统一来定的，不是一省一市自行决定的。

刘剑文认为，地方税务机关匆忙决定征收加名税，反映出他们急于控制新税源的心理。司法解释出台之后，由于加名人增多，地税部门发现加名成为一个重要税源。因此，没有请示国税总局就自行出台了征税政策，"这在程序上有瑕疵"。

三问：各执一词，权威在哪里？

针对加名税，有公众表示，相同的事情，各地做法不同，甚至一个地方各部门之间也存在不同看法。究竟是此事太复杂，还是征税太随意？

专家认为，契税条例和有关行政解释并没有明确规定加名的行为应当征收契税，从法理上讲，这构成了税法漏洞补充。税法漏洞补充更多强调从有利于纳税人的角度解释。对加名造成房屋权属变化的征税问题，应坚持有利于纳税人的立场。

刘剑文介绍，目前我国税收立法权集中在中央，"地方没有税收立法权,不能擅自出台征税规定"。他说。

在他看来,在一些地方政府对于加名是否征税理解不一、做法不一的情况下,国家主管机关应当及时、主动地维护法制统一,尽快出台法规,确定征还是不征,不能听任地方政府各行其是。

他强调,在制定"房产证加名征税"政策时,要以人为本,既要考虑"税理",也要考虑"人情",要综合考虑各方面的情况,以保证出台的新政策具有可行性。

在南京市地税局的公告中称,国家税务总局正在着手研究具体意见,待正式意见明确后,南京地税局将按上级规定执行。

不宜过分夸大个税的调节分配功能*

《个人所得税法》修改,共收到23万条意见,创下全国人大常委会单项立法征求意见之最。个税改革究竟该何去何从?为什么政府觉得收的税不够用,而普通民众又感受税负较重?税制改革如何担起调节收入分配的重任?近日,《中国青年报》记者就相关话题对刘剑文进行了专访。

问:我国从2003年起着手筹划个税改革,至今推进有限,此次个税改革的重点也依然聚焦在"工资、薪金所得",这种征收模式能够起到调节收入分配的作用吗?

答:此次修正案草案只能称之为"个人工薪所得税改革",它所涉及的主要是现行个人所得税的一个征税项目——工资薪金所得,其余的征税项目,基本未纳入这次调整范围。按照这种模式征收个人所得税,对调节收入分配功能有限,目前的一些讨论对这一功能夸大了。

具体来说,目前我国个人所得税有11个税目,包括工资薪金所得、个体工商户生产经营所得、企事业单位承包承租经营所得、劳务报酬所得、稿酬所得、利息股息红利所得、财产租赁所得、财产转让所得等。分类税制下,每种税都有不同的税率,适合在个人收入比较单一的情况下采用。但是随着社会发展,个人的收入越来越多元化,比如大学教授,除了在学校的工薪所得之外,可能还有在校外讲课获得的劳务所得,以及稿酬所得等,是综合收入。所以,如果征收个人所得税仅仅聚焦在工薪所得上,对

---

* 原标题为《现行个税调节收入分配功能被夸大了》,载《中国青年报》2011年6月2日,采访记者:王亦君、王素洁。

那些收入多元的人更有利一些，但不利于体现公平原则。这种个税征收方式也给逃税提供可乘之机。

问：您认为个税制度如何改革才能更好地发挥作用？

答：我国进行收入分配改革，最重要的还是要改变初次分配不合理的现状。如果希望充分发挥个人所得税收入再分配作用，就应该加强对一些高收入群体、行业的税收征管。高收入阶层的主要收入并不是工薪所得，而是财产性收入。2010年6月，国家税务总局曾经发文，要求加强高收入者的税收征管，包括财产转让所得，利息、股息、红利所得，规模较大的个人独资企业、合伙企业和个体工商户的生产、经营所得，劳务报酬所得，这些领域加强征管才能让富人多缴税。

问：此次征求意见中，不少公众提出，应以家庭为单位、综合考虑家庭负担缴个税，这在我国可行吗？

答：以家庭为单位计税，从形式上说更加合理，可以充分考虑每个家庭的具体情况，家庭中总收入多少、赡养几位老人、供孩子上学花多少钱等。我们一直在提倡一种个税征收模式，即纳税人可以选择以夫妻合并作为纳税主体，也可选择个人作为纳税主体，香港就采用了这种模式，纳税人可以根据自身情况进行选择。但我国在制度、管理以及技术上都存在问题，最大的困难就是没有建立纳税人信息共享平台，比如，很难判断夫妻的收入有多少，如果夫妻二人分居两地，一个在户籍地以外打工，如何缴税就成为问题。

问：根据财政部数据，去年我国个人所得税收入只占税收整体的6.6%，而流转税的比重占税收收入的七成以上，如何看待这一现象？

答：我们一般把税划分为直接税和间接税，增值税、消费税、营业税、关税等都属于间接税，税负是可以转嫁的，只要消费商品和服务，消费者一般都要按比例缴纳间接税，生产商可以通过商品和服务加价的方式将税收转嫁给消费者，间接税占到我国税收的主要部分。个人所得税、企业所得税、房产税、车船税等都属于直接税，税负是不能转嫁的，但这些直接税占我国整体税收收入的很少一部分。

过去认为，缴纳直接税的才是纳税人，现在来看，缴纳间接税的也是纳税人。实际上,直接税在我国整个税收收入中所占的比重不到10%,但这些税每一次的修改和调整,纳税人都会叫苦连天,而对于那些90%的间接税却不闻不问,大多数人并不明白自己几乎每天都在缴税。事实上任何一种消费,不管是在超市买东西,还是交电费、水费、话费,里面统统都有税。

问:为什么我国间接税所占比重那么高?

答:世界上现行的税制征收模式主要有两种,一种是以所得税为主体的模式,主要是在发达国家中采用,因为发达国家的经济发展水平和人民收入水平比较高,所得税在国家税收中所占比重较高;一种是以间接税为主体的模式,主要是发展中国家采用,因为经济发展水平相对落后,国家最主要的任务是增加社会财富,发展社会生产力。而生产力的发展,是通过流转的环节来实现的,所以间接税所占比重较大。

问:虽然民众对间接税带来的"税痛"不那么敏感,但普通民众总是感觉到自己工资条上代扣代缴的个税不算少,政府却觉得收的税不够用,如何判断我国民众的税负到底重不重?

答:税负轻重不能只看征了多少税,还要考虑社会福利情况,像挪威、瑞典等国税负占到个人财富的70%—80%,但不能因此就说这些国家的税负很重,因为这些国家的社会福利保障很到位。税负轻重更多与纳税人的主观感受有直接关系,即纳税人缴纳的税收是否能为公众提供相应的配套公共服务。我国目前的税收文化很鲜明的特点就是民众一听要收税就很反感,原因主要与收入分配的格局和收入差距相关,也和服务型政府建设不到位有关。

受赠房屋个税新政解读*

近日,财政部、国家税务总局下发了《关于个人无偿受赠房屋有关个人所得税问题的通知》,其中明确规定以下三种房屋产权无偿赠与,对当事双方不征收个人所得税:(一)房屋产权所有人将房屋产权无偿赠与配偶、父母、子女、祖父母、外祖父母、孙子女、外孙子女、兄弟姐妹;(二)房屋产权所有人将房屋产权无偿赠与对其承担直接抚养或者赡养义务的抚养人或者赡养人;(三)房屋产权所有人死亡,依法取得房屋产权的法定继承人、遗嘱继承人或者受遗赠人。除此以外,通知强调,房屋产权所有人将房屋产权无偿赠与他人的,受赠人因无偿受赠房屋取得的受赠所得,按照"经国务院财政部门确定征税的其他所得"项目缴纳个人所得税,税率为20%。就相关问题,记者采访了刘剑文教授。

征收的合法性问题

问:针对非关系人无偿受赠房屋缴税20%的规定,有一篇评论说中国的征税似乎从来不需要理由,加税的空间太大了。怎么看此次征税的合理性?

答:合理性是有阶段性和相对性的,在某一阶段合理,过了一阶段情况发生变化可能就不合理了,不合理就要调整。在特定时期免税,但情况变化了可能恢复征收。像银行利息个人所得税,1999年以前是免征,之后恢复征收,2007年又把20%的税率调整为5%。

---

* 本文载《人民法院报》2009年6月21日,采访记者:冯莹。

非关系人受赠房屋缴税也是如此,它包括在应纳个人所得税列举的十一大项之内。《个人所得税法》第 2 条规定,受赠人因无偿受赠房屋取得的受赠所得,属"经国务院财政部门确定征税的其他所得"。只不过,非关系人受赠房屋以前是免征税,现在,为加强个人所得税征管,又恢复征收了。

不过,我也认为,这种兜底性质条款的"其他所得"应该由有关机关进一步明晰,使其符合税收法定主义的要求。

新规定更完善公平

问:此次出台的新政策变化之一是,无偿受赠房屋免征个人所得税的范围缩小到只有三种情形,您如何看待这种调整?

答:大家都很关注物业税的出台,《关于个人无偿受赠房屋有关个人所得税问题的通知》是在物业税出台前先行出台的一个政策。与原有政策相比,现在规定个人无偿受赠房屋,只有三种情形免征个人所得税,比过去的规定更加清晰,也很人性化:第一种主要是配偶和三代以内的直系或旁系血亲之间的赠与,第二种是直接抚养人或者赡养人之间的赠与,第三种则针对法定继承人、遗嘱继承人或者受遗赠人。这种范围界定与继承法、婚姻法所规定的精神和原则是完全一致的。

除上述三种情形以外,受赠人因无偿受赠房屋取得的受赠所得,要按 20% 的税率缴纳个人所得税。这种调整旨在堵住个人假赠与真交易造成的逃税漏洞。

当然,除直系、旁系血亲等关系人以外,非关系人之间也有真赠与的情况。企业所得税法和个人所得税法都鼓励社会捐赠,但一般只有符合条件的公益性捐赠才可以享受减免税的优惠。非关系人无偿受赠房屋取得的受赠所得,按 20% 的税率缴税,也是符合企业所得税法和个人所得税法的立法精神的。

问:新规定还有一处变化,是关于受赠人转让受赠房屋环节的个税税负问题,请您介绍一下这方面的情况。

答:通知规定,受赠人转让受赠房屋的,以其转让受赠房屋的收入减除原捐赠人取得该房屋的实际购置成本,以及相关税费后的余额,为受赠人的应纳税所得额。

而按照2006年国家税务总局的通知,受赠人取得无偿赠与的不动产后,再次转让的,以财产转让收入减除受赠、转让住房过程中缴纳的税金及有关费用后的余额,为应纳税所得额,按20%的税率缴纳个人所得税。

显然,按照新规定,受赠房再转让环节中的税负比原来减轻了。原有政策从赠与后的交易环节进行控税,没考虑到原捐赠人购置该房屋的实际成本,现在的规定则进行了完善,更加公平合理。

遗产税操作性不强

问:大家都在关注酝酿中的个税改革,此次出台的通知规定,遗产继承人取得房屋产权不征收个人所得税,这是不是传达出一个信号:开征遗产税还很遥远?

答:赠与税一般与遗产税是连在一起的。

遗产税的开征是一个比较复杂的问题,有很多前提条件,比如纳税人的财产申报方面,怎么核定申报的财产?实践中考虑较多的问题通常是,对房屋等不动产便于监管,但对现金、有价证券和金银首饰等动产如何监管?还有,起征点定多少才算合适?第二难点,究竟采用么模式,是总遗产税制还是分遗产税制?模式不同,税率也不一样。

遗产税实际上是鼓励人们勤劳致富,但实践中还要考虑可操作性。

有关纳税文化诚信

问:有观点认为,此次通知堵住了假赠与逃税的漏洞,但可能又会产生真赠与假交易形成的税收漏洞。制度的严密是一方面,建立依法纳税的文化和诚信制度也很有必要,请谈谈您的看法。

答:税法是利益协调之法,即要兼顾纳税人利益又要考虑国家利益。税收法定,征税要合理、正当,正当性在于为纳税人提供高效、优质的公共品和公共服务。

在西方,纳税是最大的诚信。但在我们国家相当长一段时间内,税赋却被视为一种暴政的象征,所谓"苛税猛于虎"。这种税收文化下,怎么提高纳税人的权利意识?如何让纳税人自觉履行纳税义务?

现在我们的税收文化也渐渐建立起来,每年都有税法宣传月活动,使越来越多的人认识到,市场经济条件下,国家是抽象的,自身不创造财富,要提供高效、优质的服务,靠纳税人缴的税,要倡导政府和纳税人关系的和谐。

车船税的加减法*

开豪华车和小排量车按同一个标准纳税的局面就要结束了。2010年10月26日,《车船税法》(草案)首次提交十一届全国人大常委会第十七次会议审议。草案规定,对乘用车按排气量分7档征收不同额度的税收。

财政部部长谢旭人就车船税法草案作说明时表示:"为更好地发挥车船税应有的调节功能,体现对汽车消费的政策导向,草案对占汽车总量72%左右的乘用车的税负,按发动机排气量大小分别作了降低、不变和提高的结构性调整。"税负加减之间,反映出的是调整经济结构和推进节能减排的国家战略。

刘剑文告诉记者,车船税立法还有更深远的意义:在我国现行19个税种中,仅有《个人所得税》和《企业所得税》制定了法律,其余都是以行政法规为依据,税收法律层次不高。车船税立法后,将成为我国第一个上升为法律的地方税。"我特别希望,这次车船税立法能够为其他地方税种上升为法律提供一个范本和方向。"

减法一:小排量车税额降低或不变,新能源车有优惠

背景:目前,我国征收车船税依据的是2007年实施的《车船税暂行条例》及其《实施细则》。按照该条例,载客人数少于9人的小型客车的税额幅度都是360到660元,具体适用税额由各省、自治区、直辖市人民政府确定。

---

* 原标题为《车船税的加减法——解读首次提交审议的车船税法草案》,载《光明日报》2010年10月26日,采访记者:王逸吟、殷泓。

《车船税法》(草案)规定,对占现有乘用车总量58%左右的排气量在1.6升及以下的小排量车,税额幅度降低或保持不变。对节约能源、使用新能源的车船可以减征或者免征车船税。对于船舶,草案仍维持现行每净吨3元至6元的税额幅度不变。

财政部部长谢旭人:豪华车和普通车都按相同的税额缴税,未能充分体现车船税的财产税性质和应有的调节功能。

车船税作为财产税,计税依据理论上应是车船的评估价值。但车船的数量庞大又分散于千家万户,价值评估难以操作。一些国家选择与车辆价值有正相关关系的发动机排气量作为计税依据。按排气量征税可基本体现车船税的财产税性质,体现鼓励使用低能耗、低排放的小排量汽车的政策,从征管角度看也有较强的可操作性。据此,草案将乘用车的计税依据,由现行统一计征,调整为按排气量大小分档计征。

刘剑文:《车船税暂行条例》设定的标准比较简单,便于操作,但是对于节能减排考虑不多。现在《车船税法》(草案)按照排气量来征税,是合适的、可行的,这对于调整产业结构、鼓励发展小排量车、推进实施国家节能减排战略都能起到很好的带动作用。

加法一:中排量车税负适当提高,大排量车税负大幅提高

背景:按照汽车排气量大小征税在国外非常普遍,如在日本,排量为1.5升至2升的家用轿车每年缴税约合人民币2974元,排量1升以下的每年缴税约合人民币2220元。而在韩国,汽车税直接与排气量挂钩,如排量为1.6至2升的非营利轿车按200韩元/CC征税,那么一辆2升的轿车征税约合人民币2360元,而1.6升的征税约合人民币1888元。

《车船税法》(草案)规定,对占现有乘用车总量39%左右的排气量为1.6升至2.5升的中等排量车,比现行360元至660元的税额幅度适当调高;对占现有乘用车总量3%左右的排气量为2.5升以上的较大和大排量车,比现行360元至660元的税额幅度有较大提高。

刘剑文:提高中排量、大排量车的税额,根本上还要体现节能减排和鼓励发展小排量车的产业政策导向。而且,大部分普通车主购买、使用的都是小排量车,只有少部分高收入者才会买大排量车,增加的税负和他们

的收入相比，并不构成负担，也不会影响汽车产业的发展。

调整车船税税负结构应当注意，税收法定是我国税制改革和税收立法的大趋势和发展方向。按现行《车船税暂行条例》，国务院划定税额幅度，再由各省级政府在这个幅度内自行确定具体税额。车船税立法后，税额幅度的确定权和调整权都应由全国人大常委会来行使，各省级人大常委会在这个范围内，自行确定当地的具体税额，而不应当由省级地方政府来确定。税额制度是税收基本制度，按照《立法法》的规定，只能制定法律。就像2005年个人所得税工薪所得费用扣除标准的确定和调整一样，最终是由全国人大常委会来作出决定，这才能体现税收要素法定的精神。

加法二：扩大征税范围，登记与否都应统一征税

背景：按照现行条例，车船税的征税范围是依法应当在车船管理部门登记的车船，不需登记的单位内部作业车船不征税。这样，在机场、港口，以及一些企业内部行驶作业的车船，由于不需要登记，所以不属于应征税车船，造成了不公平。

《车船税法》（草案）规定，拥有本法所附《车船税税目税额表》所列车船的单位和个人，为车船税的纳税人，应当依照本法缴纳车船税。

谢旭人：考虑到车船税作为财产税，从税负公平出发，不论车船是否应向管理部门登记，都应纳入征税范围。据此，草案不再按车船是否应登记确定是否纳税。

刘剑文：统一征税体现了税收的性质，实现了税收公平。实际上，不登记的车船可以分为两种：一种是不需要登记的车船，比如港口、机场内部使用的车船；另一种是出于某种目的，应该登记而不去登记的车船，我觉得对这类不登记而逃避税收的车船，还应该施以处罚，严格规定其法律责任。当然，这个责任不一定在《车船税法》里予以规定，也可以在《税收征收管理法》里规定。

加法三：强化征管手段，不依法纳税不予年检

背景：按现在的做法，车船管理部门应在提供车船管理信息等方面，协助地方税务机关加强对车船税的征收管理。但现实中，偷逃车船税的

情况时有发生。

《车船税法》(草案)规定,公安机关交通管理部门在办理车辆相关登记和定期检验手续时,对未提交依法纳税或者免税证明的车辆,不予登记,不发给检验合格标志。草案还对车船税的扣缴义务人、纳税地点和纳税时间等作了规定。

谢旭人:机动车辆数量庞大,税源分散,仅靠税务机关自身力量征管难度较大。公安机关交通管理部门对机动车管理的机构比较健全,制度和手段措施比较严密,由公安机关交通管理部门对车船税的征收给予适当协助,对于提高征收效果,防止税源流失,具有重要作用。

刘剑文:一方面有利于加强税收监管,打击恶意逃税、避税;另一方面也有利于交管部门了解全国的车船信息,便于交通管理的有效进行。

从"暴利税"透视资源税改革*

最近,两大石油巨头三年上交2100多亿元的"暴利税",引起了人们的广泛关注,石油公司为何一手交着"暴利税"一手还向国家财政要补贴?交上来的"暴利税"用在了什么地方?

据国家信息中心经济预测部宏观经济研究室主任牛犁透露,从2006年到2008年三年间,中石油向国家财政上交"暴利税"约1600亿元,中石化上交约530亿元,两公司共上交2100多亿元。

与此同时,中石化2006年至2008年分别获得50亿、123亿、503亿元财政补贴,中石油2008年获得157亿元财政补贴,两家共计833亿元。

为何一手交着"暴利税"一手还向国家财政要补贴?

"'暴利税'实际上是特别收益金,并不是税。"刘剑文教授说。

根据《国务院关于开征石油特别收益金的决定》和《石油特别收益金征收管理办法》规定,从2006年3月26日起,国家对石油开采企业销售国产原油当国际原油价格超过40美元时所获得的超额收入,按一定比例征收石油特别收益金。

按照《石油特别收益金征收管理办法》规定:"石油特别收益金属中央财政非税收入,纳入中央财政预算管理。"

业内人士表示,交"暴利税"的同时还亏损,主要是一个集团公司不同的业务板块导致,炼油板块进口原油成本高,炼油自然出现亏损,开采环节出现巨额利润,自然要上交"暴利税",而上游企业缴纳的"暴利税"与下游成品油油价也没有必然联系,因为不同的板块都是法人公司,公众

---

* 原标题为《"暴利税"不清不楚应尽快改革》,载《法制日报》2009年8月12日,采访记者:辛红。

需要搞清楚。

但"暴利税"为何会让公众产生如此之多的疑问？刘剑文表示，关键是要加快改革。

目前资源税体现不了资源本身的价格和价值，不利于资源的科学开发和合理利用，也不利于资源节约型和环境友好型社会建设。石油特别收益金只是超过一定的价格来征收，今后要进一步完善，逐步建立以原油国际贸易的最终结算价格为基础，通过核算原油开采生产成本，在确定合理利润的基础上，改石油特别收益金为资源税、对原油开采企业按"成本＋合理利润"的原则开征资源税，最终实现全额征收原油开采的超额利润。

"资源税改革的另一目的在于理顺资源税和费。"刘剑文说，"石油公司除了缴纳特别收益金外，还要缴纳矿产资源补偿费、矿区使用费、采矿权费、探矿权费等资源税费，许多地方资源企业除了交税，还要交纳各种费，有的企业甚至费比税高，将税费合并改成税后，今后在征收上和资金的利用上都将公开透明。"

若石油上游企业征收资源税后，用途也应该更明确：补贴农民、低收入群体、公共交通等特殊的成品油终端用户；通过税收返还等适当途径用于国内原油开采企业购买国外原油开采权益，维护国家能源安全。但目前石油特别收益金用在哪里，记者看到，国务院决定和办法都没有规定。

据悉，在2009年7月财政部召开的"两会"资源税改革提案建议座谈会上，与会专家普遍认为资源品的价格下降很多，原油价格从去年的150美元降到70多美元，资源税的改革时机非常好。

但政府部门可能顾虑的是在经济恢复期，资源税的开征可能使价格转移到中下游企业，从而引发新一轮通胀。中央财经大学的一位教授告诉记者，改革资源税对油价影响有限，因为油价是政府调控，影响的只会是企业的利润。

中石油一位人士表示，如果要出台资源税，资源税税率不能定得过高。根据测算，以2008年油价水平，按照2%税率，中石油资源税将比过去增加2倍多。如果税率定为5%，中石油资源税将比原来增加6倍，石油企业将难以承受。

"资源税的改革涉及中央和地方、企业与政府之间利益的平衡,资源税是交给中央还是地方,不是资源税改革的核心,因为中央财政收到税后还可以通过转移支付的手段返还给地方。关键是时机问题,政府的决心问题。"刘剑文说。

建立合理的课税规则　增强金融创新力[*]

由中国法学会主办、上海市法学会和上海市金融服务办公室承办的2009年"中国法学家论坛暨上海金融法治论坛",日前在上海召开。与会专家学者围绕全球化背景下的金融法治、金融市场建设的法律问题、上海国际金融中心的法治建设等主题展开深入研讨,提出了不少有价值的观点。

北京大学教授刘剑文指出,税收制度对于特定金融市场和国际金融中心建设有着重要影响。香港之所以能发展成为国际金融中心,与其实行基本没有流转税、所得税税率低的税制有很大关系;新加坡免除非居民离岸利润所得税等金融税收政策对其成为亚洲国际金融中心之一起到了非常重要的作用;而日本在亚洲金融领域地位的下降,一个重要的原因就是其金融税制的不合理。

刘剑文提出,我国的金融市场课税规则设计,应当以增强金融机构创新供给能力为重要目标。一要加快金融产品税制的建立与完善。二要降低金融主体税收负担,提高金融业竞争力,促进资本流动。我国对金融业课征的流转税主要是营业税,税负较重。国际上,金融税法体系中所涉税种虽然主要也是流转税和所得税,但是金融流转税方面一般是增值税征收范围,且多数国家对银行信贷、保险、证券、共同基金管理等主要金融业务都免征增值税或者低税。高税负将阻碍资本流动,从而限制金融市场主体的经济自由。因此,采取降低金融业营业税税率并最终向增值税转

---

[*] 原标题为《提供法治支持　推动金融改革发展》,载《解放日报》2009年8月15日,采访记者:张志军。原文为2009年"中国法学家论坛暨上海金融法治论坛"综述,本书仅保留了刘剑文教授的观点。

型将是未来为金融企业减负、提高金融业竞争力的重要方式,同时也将有利于吸引国际金融资本的投资。三要减少不同主体间的税收差别待遇,公平税收环境。我国目前的税收优惠往往因投资者、发行者或金融产品本身的性质而有所不同,形成了差异性的税收负担。这一问题必须得到纠正和调整,不能因为税收上的差别待遇,而影响了企业的融资决策和投资者的投资决定。四要建立针对新型金融主体的合理课税规则,减少双重征税。

刘剑文认为,上海要加强金融市场体系建设,拓展金融市场的广度和深度,形成比较发达的多功能、多层次的金融市场体系,就肯定会有也需要有大量的新主体产生和进入市场。因此,实现对金融市场的有效规制,建立合理的课税规则,应当对创新金融组织的主体资格、参与金融交易方式等作深入考量。

税收征管

纳税服务的新理念

我国现行的《税收征管法》修订于2001年,至今已有13年了。2008年,税收征管法修法工作正式启动,旨在根据税制改革的进展和经济社会的情况来进行一次全面"手术"。然而,修订工作却屡次搁浅。2013年5月31日,国务院常务会议讨论并通过《税收征管法》修正案,这只能算是小改。6月7日,国务院法制办公布了《税收征管法修正案(征求意见稿)》,向社会公开征求意见。从整体上看,我国的税务机关正处在从征税管理转向纳税服务的过程中,税收征管的法治化、服务化、信息化、高效化将成为大的趋势,因此,《税收征管法》应当大改。

- 如何理解《税收征管法》修订的必要性和紧迫性?是大改还是中改或者小改?
- 《税收征管法》中如何体现税收机关与纳税人之间的平等?
- 如何规范税务机关涉税信息管理?
- 纳税人诚实推定权在我国的现实意义?
- 税务机关如何合法、正当行使税务行政裁量权?
- 纳税前置规则应当如何改革?
- "过头税"、骗税高发等现象暴露出税收征管上的哪些立法缺失?
- 如何看待一般反避税条款与实质课税原则的关系?
- 如何实现《税收征管法》与相关法律的衔接?

我国应加快税收征管法修订步伐*

国务院近日修改了《中华人民共和国税收征收管理法实施细则》的部分条款,再度引起财税领域对《中华人民共和国税收征收管理法》(以下简称《税收征管法》)修订进展的关注。记者就《税收征管法》修订的若干问题采访了刘剑文。他说,此次国务院修改《税收征管法实施细则》的部分条款,主要目的在于使其与行政强制法的相关内容更好地衔接和保持一致,但各界更应关注立法机关下一步对《税收征管法》的全面修订。他表示,《税收征管法》修订将可能被列为下届全国人大常委会的一类立法项目,也就是说,《税收征管法》修正案草案有望明年提请全国人大常委会审议。

刘剑文表示,距离全国人大常委会上次修订《税收征管法》已过去了十余年时间,近年来财税领域,特别是税务系统内的工作人员,非常关注《税收征管法》修订工作的推进情况。作为《税收征管法》修订案草案的主要起草部门,国家税务总局已于2008年正式启动了《税收征管法》的修订工作,至今已多次邀请专家学者参与对《税收征管法》修订的评估和论证,《税收征管法》修改稿也二十易其稿,并先后多次就修改稿内容征求各地税务机关的意见。《税收征管法》的修订工作一直在稳步推进中。

"《税收征管法》已到了必须修改的时候。"刘剑文从五个方面解释了修订税收征管法的必要性和紧迫性。第一,修订《税收征管法》是适应新情况、新问题的需要。近年来,我国的经济领域出现了很多新的现象、活动和组织。比如我国资本市场近年大量涌现的企业重组、并购,以及"大

---

* 本文载《中国税务报》2012年12月3日,采访记者:厉征。

小非解禁"等涉及的税收问题,都需要在《税收征管法》的修订中有所体现和解决。此外,随着全球经济一体化程度的日益加深,国际经贸活动发展速度迅猛,我国已由一个单纯的技术、资金引进国,成长为一个同时向国际输出资本与技术的国家,因此,我国对外税收协定的价值取向较过去有所变化,这也需要通过修订《税收征管法》加以明确。可以说,修订《税收征管法》,是当前维护我国税收主权,保护我国税收权益的现实需要。

第二,修订税收征管法是顺应税制改革变化的需要。近年来,我国的税收实体法经历了多次改革,《个人所得税法》多次修订,《企业所得税法》和《车船税法》出台并实施,以及增值税、营业税和消费税条例修订等,《税收征管法》并没能跟得上这些税收实体法的改革步伐,难以适应其新的需要,目前这类问题十分突出。如涉及境外非居民企业股权转让的税收征管问题,在现行的《税收征管法》中就找不到法律依据。

第三,修订《税收征管法》是协调其他法律法规变化的需要。近年来,与《税收征管法》相关的其他法律制度陆续出台和修订,如《刑法》将偷税罪改为逃税罪并取消最高可以判处死刑的虚开增值税专用发票罪等,此外,《行政许可法》《行政处罚法》和《行政强制法》也在 2001 年《税收征管法》修订后出台并实施,如何使《税收征管法》与这些法律法规更好地衔接和协调,将是下一步修订《税收征管法》重点考虑的问题。尽管国务院有权修改《税收征管法实施细则》,但如果不从根本上修订其上位法,也就是《税收征管法》,那么这种对细则的修改空间将十分有限,修改的效果也不理想。

第四,修订《税收征管法》是适应征管改革的需要。近年来,税务机关在一定程度上改革和探索了税收征管模式,比如部分地区试行税源专业化管理改革,以及在征管中广泛采取纳税评估手段等,这些改革迫切需要法律依据的支撑。因此,必须通过修订《税收征管法》将这些征管模式和制度加以法制化。

第五,修订《税收征管法》是保护纳税人权益的需要。近年来,随着纳税人权利意识的不断提高,保护纳税人权益已成为各级税务机关工作领域中的一项重要内容。通过构建征纳双方平等的法律关系保护纳税人权益,应是修订《税收征管法》遵循的一条主线。

刘剑文同时指出,尽管目前修订《税收征管法》的条件已经成熟,但专家在修订步骤方面还存在不同认识。有人认为这次修改应是一次全方位的"大改",也有人认为应分两步走,先通过"小改"解决一些当前比较紧迫的问题,下一步再按程序全面修订。

"我认为还是应该考虑较大幅度地修改《税收征管法》,毕竟修订法律不是一件轻而易举的事情,如果先是'小改',许多实践中遇到的问题就无法解决,而下一次修法又可能遥遥无期。"刘剑文说。

税收征管修法偏废*

历时一个月,《中华人民共和国税收征收管理法》(下称《税收征管法》)修正案公开征求意见阶段于7月7日结束。与以往的财税立法不同的是,此次征求意见的组织者为国务院法制办,而非全国人大。在国务院拟定议案阶段就公开征求意见,这在财税立法上还是第一次。

以前国务院公开向社会征求意见,一般都属于行政法规草案性质。而正式的法律修正案一般要到人大层面再公开征求意见。目前这种"提前操作"的方式,可以让各方面意见比较早地参与进来,更有利于民主立法。

《税收征管法》虽然并非企业所得税法、个人所得税法等那样的税收实体法,但它是中国税收程序领域的基本法律,在税收征收管理过程中有着不可或缺的重要作用。因此,此次《税收征管法》的修订也引起诸多关注。

2008年以来,刘剑文深度参与了本轮税收征管法的修订,承担多项与修法有关的课题。刘剑文对《财经》记者表示,《税收征管法》修订应该在确保国家税收安全和保护纳税人权益两方面寻求平衡,任何一方都不能偏废。

从《税收征收管理法修正案(征求意见稿)》来看,税务部门的权限得到很大的扩展,而纳税人的权益保障方面则相对欠缺。

---

* 本文载《财经》2013年第20期,作者:郑猛。访谈对象还有中国政法大学财税法研究中心主任施正文、中国注册税务师协会副会长王文彦等多位专家,编入本书时,为了照顾内容的完整性,保留了其他专家的观点。特此说明并致谢。

扩围个人纳税人

《税收征管法》的前身是1986年4月国务院发布的《税收征管暂行条例》。1992年9月,全国人大正式颁布《税收征管法》。其后,该法于1995年2月和2001年4月分别进行过修订。

2008年起,本轮修订正式启动,草案起草部门为国家税务总局。按照最初思路,本轮修改并非法律施行十年后例行公事,而是税收改革的发展迫切需要对征管法作出大幅度的改动,进行一次全面"手术"。

然而其后的这些年,《税收征管法》修订却一次次搁浅。之所以历经如此长的时间,刘剑文认为是由于三个层面力量的博弈,使得各方难以达成共识。

其一是国家税收和纳税人之间的博弈。《税收征管法》是以保护国家税收的安全为主,还是以保护纳税人权益为主?其二是税务部门和其他部门之间的博弈。比如要求其他部门为税务部门提供涉税信息,其他部门可能会认为单方面提供信息有失公平。其三是税务系统内部不同职能部门之间的权力划分未定,比如征管部门与稽查部门、所得税部门的利益之争。

数易其稿后,国税总局历时五年,终于将《税收征管法》修正案提交国务院。2013年5月31日,国务院常务会议讨论并通过该修正案。6月7日,国务院法制办公布了《税收征收管理法修正案(征求意见稿)》,向社会公开征求意见。

在刘剑文看来,此次修正案总体上体现了一些亮点,主要表现在三个方面:一是与现行相关法律的衔接,包括与《刑法》《行政强制法》《行政许可法》等的衔接;二是加强了信息管税;三是加强了对个人和非营利组织的征管。

很多财税界、法律界人士也认为,此次修法,加强了对个人纳税人的征管。

现行《税收征管法》,主要针对从事生产、经营的纳税人进行管理,修正案则增加了对个人征管的条款,"其他个人纳税人应当在居住地税务机关办理税务登记","税务机关应当建立纳税人识别号制度"。

另一位全程参与征管法修订的人士,中国政法大学财税法研究中心主任施正文对《财经》记者表示,目前中国税制结构面临的巨大挑战之一,就是从原来以征收间接税为主,转变为增加直接税的比重,更多面向个人征税。

比如,个税要实行综合与分类相结合,而且纳税人要自行申报,个人住房房产税的推行不可逆转,将来还要征收遗产税等。而现行《税收征管法》的规定对征收直接税并不适应,纳税登记和强制措施等方面都不适用。修正案增加了针对个人纳税人的新规定,正是基于这样的考虑。

从国际经验看,各国的税务登记制度无不以编制纳税人税务登记号码为基础实施统一管理,发达国家早已将其延伸至个人。比如意大利规定,凡年满16周岁的公民,均须到税务机关领取纳税编号。美国虽然没有单独的纳税人识别号码,但孩子一出生就要申领一个社会保险号码,凭借该号码可以在税务部门建立档案,办理纳税申报。

修正案的另一个亮点是加强信息管税,但这也伴随着争议。

征求意见稿第28条要求,"政府部门和有关单位应当及时向税务机关提供所掌握的涉税信息","银行和其他金融机构应当及时向税务机关提供本单位掌握的储户账户、支付或计入该账户的利息总额、支付或计入该账户的投资收益及年末(或期末)账户余额等信息"。很多业内人士认为,这很有可能导致个人隐私泄露。

刘剑文认为,制定这一条款的出发点是好的,税务部门只有掌握完整的纳税人信息才能把税管好。但在具体制度设计上,还要考虑纳税人的合法权益,信息采集和使用过程中,纳税人信息一旦泄密造成不良后果的责任谁来承担?另外要求其他部门提供涉税信息,也应该加以条件限制,比如什么情况下可以提供信息。

施正文表示,银行向税务机关提供涉税信息,真正的问题是信息的范围有多大。应该确定一个原则,既要保障国家税收的征收,又要保障纳税人的隐私权、商业秘密以及银行的经营自主权。

税务代理垄断?

修正案征求意见稿中引发业内意见较多的,来自两部分条款,一是新增条款,一是现行征管法的一些保留内容。

其中,新增内容是指修正案的第 90 条。按照征管法现行条款,"纳税人、扣缴义务人可以委托税务代理人代为办理税务事宜",而征求意见稿在第 90 条将其改为,"纳税人、扣缴义务人有权委托税务师事务所办理税务事宜"。

对这一删改,意见最大的是律师和会计师。按照现行规定,税务师之外的律师和会计师都可以从事税务代理业务,新规定则有垄断的嫌疑,规定除税务师事务所之外,其他群体不得从事此项业务。由于税务师和税务师事务所组成的协会组织中国注册税务师协会,均由国税总局主管,而修正案又由国税总局起草,因此这条新增条款被指责为国税总局"夹带私货"。

刘剑文表示,目前税务师、律师、会计师和审计师等都可以从事税务代理。注册税务师行业并非不可以做大做强,但有一个前提是公平竞争。税务师的业务内容有限,诸如有些听证、复议和诉讼业务,税务师就无法办理。另外,税务代理的目的是为纳税人提供法律服务,但税务师和税务部门有千丝万缕的联系,服务有可能受到影响。

施正文认为,可以根据各自所长,分门别类地加以规定,而非只指定税务师事务所独家占有。比如可以规定,税务师办理税款的计算、审核、鉴证等报税服务,律师办理税收行政复议、行政诉讼、税务稽查等涉税法律业务,而其他如税法咨询和税收筹划业务的办理,则由纳税人自由选择。

接受《财经》记者采访时,中国注册税务师协会副会长王文彦表示,修正案如此规定的目的在于,治理中国税务代理业鱼龙混杂的乱象。

此前,王文彦曾担任国税总局征收管理司司长。他表示,仅就北京来说,在税务师协会管理之下的税务代理事务所只有 400 家,但据不完全统计,从事这一行业的多达五六千家,其中很多严重不符合税务代理的要求,对国家税收和纳税人都造成不利影响。

王文彦认为,对税务代理行业必须规范管理,管理的方式是"有资质,进笼子"。所谓有资质,就是从事税务代理必须获得注册税务师资格;所谓进笼子,就是需要在税务师事务所工作。不过王文彦也认为,对于后一个要求可以有所松动,从业者不一定非要在事务所任职。也就是说,并不反对律师和会计师从事税务代理,但获得税务师资格是首要条件。而且,律师和会计师考取税务师资格时,可以免试部分相关课程。

复议前置门槛

此次《税收征管法》修正案中被保留下来的一个复议条款,也颇受争议。征求意见稿第89条规定:"纳税人、扣缴义务人、纳税担保人同税务机关在纳税上发生争议时,必须先依照税务机关的纳税决定缴纳或者解缴税款及税款滞纳金或者提供相应的担保,然后可以依法申请行政复议;对行政复议决定不服的,可以依法向人民法院起诉。"

此条款规定的纳税前置和复议前置,被法律界人士指责为"有钱才能复议,没钱不能复议"。对此刘剑文表示,目前的实际情况与上次修法的2001年已有很大不同,随着纳税人纳税意识和社会法制水平的提高,缴税才能复议的条款已经没有必要保留。他建议,如果目前取消复议前置有一定困难,至少可以将纳税前置先取消。复议前置的规定在有些国家还在实行,但很多国家的复议机关保持中立,而中国的复议机关是在部门内部,公平性受到质疑。

"纳税人复议不应该附加任何条件,先交税再复议是不公平的。"施正文也表示。中国当年之所以在征管法中作出这样的规定,主要考虑到如果大量行政复议发生,会造成过多税款不能及时入库。而从现实来看,目前每年全国发生的税收行政复议只有一两千起。从长远看,行政复议数量少并非好事,对于税务机关改进纳税服务、促进税收法治建设方面也是如此。

在国税总局征询意见时,施正文曾对国税总局人士表示,大部分国家都实行先复议再诉讼,因此这道门槛可以保留,但先缴税再复议的门槛则可以取消。纳税人如果对复议结果不满意,再提起诉讼时则须缴税。施正文透露,税务总局内部曾经一度对取消第一道门槛达成统一意见,只不过并未写入意见稿,因此修正案松动的可能性较大。

另外,修正案中还有一些细节上的规定,比如将"滞纳金"改为"税款滞纳金",刘剑文认为有回避《行政强制法》的规定之嫌。"50%以上5倍以下的罚款"，处罚强度也过大。

施正文则认为，税款滞纳金不属于《行政强制法》规定的滞纳金，该法规定的滞纳金属于行政强制措施，而税收滞纳金是纳税人占用国家税款所需要付出的代价，也就是利息，它并非惩罚性的，而是带有补偿性。因此不妨仿照美国，直接把税款滞纳金叫做滞纳"利息"。

另外，滞纳金也有偏高之嫌。按照《税收征管法》规定，纳税人未按照规定期限缴纳税款的，扣缴义务人未按照规定期限解缴税款的，税务机关除责令限期缴纳外，从滞纳税款之日起，按日加收滞纳税款0.05%的税款滞纳金。每日加征0.05%，折算成年利率高达18.25%，远远高于银行存贷款利率。如将其回归利息的属性，施正文建议降为0.03%，相当于年利率的10.95%。

在反避税方面，刘剑文认为应该在与《企业所得税法》反避税规定相衔接的基础上，通过对一般反避税的相关主体、行为认定等给以必要的指导性规定。

针对此次修法，刘剑文已经写好了一份1万多字的修改建议稿，准备近日提交国务院法制办。在他看来，国务院法制办需要汇总各方面意见后形成草案递交全国人大，递交时间不太好确定。即使年内全国人大常委会进行审议，一审也无法通过该法，一定还要公开征求意见。按照有关规定，凡是涉及民生的法律都要征求社会意见，《税收征管法》当然涉及民生。

近日举行的一次《税收征管法》修订专家研讨会上，部分学者就该法的修订提出不少意见，有的言辞激烈。出席研讨会的全国人大、国务院法制办和国税总局的多位人士，现场并未作出回应。

面对各方对国税总局借《税收征管法》修订扩大部门利益的指责，国税总局相关负责人对《财经》记者表示，社会上对征管法的修订条款存在一些误解。不过关于具体情况，该负责人并未进一步阐明。

"《税收征管法》是国家的法律，不是哪一个部门的法律，法律起草者和社会都应该有这个共识，这才有利于法律的实施。"刘剑文表示。

建议取消税收征管法中的复议前置条款[*]

作为税收程序法的主要组成部分,《中华人民共和国税收征收管理法》(以下简称《税收征管法》)不仅关系到税务行政机关的税收征管活动是否规范、稳定地开展,国家的税收是否足额、高效地筹集,还关系到纳税人在征纳过程中的法定权利能否得到保障。《税收征管法》是财税法治建设的关键一环,需要在行政权力与纳税人权利、效率与公平等价值博弈中作出权衡和选择。

我国现行《税收征管法》是在2001年修订通过的,距今已达12载。当时社会和学界对税收关系、税收法治的理解存在一定的局限性,并且随着时间的推移,该法中的很多制度安排、技术手段已经不能适应当下经济的新发展和征管实践的需要,其征管理念也未能体现保障纳税人权利的现代税法精神。《税收征管法》的新一轮修订在2008年被列入立法规划。国务院法制办于今年6月7日公布《税收征收管理法修正案(征求意见稿)》(以下简称征求意见稿),向社会各界征求意见。

应当肯定的是,此次将"开门立法"理念充分贯彻到国务院拟定议案的阶段,展现了立法者开放、协商的姿态,避免了闭门造车的局限性。这种立法方式是实现法律民主化和科学化的保证。

从总体上看,征求意见稿关注并修改了现行法中的部分问题,确有可圈可点之处。其一,侧重于协调税收征管法与刑法、行政强制法等法律间的关系,使"逃避缴纳税款""税款滞纳金"等表述与其他法律相衔接,促进了法律体系的统一。其二,将税收保全、强制执行的范围由"从事生产

---

[*] 本文载《中国税务报》2013年7月3日,作者:刘剑文、耿颖。

经营的纳税人"扩展到包括自然人在内的全体纳税人,并规定可以对个人取得收入单位与纳税相关的账簿和资料开展税务检查,从而加大了税务机关的征管力度。其三,新增条款,如要求个人办理税务登记、建立纳税人识别号制度、明确银行和其他金融机构涉税信息的报告义务等,对构建和完善税收征管体制具有长远意义,为个人所得税、房产税等单个税种改革乃至整体税制改革打下基础。

笔者认为,尽管征求意见稿取得了一定的进步,但在一些重大、核心制度上尚未回应学界和社会的关切,保护纳税人权利的理念仍未完全融贯于税收征管法之中,纳税人的程序性、实体性和救济性权利仍然薄弱和不周全。具体不足之处包括:涉税信息共享机制单薄、税收复议前置制度没有变革、税务代理事宜拘囿于注册税务师行业、税款滞纳金的法律性质及其与执行罚的区别有待厘清等。

税收复议前置制度是关涉纳税人权利的重要问题。笔者对这个制度的利弊和存废谈谈自己的看法。

征求意见稿保留了《税收征管法》第88条的表述:纳税人、扣缴义务人、纳税担保人同税务机关在纳税上发生争议时,必须先依照税务机关的纳税决定缴纳或者解缴税款及滞纳金或者提供相应的担保,然后可以依法申请行政复议;对行政复议决定不服的,可以依法向人民法院起诉。该条涉及两种税务救济途径——税务行政复议和税务行政诉讼。在这两种程序的衔接上,采取的是复议前置和自由选择相结合的模式,而在复议前置之前,又规定了缴纳税款或提供担保前置,此即"双重前置制度"。

追溯法律演进历程,这种关于税务行政复议前置的规定实际上源自国务院1986年制定的《税收征收管理暂行条例》第40条,后在2001年税收征管法中得到修正和确定,继而延续至今。从理论上讲,我国目前采用的复议前置与自由选择相结合的混合救济模式具有一定的合理性。比如,复议前置可以有效地利用税务机关的专业知识和经验快速解决纠纷,减轻法院的负担,并给税务机关提供自我纠错的机会。但从税收征管的实证角度分析,我国当前在纳税纠纷上采用的复议前置的制度设计存在较大缺陷,造成对当事人自由选择行政诉讼或者行政复议的救济权利的限制,导致纳税人与行政机关间的失衡和不对等。

笔者之所以主张废止《税收征管法》中的复议前置制度，原因包括六个方面：

赋予纳税人更为全面、自主的救济权利，有助于形成对税务机关的约束，构建保障纳税人权利的最后一道防卫屏障，亦是达致"良法之治"的重要保证。根据"有权利必有救济，有权力必有监督"的法治观念，可诉性是一部良法必须具备的基本特征。这意味着一旦法律规定的某项权利被侵犯，当事人都应能通过诉讼机制解决纠纷，从而保证法定权益真正实现。具体到税收征管领域，纳税人享有包括司法途径在内的救济权，这体现了维权的价值、负责任的立场，不仅在一定层面上促进了法律条文的精确和完善，有利于构建一个细致、合理和科学的问责制度，而且切实形成了对税收行政权力的外部监督，让纳税人权利借助司法权得到伸张，行政机关自由裁量权的失范和无序扩张受到限制。应当认识到，法律的生命在于实施。以成为良法、善法为修法目标，《税收征管法》应当更加强调维护纳税人权利并确保权利的可实现性，更好地平衡权利与权力。

在此次公布的征求意见稿中，一系列条款的修改都增强了纳税人的义务（比如税款滞纳金、税收强制措施延展至个人等），与此相对应的，纳税人的权利保护也需要得到强化，这样才能形成稳态、对等和均衡的局面。在这个意义上，《税收征管法》第88条复议前置制度的废止就更加凸显其必要性。笔者认为，现行法律中有关复议前置的设定，使当事人可能不能够如自己所愿把握行政诉讼的机会，无法与税务机关进行全方位的抗辩，从而剥夺了当事人自主申请救济的权利，也在根本上使财产权这项基本人权无法得到合理的保护。因此，废止复议前置制度对于处理征纳关系冲突、化解社会矛盾具有重要意义。

复议前置制度本身的公正性和正当性不足，使得复议前置的实施效果大打折扣。在很多国家的税法中，针对纳税争议，一般都预先设置一个行政裁决程序。其前提是复议机关本身不论在机构设置还是人员组成上都是独立的，能够独立、公正地履行职能，给税收相对人提供充分的行政救济。比如美国的联邦税务局复议部与负责征收或稽查的部门没有任何业务上的隶属关系。反观我国的税务复议状况，虽然税务复议机关通常设有法制工作机构从事复议审查工作，但这种机构仅仅是税务机关的内设机构,没有独立的行政职权,故往往会受到税务机关的干扰和牵制,难以超脱其整体利益关系。这就导致一个问题——尽管税务行政复议可以较快地作出决定,但如果它不能有效地解决纠纷,当事人还是会走上行政诉讼之路,这使得复议前置很难发挥应有的效果,反而可能造成争议解决资源的浪费和当事人的不便。

允许当事人在行政复议与行政诉讼间自由选择,才能大大提升复议的公信力,倒逼行政复议制度的自我改进。放开复议前置的强制性"门槛",允许当事人自由选择救济手段,可促使复议机关更好地发挥其独特优势。法院的诉讼程序往往旷日持久,复杂繁琐,法官往往缺乏专业知识。只要税务复议机关积极利用其专业性,能够做到独立、中立、公正办案,能够快速便捷地解决争议,能够维护当事人的合法权益,相比之下,任何一个理性的当事人出于维护自身利益的考虑,都会自觉、自愿地选择税务行政复议。复议机关的竞争优势自然可以最大程度地发挥。

缴纳税款或提供担保前置限制了税收相对人的复议救济权利,进而造成纳税人诉讼救济权利的阻滞。根据规定,"必须先依照税务机关的纳税决定缴纳或者解缴税款及滞纳金或者提供相应的担保",才能申请行政复议。这一前置条件的设定借助法律的方式,根据纳税人是否具有足够的财力来划定其是否有权寻求救济,剥夺了那些无力完税、无力提供担保的纳税人的救济权利。其结果是,造成有资力者与无资力者之间的处遇不公平现象,与"法律面前人人平等"的基本法治原则相背离,不符合国家尊重和保护人权的宪法原则。

由于税收强制措施和法律责任的设置,复议前置制度的废止实际上不会对当期税款的足额征收带来较大损害,无需过多担心纳税人不按时按量纳税。根据我国《行政复议法》第21条的规定,原则上,行政复议期间具体行政行为不停止执行。根据《行政诉讼法》第44条的规定,诉讼期间原则上也不停止具体行政行为的执行。这足以说明,税款安全与纳税人申请复议之间并无绝对的联系。即便在当事人已经进入行政复议程序之后,只要税务机关认为必要,仍然可以对征税强制执行。而且,较为严格、严密的法律责任条款,也为税收征收和税款入库工作提供了强力保障。

综合上述理由,《税收征管法》的修改应当朝着更加全面地保护纳税人权利、更加优质地为纳税人服务的方向转变,为纳税人的救济权提供完整、公正和有效的制度保障。笔者建议,从现实可行性角度考虑,首先应当取消缴纳税款或者提供担保前置的规定,并且在条件成熟时,进一步取消将行政复议作为行政诉讼的前提条件的要求。具体地说,可将现行《税收征管法》第88条第1款修改为:"纳税人、扣缴义务人、纳税担保人同税务机关在纳税上发生争议时,可以依法申请行政复议,对行政复议决定不服的,可以依法向人民法院起诉;也可以直接依法向人民法院起诉。"

受维权、控权和制衡的现代税法理念所指引,考虑到现行法第88条的复议前置制度实质上是对纳税人诉讼权利的一种限制乃至剥夺,废止这一条款(尤其是其中的缴纳税款或者提供担保前置)成为迫切的切实可行的选择。

税收征管法修订遇涉税信息共享难题[*]

2011年全国两会后,《税收征管法》修订工作一度提速,当时外界预计"修订稿"能在2011年底提交人大常委会审议,并力争于2012年年底前通过。但截至目前,《税收征管法》修订稿草案尚未提交国务院法制办汇总。根据组织程序,到2013年3月两会召开前,十一届全国人大常委会还剩两次会议,业内专家由此认为,《税收征管法》在本届人大任期内修订完成的可能性已微乎其微。那么,《税收征管法》修订的必要性有哪些?各方为何在"涉税信息共享"方面无法达成共识?《税收征管法》修订的重点应该包括哪些方面?围绕这些问题,本报记者采访了参与《税收征管法》修订的相关人员及业界人士。

修订背景:《税收征管法》已经到了必须修改的时候了

现行的《税收征管法》是税收执法基本程序法,1993年1月1日正式实施,1995年2月八届全国人大常委会对个别条款做过修改,2001年4月再次修改,新增32个条款。2007年国家税务总局开始征集《税收征管法》修订建议,2008年国税总局成立税收征管法修改工作小组,正式启动修订工作,并多次组织召开专家论证。

"《税收征管法》已经到了必须修改的时候了。近年来,中国经济领域出现很多新的现象、活动和组织。比如资本市场近年大量涌现的企业

---

[*] 本文载《财会信报》2012年12月24日,采访记者:丁静、鱼招波。访谈对象还有上海财经大学公共经济与管理学院教授朱为群、中国政法大学财税法研究中心主任施正文教授等多位专家,编入本书时,为了照顾内容的完整性,保留了三位专家的观点。特此说明并致谢。

重组、并购，以及'大小非解禁'等涉及的税收问题，都需要在税收征管法的修订中有所体现和解决。在各项税制改革不断推进过程中，税收征管需要在程序设计和权责确定上作相应调整，适应税种改革。中国的税收实体法经历多次改革，个人所得税法多次修订，《税收征管法》并没能跟上这些税收实体法的改革步伐，难以适应其新需要。"参与了《税收征管法》修订的刘剑文教授在接受本报记者采访时说。

福建省龙岩经济技术开发区国家税务局的程辉在接受本报记者采访时表示，就目前来看，我国当前税收征管还存在一些漏洞和不足之处。比如，税务机关内部各项征管制度、征管程序和操作规程还不尽完善，各环节之间的衔接协调还不够紧密，影响了征管质量和效率；信息传递共享不顺，有些征管措施还不够到位，造成一些税收流失；信息化支撑滞后，一些地方不同程度地存在着"疏于管理，淡化责任"的问题；有些征税机关迫于任务的压力，采取了摊派税收等不合理的做法，侵犯了纳税人的权利，违反了税收法治原则。

与此同时，程辉认为，税收征管工作中还需进一步协调和保护对纳税人、扣缴义务人的合法权利。我国《宪法》关于税收的条款只有一条，即第56条："中华人民共和国公民有依照法律纳税的义务"。由此条规定可以看出我们往往只是单方面追求纳税人履行义务，而忽视对纳税人权利的关注和保障。这就需要在修订《税收征管法》的过程中体现纳税人权利保障，当然如果有条件将纳税人权利纳入到宪法中，这将是实现税收法治建设的关键一步。

"修订《税收征管法》是适应征管改革的需要。近年来，税务机关在一定程度上改革和探索税收征管模式，比如部分地区试行税源专业化管理改革，以及在征管中广泛采取纳税评估手段等，这些改革迫切需要法律依据的支撑。因此，必须通过修订《税收征管法》将这些征管模式和制度加以法制化。《税收征管法》修订可能被列为下届全国人大常委会的一类立法项目。"刘剑文表示。

主要阻力：涉税信息共享未达成共识

据悉，正在修订中的《税收征管法》受阻，主要原因在于各方在"涉税信息共享"等内容上无法获得共识。涉税信息是税收征管的基础,是作出税款确定、征收、处罚等决定的事实和证据来源。始于2008年的《税收征管法》的修订,其主要内容之一便是加强税务机关获取涉税信息的能力。

"涉税信息主要用于确定纳税人身份和税基,对于应纳税额的确定具有关键性作用。由于涉税信息的来源渠道很广泛且被不同部门所掌握,如果没有信息共享,税务机关依法征税就会遇到实际困难。现实中,由于税务机关无法掌握所需要的征税信息,要么导致税款流水,要么由税务机关行使自由裁量权征收可能导致征税不公、侵害纳税人正当权益等问题,因此,建立涉税信息共享制度,对于依法征税和纳税,都具有重要意义。"上海财经大学公共经济与管理学院教授朱为群接受本报记者采访时表示。

刘剑文表示,现代税收征管的发展趋势是强调信息管税。税务机关在征管过程中有赖于建立科学、有效、规范的第三方信息采集系统,需要从发改委、财政、公安、民政、房管、工商等行政部门,金融机构和纳税人的关联方获取纳税人的涉税信息,这不仅涉及信息互换的问题,还涉及保密的问题。如果在法律中对涉税信息共享进行规定,这对上述有关第三方尤其是行政机构来说就是一项义务了,要履行这项义务,对政府机关来说,难度会很大,需要国务院来协调。

为此,刘剑文强调,各部门要意识到,《税收征管法》不是税务机关的征管法,而是全国所有纳税人、行政机关和司法机关的法律。如果只单纯将《税收征管法》理解为税务部门税收管理的法律的话,那么其他政府部门可能就不愿意提供涉税信息。只有认识到《税收征管法》是在维护税收秩序、保障纳税人的权益,它的修订和实施涉及所有部门及全社会的共同利益的话,其他部门就有相应义务提供涉税信息了。当然,也有部分行政部门认为,税务机关掌握的信息比他们的更全,这就需要相互依法共享纳税人信息了。

"信息问题是为了加强征管的问题,从权利和义务的角度来讲,一方面,税务机关和其他行政机关要更客观、更公正、更全面地掌握纳税人的信息;另一方面也应该加大对纳税人的纳税服务,加大对纳税人权利的保护,这是相互对应的问题,这个过程中也体现了权利与义务对等的问题。"

刘剑文说。

同样参与了《税收征管法》修订的著名财税法学家、中国政法大学财税法研究中心主任施正文教授则向本报记者表示，涉税信息共享主要涉及企业和个人的收入信息。这些信息不仅仅是共享的问题，主要是来源问题，共享主要是与银行等对个人企业收入进行监管的行政机关进行信息共享。特别是银行，因为个人和企业资金的流向都要通过银行，因此银行是最核心的。作为纳税人是否会及时向税务机关提供也很关键。尤其是在直接税的征管过程中，对涉税信息的依赖会更大。随着我国税收改革的持续推进，未来直接税会在我国税收体系中占据很大比例，自然人会成为直接税的缴纳主体，这对涉税信息的共享提出了很大要求。

实际上，关于建立涉税信息共享制度，在税务系统内部也存在分歧。程辉向本报记者表示："建立涉税信息共享制度之所以会难以达到共识，其中一个很重要的因素是，税务部门认为在国家层面尚未建立起官员财产公开制度的情况下，税务部门扩大对包括官员财产信息在内的收集权限不合时宜，实施起来阻力也会很大。所以，我认为目前还不具备建立比较完备的'涉税信息共享'制度的条件。因为涉税信息管理制度的建立涉及多个政府部门，已超出税务部门的职权范围。"

施正文指出，构建涉税信息共享制度的难度一方面在于银行等第三方是否会履行职责的问题，另一方面，技术层面也有一点难度，包括建立部门信息共享系统、内外信息共享系统等。但技术不是根本问题，只要技术研发部门稍加努力，相关政策能够推出，这些技术都能在很大程度上解决。而且，建立涉税信息共享制度不是一步将纳税人的全部信息都掌握了，而是逐渐完善。目前的问题是，一些部门不愿将现有信息提供给税务机关，没有开这个口子，最核心的原因是一些官员和权贵不愿意公布自己的收入信息。

"因为如果要建立涉税信息管理制度，就要掌握纳税人的财产情况，这对普通公众影响不大，但是对于官员和一些富豪却影响巨大。比如，一些贪腐官员拥有大量来源不明的财产，他们不希望税务机关掌握这些信息。而一些富豪采取一些手段隐瞒财产偷税漏税，一旦涉税信息管理制度建立他们会缴纳大量税款。所有的涉税信息最后都要归结到个人信息,所以涉税信息共享真正的障碍在于富人和权贵,这也意味着我国的税收改革进入了深水区。"施正文说。

修订建议一:限制税务部门行政裁量权

税务部门在税收征管过程中的行政裁量权过大也成为现行《税收征管法》的"软肋"之一,很多业内人士都呼吁,在新《税收征管法》中,要对税务机关的裁量权进行限制。

程辉认为,现行《税收征管法》在税务行政裁量方面有明显问题,具体表现在三方面:第一,对罚款类税务行政处罚、违法(章)行为"处罚"与"不处罚"界限较模糊。现行《税收征管法》及其实施细则法律责任条款中,出现"可以处"字样的条款有9处;第二,税收执法过程中,违法(章)行为性质难以掌握。现行《税收征管法》及其实施细则中,对当事人的税收违法行为追究法律责任出现"情节轻微"字样的条款为1处,出现"情节严重"字样的条款有9处,但都没有对情节轻重的法定条件作出规定,法律条文语义含糊,孰轻孰重缺乏操作性;第三,现行《税收征管法》法律责任条款中,有的倍数罚款最高差额达10倍(如偷税处50%以上至5倍以下),有的金额罚款最高差额达40万元(如金融机构拒不协助税收征管处十万元以上至五十万元以下),有的罚款只有上限而无下限,即可罚款可不罚款(如编造虚假计税依据处五万元以下),但何种行为按下限处罚,何种行为按上限处罚,现行《税收征管法》并未明确。

"滥用行政处罚裁量权已成为随意执法最突出的表现,违背了'法治、公平、文明、效率'的治税思想,阻碍依法治税进程;导致'人情案'、'关系案'的发生,助长了税务人员的不廉洁行为,破坏税收征纳关系,在很大程度上影响了税务部门乃至政府的威信和形象,不利于和谐社会建设,同时,税务行政处罚裁量权的滥用还削弱了税法的刚性,税收违法案件查处以后,一些纳税人不是按照法定程序进行陈述申辩,而是赶快托关系、找门路,寻求所谓的'关照'得以最轻的处罚,税法的刚性没有得到体现。"程辉说。

朱为群则认为,税务部门的行政裁量权是一把双刃剑。税法不可能事无巨细对现实做全面详尽的规定,因此一定的税务行政裁量权是必不可少的。但是,行政裁量权必须受到有效制约和规范。这需要在征管法实施细则及其相关规定中细化。其实,对税务行政裁量权最关键的制约,应该是在税务机关内部通过对征税权利的相互制衡,从程序上来杜绝一个部门或一个人说了算的情况。

刘剑文向本报记者表示,对税务机关自由裁量权的限制在《税收征管法》中会有所体现。比如,以前违反《税收征管法》的规定,包括逃税、欠税等,要处以百分之五十以上五倍以下的罚款,现在的罚款会降低,一般都降低至两倍,最多不会超过三倍,这就是对税务机关自由裁量权的限制。税务机关也规定了对自由裁量权的基准制度,这也是通过引导机制来限制税务机关自由裁量权过大的问题。

修订建议二:应尽快完善税务行政复议制度

对纳税人合法权益的保护也应成为《税收征管法》修订的重要内容之一。程辉认为,现行《税收征管法》虽然规定了比较多的纳税人的权利,其中包括税收知情权、税收保密权、陈述与申辩权、税收救济权、税收监督权、延期申报与缴纳税款权等等。但从总体上考量,《税收征管法》远未能全面界定纳税人所应当享有的权利。

此前有税务律师界人士向本报记者表示,当前我国的税务复议、诉讼的案还件非常少,纳税人在缴税过程中合法权益受到侵害时仍得不到有效救助。刘剑文对此表示,现在税收复议的案件之所以特别少,有很多原因,与当前我国的大环境有很大关系。一方面的原因是过去的一些税务机关可能采取了一些非理性的方式让很多税案被处理掉了,从长期来看,这种做法对我国的税收执法后患无穷,因为很多问题没有得到根本解决。税务机关应该更加自信,不怕纳税人的复议和诉讼。只有更多的复议、诉讼案件,才能发现税收执法中的一些问题。应该意识到,个案的教育意义很大,有助于推动税收法治。另一方面,纳税人本身也不敢复议,不敢诉讼。涉税案件少,包括税务机关和纳税人两方面的原因。这些问题,在新的《税收征管法》中有所体现,会对纳税人的救济权有进一步的突破和明确规定,至少会规定一些原则性的东西,随后可能会根据实施条例做进一步的细化规定。

当前纳税人的权益之所以得不到保障,与我国的税务行政复议制度滞后也有很大关系,很多业内人士建议,在修订《税收征管法》的同时,也要进一步完善我国的税务行政复议制度。

值得注意的是,10月26日,国家税务总局行政复议委员正式成立。作为该委员会成员之一,刘剑文向本报记者介绍,成立行政复议委员会的一个很重要的目的就是维护纳税人的权利,复议是救济权利的一种体现,救济体系一定要公正、公开、公平。过去的税收复议机关、人员都是由官员组成的,现在相应纳入了一些专家,所以在中立性方面迈了很大一步。

不过,施正文认为,建立复议委员会确实是一大进步,但目前我国的行政复议机构仍掌握在政府手中。

施正文说,西方国家的税务行政复议部门的人员组成一般包括法律人士、社会人士、行政机关人士及纳税人代表等,而且对这些人员的数量比例也有明确的规定。然而目前中国的行政复议委员会人员构成是有问题的,税务机关各个部门的领导人员太多,税务机关之外的人太少,法律界人士也太少,而且真正是研究税法的法律界人士更少。所以,目前的行政复议制度急需完善,以提高其公正性、专业性、中立性。

本报短评:全社会都应关注《税收征管法》的修订

从字面意义上理解,《税收征管法》是一部用来指导税务机关税收征缴活动的法律,由税务机关实施,它的修订似乎只与税务机关有关,其实不然。《税收征管法》与每个纳税人都息息相关,它不仅应该明确规定税务机关的税收征缴工作,还应更加突出对纳税人合法权益的保护和救助。因为相比作为执法部门的税务机关,无偿向国家上缴税款的纳税人属于弱势群体,只有更加细化、具体化各相保障条款,才能体现出税收执法的公平、公正、公开。

《税收征管法》的修订已经历时5年,我们期望未来出台的新《税收征管法》应该已经经过了大幅修改,真正解决了现行《税收征管法》所存在的顽疾,唯有如此,才能达到本应有的目的,而不是沦为一项劳民伤财的面子工程。所以,本报记者呼吁,《税收征管法》修订的内容及进度应该引起全社会的关注,每个纳税人都应该尽可能参与进来。

税收管理是发票难以承受的职能之重*

发票只是商家与消费者之间交易的一个凭证,但却成为税务机关税源监控和管理税收的重要工具,假发票之所以如此泛滥,恐怕最根本的原因还在于此。

国务院修改通过的《中华人民共和国发票管理办法》(以下简称新《发票管理办法》)日前正式公布,将于2011年2月1日起施行。这部新《发票管理办法》加大了对发票违法行为的罚款力度,提高了发票管理技术水平,尝试以纳税人权利来监督税收征管权的思路构建发票监管体系。可见,这是一部彰显纳税人权利,限制、规范税收征管权和以纳税人权利为本位的良法。

新《发票管理办法》的出台有其深厚的现实背景。原《发票管理办法》自1993年12月经国务院批准、财政部发布施行以来,对加强税源监控、保证税收收入发挥了积极作用。但随着经济社会和科技的发展,原发票管理制度在执行中出现了诸多亟待解决的问题:一是制售和使用假发票、不依法开具发票等违法行为的手段翻新且日益严重,发票防控措施亟待相应完善;二是对发票违法行为的处罚力度偏轻,难以有效惩处和制止发票违法行为。为了解决上述问题,对现行发票管理办法作出修改是十分必要的。

笔者认为,新发票管理制度有以下四大亮点:

第一,加大了发票违法惩罚力度。对虚开、伪造、变造、转让发票违法行为的罚款上限由5万元提高为50万元,对违法所得一律没收;构成犯

---

* 本文载《法制日报》2011年1月6日,作者:刘剑文。

罪的,依法追究刑事责任。新《发票管理办法》还对发票违法行为及相应的法律责任作了补充规定。其中包括,对非法代开发票的,与虚开发票行为负同样的法律责任;对知道或应当知道是私自印制、伪造、变造、非法取得或者废止的发票而受让、开具、存放、携带、邮寄或者运输的,以及介绍假发票转让信息的,由税务机关根据不同情节,分别处 1 万元以上 5 万元以下、5 万元以上 50 万元以下的罚款,对违法所得一律没收。对违反发票管理规定 2 次以上或者情节严重的单位和个人,税务机关可以向社会公告,以发挥社会监督作用。从纳税人角度思考以上问题,既保护了纳税人的知情权,也可以通过纳税人权利来监督税务机关公权力,这是重要的制度创新。

第二,推广发票网络管理系统,防范虚开发票行为。新《发票管理办法》进一步细化,并规定运用信息技术手段有效防范虚开发票的违法行为,增强可操作性。安装税控装置的单位和个人,应当按照规定使用税控装置开具发票,并按期向主管税务机关报送开具发票的数据;国家推广使用网络发票管理系统开具发票;同时,对使用非税控电子器具开具发票也作了进一步规范,从而有利于从技术上加强发票管理和控制。

第三,禁止非法代开发票,防范假发票扩散。新《发票管理办法》根据新情况,增加规定,禁止非法代开发票;不得介绍他人转让发票;对知道或者应当知道是假发票的,不得受让、开具、存放、携带、邮寄和运输;不得以其他凭证代替发票使用;并规定税务机关应当提供查询发票真伪的便捷渠道。

第四,简化了发票领购程序,从正面引导纳税人合法使用发票,体现为纳税人服务的理念。取消了发票领购环节的资格审核程序,规定纳税人凭税务登记证、身份证明和发票专用章印模即可办理领购手续,主管税务机关应在 5 个工作日内发给发票领购簿;需要临时使用发票的单位和个人,可以直接向税务机关申请代开发票,税务机关也可以委托其他单位代开发票。

应当清醒地看到,新《发票管理办法》虽然解决了原发票管理制度中存在的不少问题,但有些问题有待进一步解决。首先,现行发票的职能异化。实际上,发票只是商家与消费者之间交易的一个凭证,但在中国却成为税务机关税源监控和管理税收的重要工具,这在国际上是少见的。假发票之所以如此泛滥,恐怕最根本的原因还在于此。发票被税务机关赋予了本身所不应该涵盖的职能。故未来发票管理制度改革恐怕还需要从发票职能定位着手。其次,发票管理仍然存在漏洞。比如各地各自印制发票。除了增值税专用发票外,其余发票由各省级政府制作,实际上到了地方各个市(地、州)都分别印制发票。现在,全国各地有300多种发票版本,这么多版本的发票使得假发票有机可乘,加上发票在我国现有报销体制下就等同于现金,这样,无论如何加大惩罚力度,制作假发票的高额利润仍然会驱使违法者迎难而上。

路漫漫其修远兮,吾将上下而求索!上述只是列举了《新发票管理办法》仍有待解决的问题。当然,新《发票管理办法》朝前迈进了坚实的一步,但要彻底解决发票管理问题,尚需理论界与实务部门深入研究。

应坚决制止"征过头税"[*]

在国内经济增速放缓的背景下,曾一路高歌猛进的财政收入也转入低速增长轨道。地方政府"钱袋子"开始变紧,国税总局和财政部频繁表态:坚决不收"过头税"。然而,有媒体近期在浙江调研时发现,一些地方土地财政能力逐步丧失,对企业征税、罚款就加大了力度,征收"过头税"的现象开始出现。那么,这种超前预支是否合适,又会给企业乃至国家的经济发展带来哪些负面影响?

主持人: 网友们下午好,最近有媒体在浙江调研时发现,一些地方开始征收"过头税",那么,什么是"过头税"? 征收"过头税"又会给企业乃至国家的经济发展带来哪些负面影响呢? 今天我们特邀刘剑文教授做客搜狐微访谈,来为我们解读,欢迎大家关注并提问。

答: 大家好,我是刘剑文,今天应邀跟大家交流过头税问题,欢迎大家向我提问! 谢谢!

问: 什么是过头税?

答: 过头税,是基于现实因素等考量过分地向民间收取税费的一种不合理的做法,有时间上的过头和幅度上的过头两种。准确地说,是指税务机关在税收实践中提前征收下一纳税年度税款或是在当前纳税年度超额征收税款的现象。

---

[*] 节选自《刘剑文谈浙江地方政府征过头税》,系刘剑文教授 2012 年 10 月 27 日做客搜狐微访谈的访谈实录,网址:http://t.sohu.com/talk/1016311。

问:这种过头税,属于什么税种?

答:"过头税"是人们对这样一种现象的形象说明,并不属于某种单一的税种。

问:地方财政除了税收外,国家财政没有补贴吗?

答:除了地方政府取得的税收收入之外,国家也会通过财政转移支付的形式,来支援地方的财力。

问:今年就开始征明年的税,这太恐怖了,想起学习历史时候书上的一个词:"苛捐杂税"。

答:税收的征收应当严格按照税法规定进行,而且只有在满足税收要件的情况下,才有应纳税款发生。今年提前征收下一年度的税款,从税法的角度来说,确实有其不规范的地方,应当引起各级政府的重视。但是,这和中国古代的"苛捐杂税"还是有明显区别的,这也应该为我们所注意到。

问:国家三令五申禁止收过头税,为什么屡禁不止?

答:中央部委对此一再反对,但个别地方政府迫于现实压力采取这种做法,这种现象确实需要进一步重视与规范。

从税收法律的角度看,税款的征收有一定的时间限制,征收"过头税"的行为并不符合税法的规定;而且,中央部委和各级领导同志也多次强调反对征收"过头税"。但是,这种现象仍然大量存在,主要原因可能还是部分税务机关也有税款征收方面的压力,而在经济形势受世界经济危机影响的大背景下,税收数额的完成是会受到影响的。

问:提前征税会造成什么影响?

答:加重了纳税人的负担,对于政府的形象与税收法治也造成一定的影响。主要还是给纳税人造成经济上的压力,可能对企业,尤其是中小企业的长远发展不利。越是在经济困难的时期,越是要强调税收法定主义,这能树立和维护政府的良好形象,而且也能通过对企业的扶持,涵养税源。

问：国外也是这样的吗？

答：从国外税收法治比较发达的国家的情况看，一般会比较严格地执行税收法律的实质和程序性规范，尤其注重对纳税人权利的保护。这其实也是值得我们国家借鉴的，可以进一步完善税收法律建设，强调对纳税人权利的保护。

问：征收过头税是否跟当地经济发展有关？

答：并无直接联系。当前我国应当强调结构性减税、"藏富于民"，在经济形势不好的时候，尤其应当注重通过结构性减税、严格执行税法规定等，涵养税源，使纳税人的经济状况进一步优化。

问：很好奇，为何我国赋税这么高，政府还总嚷嚷财政吃紧？

答：当前还是应当强调预算制度的改革，比如，强调预算公开，这样可以让纳税人明晰和监督政府的财政支出行为。政府不合理的财政支出行为，应当尽量减少，这样可以在一定程度上缓解财政紧张。

问：政府随意增加税种，是否有法可依？

答："过头税"不是一种新增的税种，而是在税收征管实践中出现的一种现象。政府是不能随意增加新税种的，这受到税收法定主义的限制。

问：过度征税是否符合我国相关税法条例？

答："过头税"的情形确实违反了相关的税收法律和税收法规的规定，应当引起各级政府和有关部门的重视。

问：浙江收过头税，还有多少地方政府在"预支"中生活？

答：地方政府征收"过头税"在某种意义上是基于地方财力不足，或是纳税计划等因素的影响。因此，应当强化政府的税收法定意识，同时完善我国的税收法治建设。

问：其实中国的财税体制和预算体制必须改革了，现在的体制只能让各级政府寅吃卯粮，而且还有许多政府间为了引税而导致的恶性竞争，最终是国家财力的流失和浪费。

答：财税体制改革和预算制度改革的必要性确实十分重要，而且通过这项改革措施,可以推动各级政府进一步依法行政,也是有利于和谐社会建设的。

问:在您看来,现在的税法制度是否完善,有哪些亟待修正?

答:我国目前的税法制度还存在一些不完善的地方,当然,较之于若干年前,进步已经是很明显的了。首先应当考虑在税收领域的基本制度方面都能制定法律法规,做到有法可依;此外应考虑将现行的若干税收法规、规章在合适时机进行清理;此外,还应当强调在税收征收过程中注重依照税法、保护纳税人权利。

问:财政吃紧的主要原因在哪里?怎么样能保持中国经济健康发展?

答:经济增长总是具有周期性的,不可能一直保持高速的增长,在经济调整期,税款增长放缓也是很正常的。在现代"税收国家"语境下,税收收入确实是国家财政收入的主要部分,因此,出现财政吃紧现象也就不难理解了。

保持中国经济健康发展是一个系统性工程,应当多管齐下。这其中,进行结构性减税、改善民生,实现"民富国强"的制度目标,是很重要的一个方面。现在所提出的"结构性减税",有利于藏富于民,促进我国经济以更合理和健康的方式发展,是一种比较重要的途径。

问:地方财政到底要走向何方?很迷惑,一方面,地方要发展,通过融资超前发展,债务本金利息要几年的财政收入才能消化;另一方面,经济不景气,财政收入指标完不成,有些地方收了过头税,把后几年的财政收入提前收取。一些地方党政领导只考虑眼前,将来怎么办,没人去考虑。如果这是普遍现象,值得深思。

答:中央与地方的财政关系,包括财政收益的分配等内容,都是我国国家治理中的重要课题,应当认真研究。应当保障地方政府财力和事权相匹配,这样既能提升地方公共物品的供应质量,又不至于让地方政府陷入财政困难。

问:重复收费、乱收费的现象在我国近年来不断出现,人们也不断反对却无丝毫用处,人民的权利应该如何自保?

答：我们强调政府应当依法行政，乱收费、过头税等现象都是应当严格监管与限制的，同时在征收程序上给予纳税人合理充分的表达渠道与救济途径，保障纳税人的权利。

问：财政部部长谢旭人说，要支持税务、海关部门依法征税，但坚决不收"过头税"。为什么浙江还征收呢？

答：这种现象的出现主要还是执行环节存在问题，可以考虑进一步在税款征收过程中贯彻税法规定，严格执行相关的要求。

问：为什么税收的钱数一定要逐年增长呢？这不是虚假繁荣吗？

答：基于经济发展周期规律，要求税收收入逐年增长是不合理的，税收规模应当与经济发展和社会发展情况相适应。

问：个人认为现在的税务机关自由裁量权过大，上升到权力寻租。他们会按照税率、税基变通，这不是也存在一定的漏洞？

答：这要求进一步强调"税收法定主义"，一方面应当考虑进一步完善税收法律体系，做到税收方面的重要事项"有法可依"，另一方面应当在税收征管实践中坚持"依法稽征"，强调对纳税人权利的保护。

主持人：时间关系，今天的访谈要结束了，感谢刘剑文教授参与访谈为网友们解读和交流关于"过头税"的问题，也非常感谢网友们的热情参与，如果大家还有问题，可以到刘教授的微博中留言互动，下次访谈再见。

答：各位博友大家好！在建设法治国家的背景下，征收过头税的现象是不合理，也是不合法的，应当依法予以制止，重者追究法律责任。越是经济乏力，越是要警惕乱收费或是征过头税，树立政府执政文明的良好形象；越是经济放缓，越要加大结构减税力度，改善投资环境，培育经济发展后劲；越是出现乱收费和征过头税现象，越要强化依法征税、依法收费，加强财税法治，树立纳税人意识高于一切，在时下中国，应树立依法理财的理念，强调收入的合理合法、合宪，支出公开、公平、公正，管理有规、有序、有责。谢谢各位博友，再见！

税务行政裁量权要合法、正当行使[*]

2012年上半年,我国经济增速创下三年来的新低,然而税收增长却未受太大影响。据财政部公开数据显示,2012年全国税收目标9.7万亿,前6个月完成税收收入5.49万亿,超额实现了"双过半"(时间过半,税收过半)任务。在税收"双过半"捷报传来的同时,湖南、浙江等地也被爆出了税收征管中存在"预缴税""吃老本"等行为。

为规范各地税务部门的税收行为,国家税务总局日前发布《关于规范税务行政裁量权工作的指导意见》(以下简称《意见》),明确了规范税务裁量权的必要性和基本要求,并责令各级税务机关要建立税务裁量基准制度、健全税务行政裁量权行使程序制度,切实保障纳税人合法权益。

中国政法大学财税法研究中心主任施正文教授接受本报记者采访时表示,在目前中国税法还无法整体改革、各地税务部门的税务行政裁量权过大、当前各种"突击收税"现象又比较严重的情况下,国家税务总局推出旨在规范各级税务部门的税务行政裁量权的《意见》,可谓是有着非常重要的现实意义。

"突击征收"凸显的是税法本身的问题

学界有一种流行观点认为,一国的宏观税负水平与该国人均GDP呈正相关关系。刘剑文接受本报记者采访时表示,经济增长应该与税收增长是同步的,所以,下滑也应该是同步的。然而,我国上半年的情况却是

---

[*] 原标题为《税总"驯化"税务行政裁量权》,载《财会信报》2012年8月7日,采访记者:鱼招波。访谈对象还有中国政法大学财税法研究中心主任施正文教授、华税律师事务所主任刘天永,编入本书时,为了照顾内容的完整性,保留了两位专家的观点。特此说明并致谢。

经济增速下滑了,税收收入却继续扶摇直上。

刘剑文分析,税收增长超过经济增长的问题要从两个方面来看,一个方面的原因可能是税务机关加强了税收征管,严格征管,纳税人的纳税意识也有所提高;另一方面,也可能存在一些税务机关为了税收收入的增加,而采取了一些不合法行为这样的情况。不过刘剑文认为,越到经济下滑时,越要强调严格执法,并注重对纳税人的保护。

施正文认为,经济下滑使得税源减少了,税收总额却逆经济形势发展,超常增长,很不正常。

据相关媒体报道,在经济下滑的背景下,为了完成"双过半"的税收任务,各地税务部门在征税手段的选择上可谓"八仙过海,各显神通"。比如,湖南邵阳"寅吃卯粮",想着法子让企业把未来的所得税"预缴"上来;浙江绍兴干脆"吃老本",上年盈利的企业多缴一定比例的所得税;湖南某地税局甚至规定"绝不许零报税",要求凡是安装了税控机的企业都必须得缴税。

"税务机关应该依法征税,从这个意义上来讲,不应该规定所谓的任务,任务征税不合法,按照《税收征管法》的规定,不多收税也不少收税,这说明在制度的背后仍需要理念上的重大转变。"刘剑文说。

施正文表示,虽然"突击收税"的方式五花八门,但这些税务机关大部分应该都没有超越税法的征收范围,如果按照税法来裁定的话,这些税务机关大部分在形式上也不算是违法。因为我国的法定税负太高了,税务机关可以根据执行税法时的宽严来调节税收征收的数额。当然,也不乏税收征管过程中的违法行为,很多是由于税务人员的素质太差等原因造成的,对这种情况,一定要依法追究。

知名税务律师、华税律师事务所主任刘天永接受本报记者采访时指出,我国经济发展不均衡,必然会产生选择性执法,比如东部经济发达,税源广,在某些领域税收征管就比较宽松;而中西部经济落后,税源窄,在某些领域税收征管就比较紧。而选择性征税也就意味着没有按照税法征税。税收征管既是权利也是义务,应征未征或者不该征反而征收了,这都属于渎职行为。

"'年中突击收税'现象更多凸显了税法在执行过程中弹性过大的问

题,体现了税法本身存在的一些问题,各地在执行税法时做法不一样,税法级次不高,比如有的企业在北京需要纳税,在上海就不需要纳税,这需要税法建立起稳定的征纳关系,需要更加规范。"刘天永说。

法定税负太高税务机关调节空间太大

事实上,"年中突击征税"也是税务机关税务行政裁量权过大的一种体现。

《意见》指出,行政裁量权是行政机关依法行使行政处罚、行政许可、行政强制、行政征收、行政给付等职权时,根据法律、法规和规章的规定,依据立法目的和公平合理的原则,自主作出决定和选择行为方式、种类和幅度的权力。

施正文指出,目前地方的税务行政裁量权非常大,原因主要来自两方面,一方面,我国的法定的名义税率太高,与实际征收过程中的实际税率相差太大,这给了各地税务机关巨大的调节空间,即实质上巨大的裁量权空间。另一方面,我国税法在名义上也授予了税务机关很多的裁量权。比如税法在高新技术企业的认定、罚款、预征税、核定征收等方面的规定弹性非常大,这在客观上授予了地方税务机关巨大裁量权。

"比如,按照税法规定,企业账目混乱或者成本资料、收入凭证等残缺不全,难以查账的,税务机关就有权核定征收,在核定征收的过程中,税务机关的裁量权是非常大的。再如,虽然目前我国的营业税起征点已经调到了2万元,以往年度企业的税额可能核定了1万元,不用纳税,起征点虽然调高了,但税务机关可以税额核定到2万以上,这样以前不用缴税的情况,现在反而需要缴税了。另外,税法规定,地方税的税率也可以由地方政府确定,这也是有非常大的裁量权空间的。"施正文说。

本报记者查阅了于2001年修订的《税收征收管理法》发现,包括总则和附则在内的94条规定中,类似"……可以处不缴或者少缴的税款百分之五十以上五倍以下的罚款"等赋予了执法人员巨大裁量空间的条款共达20多条。上至国家税务总局,下至各地税务部门,及相关管理层级等都有税务行政裁量权的存在。施正文认为,总体来讲,各级税务部门税务行政裁量权的膨胀,更多的还是由于实质上的裁量权过大,即我国法定税负太高,税务机关的调节空间太大。

刘剑文指出,税务机关在行使税务行政裁量权时,要依照法定的权力、条件、范围、幅度和程序进行。现在的问题是,税务机关在合法行政的前提下,执法的公平、公正等方面是不是有瑕疵,这些是我们需要去考虑的问题。税务行政裁量权是把双刃剑,一个方面是给了税务机关很大的权力,另一方面也是给了税务机关很大的限制。因为在自由裁量的过程中,也可能存在合法但不合理的情况。

税总制定裁量基准是"驯化"裁量权的过程

刘剑文介绍,2011年的9月26日,国家税务总局召集了一批专家,专门讨论了税务行政裁量权的问题,当时他也是与会的专家之一。这表明国家税务总局出台的《意见》是听取了社会的意见,足见国家税务总局对规范税务行政裁量权的重视。

《意见》主要通过要求各地税务部门建立税务裁量基准制度和健全税务行政裁量权行使程序制度两项措施,从法律实体上和执法程序上,对税务部门的裁量权进行了限定。

有网友指出,我国税务机关行使的税务行政裁量权,长期以来都游离在税法的监控之外,像一只肆无忌惮的野兽,而制定裁量基准、规范裁量权的举措,无疑是使这只兽受"驯化"的过程。

对于建立裁量基准制度的意义,刘剑文指出,按照税法要求,目前税务机关的某些行为是合法的,但这样一些合法的执法行为并不一定是公平公正的。比如同样是逃税,在这个税务局可能罚款两倍,在那个税务局却罚款一倍,这就不公平了。严格意义上来讲,法律规定应当明确,不应该有很大弹性,但事实上在法律不断完善的过程中又有很大的弹性。在这种情况下,制定一个行使裁量权的基准,就是非常必要的。基准制定的依据就是法律和行政法规,基准是对行政裁量权的一个细化过程。

《意见》要求,各省(自治区、直辖市)国、地税机关原则上应当根据本地区税收执法实际,联合制定本地区统一适用的规范各项税务行政裁量权的裁量基准。条件不具备的地方,也可以通过沟通协商制定相对统一的裁量基准。各省(自治区、直辖市)税务机关制定的裁量基准应当报国家税务总局备案。

刘剑文对此评论称,这意味着在一个省里面,裁量的基准应该是统一的,这样裁量的弹性就缩小了。但是,由于各地经济发展不平衡,执法水平也不太一样,所以不同省份的基准还是有差异的。欠发达地区不能处理太重,发达地区不能处理太轻。

不过刘天永认为,不应该让地方去制定裁量基准,这样不公平,不能由征税的制定规则,这样纳税人的权益得不到保障。税法应该低税率、宽税基,降低纳税人的负担,降低税务行政裁量权,提高税法的权威,这样才是税法修订的方向。

"要规范税务行政裁量权,首先要健全《税法》《税收征管法》,这两项法律的修订完善不能由政府来做,而要上升到全国人大;其次要从理念上提高认识,依法行政,提高税收执法人员的素质。"刘天永说。

附录一：法学专家对《税收征收管理法修正案》的意见[*]

中国法学会于2013年6月30日组织专家学者,就《中华人民共和国税收征收管理法修正案(征求意见稿)》(以下简称《税收征收管理法》),及说明进行了认真深入的讨论,并提出了如下修改意见。

一、总体意见

(一) 关于立法理念和修改原则

《税收征收管理法》是当前我国唯一的也是最重要的程序税法,因此其修改非常关键,也意义重大。规范政府征税权力和加强对纳税人权利保护成为与会学者对此次《税收征收管理法》立法理念和修改原则达成的重要共识。《税收征收管理法》的修改涉及千家万户的利益和方方面面的关系,当前时值实现"中国梦"大背景,如何通过程序税法修改来实现国家与纳税人的和谐关系非常重要:在理念上,涉及如何将征税权力关在笼子里和如何保护纳税人权利这一一体两面的问题;在技术上,涉及实质课税、一般反避税等先进税法原则条文化的问题;在功能上,涉及继续推动包括程序税法在内的整体税法的税收法定问题。

(二) 关于与相关行政法律制度衔接

加强《税收征收管理法》与《行政许可法》《行政强制法》《行政复议法》

---

[*] 该建议系2013年6月3日由中国法学会主办、中国财税法学研究会和中国行政法学研究会联合承办、北京大学财经法研究中心和福建拓维律师事务所协办的《税收征收管理法》修改专家研讨会成果,全文被中国法学会以《立法建议》的形式递送全国人大常委会预算工委、全国人大常委会法工委、财政部、国家税务总局、国务院法制办等国家机关,成为重要的立法参考。

《行政诉讼法》等制度的衔接,是理论界和实务界十分关注的焦点问题,也是《税收征收管理法》修订的重要议题。与会专家一致认为,加强《税收征收管理法》与上述法律制度的衔接非常紧迫,应尽快对现行《税收征收管理法》中与行政程序法的规定相冲突的条款予以修改。

(三)关于税收复议前置制度的存废与纳税人权利保护

在社会追求公平正义、纳税人权利觉醒的时代,对纳税人权利的保护是无法回避的重要议题。《税收征收管理法》修改原则应是严格规范税收征管行为,把征税权关进制度的笼子里。现行《税收征收管理法》第88条的复议前置制度实质上是对纳税人诉讼权利的一种限制乃至剥夺。从现实可行性角度考虑,首先应当取消缴纳税款(或者提供担保)前置的规定,并且在条件成熟时,进一步取消将行政复议作为行政诉讼的前提条件的要求。

(四)关于税务代理中的注册税务师与注册律师、注册会计师的法律地位

税务代理应当向适格的包括律师、注册会计师在内的中介机构开放,注册税务师从事税务代理不应直接规定在《税收征收管理法》中。目前,注册税务师从事税务代理没有非常明确的法律依据,直接写入《税收征收管理法》容易形成行业垄断,不利于市场竞争。草案将全部涉税专业服务许可给注册税务师所垄断的做法,既不符合我国税务代理的实际,也不符合国际潮流,从长远看,是背离法治。实行税务代理的行政许可,与党的十八大报告和近期国务院所提出的简政放权的精神不符。注册会计师应当同律师、会计师一样,实行严格的行业自律管理,可以考虑由国务院制定《注册会计师管理条例》。

(五)关于税务机关涉税信息管理

与会专家学者认为,在当前经济社会形势下,税务机关获得涉税信息有其时代性、必要性和正当性,但应注重在实际执行税法过程中对涉税信息安全以及纳税人隐私的合理保护。现有《征求意见稿》的"储户"概念过于广泛,应加以具体明确并限定在纳税人范围内,且关于涉税信息管理的立法应当坚持审慎性原则,切实有效保护纳税人隐私权。《征求意见稿》新增第28条与现行《税收征收管理法》第6条如何衔接的问题,建议对哪些有关单位应该向税务机关提供信息进行明确统一的规定,便于法律的有效执行和适用。

与此同时,还应针对新增第28条补充税务机关在获取和管理涉税信息以及保守纳税人隐私方面的法律责任问题。

（六）税款的补缴、追征与税款滞纳金的法律性质

税款的补缴和追征问题应该借鉴发达国家和地区的先进经验,特别是应重点关注补缴和追征环节的期间和期限问题,《税收征收管理法》应明确规定核定期间和征收期间。就税款滞纳金而言,是否应当设定专门的滞纳金概念,还需要进一步商榷。滞纳金在经济学上是纳税人延期缴纳税款的时间差,具有补偿性而非制裁性,现行《税收征收管理法》规定的滞纳金大大超过银行贷款利息,不需要赋予滞纳金处罚功能。同时,就滞纳金的数额上限而言,则有进一步缩小的必要。对于税务机关批准延期缴纳税款情形,不应计算滞纳金。滞纳金是强制执行而不是处罚措施,滞纳金不应超过本金。

（七）逃避缴纳税款的认定与处罚

基于纳税人权利保护和公平合理原则,在厘清罚款和滞纳金法律性质基础上,应更加注重违法行为和法律责任的对等性和比例性。在《刑法修正案（七）》出台后处理逃避税收征管案件时应注重执法理念的重塑,严格遵循比例原则,保护纳税人的合法权益。《税收征收管理法》应遵循《行政处罚法》的基本原则,只要能及时追缴税款和及时履行纳税义务,应减少惩罚力度。现行《税收征收管理法》对逃避缴纳税款的处罚额度太宽,从50%到5倍,税务机关裁量的标准非常宽泛,应相应细化具体的法律规则。《税收征收管理法》还应对纳税人信赖利益保护有所体现,特别是对于税务机关在税务稽查的中自由裁量权进行规范,并对相关法律责任作出明确规定。

（八）一般反避税条款与实质课税原则

近年来,纳税主体跨境行为的活跃导致避税呈现国际化、复杂化的态势,《税收征收管理法》在涉外反避税案件中的适用迅速增长,税收征管中的反避税问题和征纳矛盾日益突出。与会专家学者普遍认为,我国现行反避税制度已不能适应新时期客观需要,《税收征收管理法》应当在《企业所得税法》特别纳税调整等现有反避税规定的基础上,以统一的程序税法方式对一般反避税作出较为明确的条款规定。与此同时,实质课税原则作为反避税制度的核心价值理念已被世界大多数国家纳入法治框架内运行,且我国税法理论界对实质课税原则纳入程序税法以完成该原则在法治框架的确认达成一致,可

以考虑纳入此次《税收征收管理法》修改。应在对《企业所得税法》反避税规定进行有效衔接的基础上,通过《税收征收管理法》对一般反避税的相关主体、行为认定及其类型化、执法程序、举证责任等进行必要的指导性规定。与此同时,在结合我国税收征管的实践并对各国关于实质课税原则的成功经验与做法,可考虑在《税收征收管理法》"总则"中增设一般性规定,在"第三章 税款征收"中增设具体条文规定。

二、法学专家对《税收征收管理法修正案(征求意见稿)》具体条文的修改建议

第一章 总 则

建议1:关于实质课税原则

《税收征收管理法》

第三条 税收的开征、停征以及减税、免税、退税、补税,依照法律的规定执行;法律授权国务院规定的,依照国务院制定的行政法规的规定执行。

任何机关、单位和个人不得违反法律、行政法规的规定,擅自作出税收开征、停征以及减税、免税、退税、补税和其他同税收法律、行政法规相抵触的决定。

《税收征收管理法修正案(征求意见稿)》

无修改

建议修改为:

第三条 税收的开征、停征以及减税、免税、退税、补税,依照法律的规定执行;法律授权国务院规定的,依照国务院制定的行政法规的规定执行。

任何机关、单位和个人不得违反法律、行政法规的规定,擅自作出税收开征、停征以及减税、免税、退税、补税和其他同税收法律、行政法规相抵触的决定。

涉及税法解释及对税法事实的税法认定,税务机关可以采用实质重于形式的方法。

理由:现行《税收征收管理法》仅对避税行为中的转让定价有所规范。因此,形成了税收实体法与程序法在反避税规定上不统一、不衔接的问题。作为反避税一般性规定的一般反避税条款出现在《企业所得税法》而非《税收征收管理法》中,将形成同样是税收规避行为,但却因税种不同而差别对待,引起更大税法漏洞需要填补的繁重任务。然而我国立法中缺位的实质课税原则或者"穿透原则"使得填补这种漏洞所需的税法解释无法完成。是故,应在《税收征收管理法》中对实质课税原则或者"穿透原则"进行立法确认。

第二章 税务管理

建议2:关于税务机关涉税信息管理

《税收征收管理法》

无相关规定

《税收征收管理法修正案(征求意见稿)》

新增

第二十八条 政府部门和有关单位应当及时向税务机关提供所掌握的涉税信息。

银行和其他金融机构应当及时向税务机关提供本单位掌握的储户账户、支付或计入该账户的利息总额、支付或计入该账户的投资收益及年末(或期末)账户余额等信息。

涉税信息提供办法由国务院规定。

建议修改为:

第二十八条 政府部门和有关单位应当及时向税务机关提供所掌握的涉税信息。

银行和其他金融机构应当及时向税务机关提供本单位掌握的纳税人储户账户、支付或计入该账户的利息总额、支付或计入该账户的投资收益及年末(或期末)账户余额等信息。

税务机关对纳税人的涉税信息负有保密义务。

涉税信息提供办法由国务院规定。

理由: 将储户的范围限定在纳税人范围之内,并明确规定税务机关对纳税人的涉税信息负有保密义务。应当避免未来税务机关对于公民个人信息,以及商业隐私等的过度搜集。

第三章 税款征收

建议 3：关于实质课税原则适用

《税收征收管理法》

第二十八条 税务机关依照法律、行政法规的规定征收税款，不得违反法律、行政法规的规定开征、停征、多征、少征、提前征收、延缓征收或者摊派税款。

农业税应纳税额按照法律、行政法规的规定核定。

《税收征收管理法修正案（征求意见稿）》

第二十九条 税务机关依照法律、行政法规的规定征收税款，不得违反法律、行政法规的规定开征、停征、多征、少征、提前征收、延缓征收或者摊派税款。

建议修改为：

第二十八条 税务机关依照法律、行政法规的规定征收税款，不得违反法律、行政法规的规定开征、停征、多征、少征、提前征收、延缓征收或者摊派税款。

纳税主体对纳税形式与实质不一致的事实具有主观故意时，税务机关有权按照合理方法调整。税务机关对该应税事实负举证责任，纳税人仅负协助义务。

理由： 实质课税原则作为具体案件办理中的适用性规范，除了在总则中进行原则性规定外，还应在具体的征收管理专章规定中予以特别指明。为规范税务进行适用该原则和保护纳税人权利，建议规定举证责任主要由税务机关承担，纳税人仅负协助义务。

建议 4：关于税款的补缴与追征

《税收征收管理法》

第五十二条 因税务机关的责任，致使纳税人、扣缴义务人未缴或者少缴税款的，税务机关在三年内可以要求纳税人、扣缴义务人补缴税款，但是不得加收滞纳金。

因纳税人、扣缴义务人计算错误等失误，未缴或者少缴税款的，税务机关在三年内可以追征税款、滞纳金；有特殊情况的，追征期可以延长到五年。

对偷税、抗税、骗税的,税务机关追征其未缴或者少缴的税款、滞纳金或者所骗取的税款,不受前款规定期限的限制。

《税收征收管理法修正案(征求意见稿)》

第五十三条 因税务机关的责任,致使纳税人、扣缴义务人未缴或者少缴税款的,税务机关在三年内可以要求纳税人、扣缴义务人补缴税款,但是不得加收税款滞纳金。

纳税人、扣缴义务人因过失未缴或少缴税款造成漏税的,税务机关在三年内可以追征税款、税款滞纳金;有特殊情况的,追征期可以延长到五年。

对逃避缴纳税款、抗税、骗税的,税务机关追征其未缴或者少缴的税款、税款滞纳金或者所骗取的税款,不受前款规定期限的限制。

建议取消《税收征收管理法》第52条(《税收征收管理法修正案(征求意见稿)》第53条),在《税收征收管理法》第32条(《税收征收管理法修正案(征求意见稿)》第33条)后新增三条(之后条款相应调整):

第三十四条 【税款核定期间】税款的核定征收期间,按以下规定执行:

(一)依法应由纳税人、扣缴义务人申报的税款,已在规定期间内申报,且无故意以欺诈或其他不正当方法逃漏税款的,其核定期间为五年;其中,涉嫌少缴税款少于十万元的,其核定期间为三年;

(二)依法应由纳税人实贴的印花税,及应由税务机关依照相关账簿和资料核定税款的,其核定期间为三年;

(三)未在规定期间内申报,或者以欺骗、隐瞒手段进行虚假纳税申报或者不申报,逃避缴纳税款,或者被吊销税务登记证件的,其核定期间为十五年。

在前述核定期间内,经另发现应征税款的,仍应依法补征或并予处罚,在核定期间内未经发现者,以后不得再补税处罚。

第三十五条【税款核定期间的起算】 税款的核定期间起算,按以下规定执行:

(一)依法应由纳税人、扣缴义务人申报缴纳的税款,已在规定期间内申报的,自申报日起算;

(二)依法应由纳税义务人申报缴纳的税款,为在规定期间内申报的,自规定申报期间届满次日起算;

(三)印花税自应依法应贴用印花税票日起算;

（四）由税务机关按照相关账簿和资料核定税款的，自该税款所属征收期间届满次日起算。

第三十六条【税款征收期间】税款的征收期间为五年，自缴纳期间届满次日起算；应征的税款未于征收期间征收的，不得再行征收。但于征收期间届满前，已移送执行，或依照破产法规定申报债权尚未结案的除外。

应征的税款，有延缓征收、税收保全、延期缴纳等情形的，征收期间自各该变更缴纳期间届满次日起算。税款的征收，在征收期间届满前已经移送执行者，自征收期间届满次日起，五年内未予执行的，不再执行，而在五年期间届满前已经开始执行，可以继续执行；但自五年期间届满之日起已逾五年尚未执行终结者，不得再执行。

理由：基于税收债权债务关系说成为学界和实务界的主流观点，关于税款追征期是消灭时效还是除斥期间的讨论也逐渐明确。税收义务的产生源自于税收要件的成就，所以基本可认定为通说的消灭时效可以成为《税收征收管理法》修订中可以考虑采纳的学术观点，即税款追征期届满后，可以按照大陆法系国家的立法惯例，认定为税收债权在实体上已经消灭，以提高税款追征的效率性和可确定性。现行《税收征收管理法》第52条规定，追征期的期限一般为三年。有特殊情况的，追征期可以延长到五年。对偷税、抗税和骗税行为，追征期不受前款规定期限的限制。但该法并没有对（核定）追征期的起算日作出规定。现行程序税法中追征期相当于核定期间，其起算日应该根据不同的情况区别对待。如所得税、增值税等要求申报的税收，如已申报按照申报之日起算，如未申报则从申报期限届满之日起算；如印花税等，其追征期从纳税义务发生之日起算。至于三年和五年的实体追征期间，不同国家和地区有着不同的做法和习惯，从稳定税收征管秩序的角度，可以继续维持此实体追征期间。现行《税收征收管理法》对税款追征期的中断和中止没有相应的规定。基于核定期间和征收期间相分离的原则，应对两种期间的中断和中止作出专门的规定。就核定期间而言，因为核课行为一旦作出就可达到效果，无需规定核定期间的中断；对于某些影响核定的特殊情形，则可以规定核定期间的中止。就征收期间而言，可以根据不可抗力、法院裁决、纳税人行为能力限制、主体变更及未决事项等不同情形，分别规定征收期间的中止事项。

第五章 法律责任

建议5：关于与相关行政法律制度衔接、税款滞纳金的法律性质及逃避缴纳税款的认定与处罚

《税收征收管理法》

第三十二条 纳税人未按照规定期限缴纳税款的，扣缴义务人未按照规定期限解缴税款的，税务机关除责令限期缴纳外，从滞纳税款之日起，按日加收滞纳税款万分之五的滞纳金。

第四十四条 欠缴税款的纳税人或者他的法定代表人需要出境的，应当在出境前向税务机关结清应纳税款、滞纳金或者提供担保。未结清税款、滞纳金，又不提供担保的，税务机关可以通知出境管理机关阻止其出境。

第六十三条 纳税人伪造、变造、隐匿、擅自销毁账簿、记账凭证，或者在账簿上多列支出或者不列、少列收入，或者经税务机关通知申报而拒不申报或者进行虚假的纳税申报，不缴或者少缴应纳税款的，是偷税。对纳税人偷税的，由税务机关追缴其不缴或者少缴的税款、滞纳金，并处不缴或者少缴的税款百分之五十以上五倍以下的罚款；构成犯罪的，依法追究刑事责任。

扣缴义务人采取前款所列手段，不缴或者少缴已扣、已收税款，由税务机关追缴其不缴或者少缴的税款、滞纳金，并处不缴或者少缴的税款百分之五十以上五倍以下的罚款；构成犯罪的，依法追究刑事责任。

第六十四条 纳税人、扣缴义务人编造虚假计税依据的，由税务机关责令限期改正，并处五万元以下的罚款。

纳税人不进行纳税申报，不缴或者少缴应纳税款的，由税务机关追缴其不缴或者少缴的税款、滞纳金，并处不缴或者少缴的税款百分之五十以上五倍以下的罚款。

第六十五条 纳税人欠缴应纳税款，采取转移或者隐匿财产的手段，妨碍税务机关追缴欠缴的税款的，由税务机关追缴欠缴的税款、滞纳金，并处欠缴税款百分之五十以上五倍以下的罚款；构成犯罪的，依法追究刑事责任。

第六十六条 以假报出口或者其他欺骗手段，骗取国家出口退税款，由税务机关追缴其骗取的退税款，并处骗取税款一倍以上五倍以下的罚款；构成犯罪的，依法追究刑事责任。

对骗取国家出口退税款的，税务机关可以在规定期间内停止为其办理出口退税。

第六十七条 以暴力、威胁方法拒不缴纳税款的,是抗税,除由税务机关追缴其拒缴的税款、滞纳金外,依法追究刑事责任。情节轻微,未构成犯罪的,由税务机关追缴其拒缴的税款、滞纳金,并处拒缴税款一倍以上五倍以下的罚款。

第六十八条 纳税人、扣缴义务人在规定期限内不缴或者少缴应纳或者应解缴的税款,经税务机关责令限期缴纳,逾期仍未缴纳的,税务机关除依照本法第四十条的规定采取强制执行措施追缴其不缴或者少缴的税款外,可以处不缴或者少缴的税款百分之五十以上五倍以下的罚款。

第六十九条 扣缴义务人应扣未扣、应收而不收税款的,由税务机关向纳税人追缴税款,对扣缴义务人处应扣未扣、应收未收税款百分之五十以上三倍以下的罚款。

《税收征收管理法修正案(征求意见稿)》

第三十三条 纳税人未按照规定期限缴纳税款的,扣缴义务人未按照规定期限解缴税款的,税务机关除责令限期缴纳外,从滞纳税款之日起,按日加收滞纳税款万分之五的税款滞纳金。

第四十五条 欠缴税款的纳税人或者他的法定代表人需要出境的,应当在出境前向税务机关结清应纳税款、税款滞纳金或者提供担保。未结清税款、税款滞纳金,又不提供担保的,税务机关可以通知出境管理机关阻止其出境。

第六十四条 纳税人采取欺骗、隐瞒手段进行虚假纳税申报或者不申报,逃避缴纳税款的,由税务机关追缴其不缴或者少缴的税款、税款滞纳金,并处不缴或者少缴的税款百分之五十以上五倍以下的罚款;构成犯罪的,依法追究刑事责任。

扣缴义务人采取前款所列手段,不缴或者少缴已扣、已收税款,由税务机关追缴其不缴或者少缴的税款、税款滞纳金,并处不缴或者少缴的税款百分之五十以上五倍以下的罚款;构成犯罪的,依法追究刑事责任。

纳税人、扣缴义务人因过失未缴或者少缴税款造成漏税的,税务机关除按照本法第五十三条的规定追缴其未缴或者少缴的税款、税款滞纳金外,可以处未缴或者少缴税款百分之二十以下的罚款。

第六十五条 纳税人、扣缴义务人编造虚假计税依据的,由税务机关责令限期改正,并处五万元以下的罚款。

第六十六条 纳税人欠缴应纳税款,采取转移或者隐匿财产的手段,妨碍税务机关追缴欠缴的税款的,由税务机关追缴欠缴的税款、税款滞纳金,并处欠缴税款百分之五十以上五倍以下的罚款;构成犯罪的,依法追究刑事责任。

第六十七条 以假报出口或者其他欺骗手段,骗取国家出口退税款,由税务机关追缴其骗取的退税款,并处骗取税款一倍以上五倍以下的罚款;构成犯罪的,依法追究刑事责任。

对骗取国家出口退税款的,税务机关可以在规定期间内停止为其办理出口退税。

第六十八条 以暴力、威胁方法拒不缴纳税款的,是抗税,除由税务机关追缴其拒缴的税款、税款滞纳金外,依法追究刑事责任。情节轻微,未构成犯罪的,由税务机关追缴其拒缴的税款、税款滞纳金,并处拒缴税款一倍以上五倍以下的罚款。

第六十九条 纳税人、扣缴义务人在规定期限内不缴或者少缴应纳或者应解缴的税款,经税务机关责令限期缴纳,逾期仍未缴纳的,税务机关除依照本法第四十一条的规定采取强制执行措施追缴其不缴或者少缴的税款外,可以处不缴或者少缴的税款百分之五十以上五倍以下的罚款。

第七十条 扣缴义务人应扣未扣、应收而不收税款的,由税务机关向纳税人追缴税款,对扣缴义务人处应扣未扣、应收未收税款百分之五十以上三倍以下的罚款。

建议修改为:

第三十三条 纳税人未按照规定期限缴纳税款的,扣缴义务人未按照规定期限解缴税款的,税务机关除责令限期缴纳外,从滞纳税款之日起,按日加收滞纳税款万分之三的税款滞纳金。滞纳金加收不得超过所欠税款的数额。

有下列情形之一的,滞纳金中止计算:

(一)纳税人、扣缴义务人的财产、银行账户被税务部门实施保全措施或者强制执行措施,导致纳税人、扣缴义务人确实难以按照规定期限缴纳或者解缴税款的,从措施实施之日起至措施解除之日止;

(二)因不可抗力,致使纳税人、扣缴义务人未按照规定期限缴纳或者解缴税款的,从不可抗力发生之日起至不可抗力情形消除之日止。

第六十四条 纳税人采取欺骗、隐瞒手段进行虚假纳税申报或者不申报,逃避缴纳税款的,由税务机关追缴其不缴或者少缴的税款、滞纳金,并处不缴或者少缴的税款百分之五十以上一倍以下的罚款;构成犯罪的,依法追究刑事责任。

扣缴义务人采取前款所列手段,不缴或者少缴已扣、已收税款,由税务机关追缴其不缴或者少缴的税款、税款滞纳金,并处不缴或者少缴的税款百分之五十以上一倍以下的罚款;构成犯罪的,依法追究刑事责任。

纳税人、扣缴义务人因过失未缴或者少缴税款造成漏税的,税务机关除按照本法第五十三条的规定追缴其未缴或者少缴的税款和税款滞纳金。

第六十五条 纳税人、扣缴义务人编造虚假计税依据的,由税务机关责令限期改正,并处五万元以下的罚款。

第六十六条 纳税人欠缴应纳税款,采取转移或者隐匿财产的手段,妨碍税务机关追缴欠缴的税款的,由税务机关追缴欠缴的税款、税款滞纳金,并处欠缴税款百分之五十以上一倍以下的罚款;构成犯罪的,依法追究刑事责任。

第六十七条 以假报出口或者其他欺骗手段,骗取国家出口退税款,由税务机关追缴其骗取的退税款,并处骗取税款一倍以下的罚款;构成犯罪的,依法追究刑事责任。

对骗取国家出口退税款的,税务机关可以在规定期间内停止为其办理出口退税。

第六十八条 以暴力、威胁方法拒不缴纳税款的,是抗税,除由税务机关追缴其拒缴的税款、税款滞纳金外,依法追究刑事责任。情节轻微,未构成犯罪的,由税务机关追缴其拒缴的税款、税款滞纳金,并处拒缴税款一倍以下的罚款。

第六十九条 纳税人、扣缴义务人在规定期限内不缴或者少缴应纳或者应解缴的税款,经税务机关责令限期缴纳,逾期仍未缴纳的,税务机关除依照本法第四十一条的规定采取强制执行措施追缴其不缴或者少缴的税款外,可以处不缴或者少缴的税款一倍以下的罚款。

第七十条 扣缴义务人应扣未扣、应收而不收税款的,由税务机关向纳税人追缴税款,对扣缴义务人处应扣未扣、应收未收税款一倍以下的罚款。

理由:税务机关采取行政强制措施、行政强制执行,不属于《中华人民共和国行政强制法》第3条第2款、第3款规定的例外情形,必须符合《中华人民共和国行政强制法》的规定,《税收征收管理法》规定的滞纳金不能自行更名、自定规则。故将上述条款中的"税款滞纳金"调整为"滞纳金",同时将滞纳金的比例由原来滞纳税款的"万分之五"调整为"万分之三",且对滞纳金的中止计算作了相应规定。对于纳税人、扣缴义务人因过失未缴或者少缴税款造成漏税的,税务机关应追缴其未缴或者少缴的税款和滞纳金,其主观上并无过错,不应处以罚款。《中华人民共和国行政强制法》第45条规定,"行政机关依法作出金钱给付义务的行政决定,当事人逾期不履行的,行政机关可以依法加处罚款或者滞纳金。加处罚款或者滞纳金的标准应当告知当事人。加处罚款或者滞纳金的数额不得超出金钱给付义务的数额。"故将上述条款中超过一倍以上的罚款和滞纳金规定全部修改为"一倍以下"。

建议6:关于税收复议前置制度的存废与纳税人权利保护

《税收征收管理法》

第八十八条　纳税人、扣缴义务人、纳税担保人同税务机关在纳税上发生争议时,必须先依照税务机关的纳税决定缴纳或者解缴税款及滞纳金或者提供相应的担保,然后可以依法申请行政复议;对行政复议决定不服的,可以依法向人民法院起诉。

当事人对税务机关的处罚决定、强制执行措施或者税收保全措施不服的,可以依法申请行政复议,也可以依法向人民法院起诉。

当事人对税务机关的处罚决定逾期不申请行政复议也不向人民法院起诉、又不履行的,作出处罚决定的税务机关可以采取本法第四十条规定的强制执行措施,或者申请人民法院强制执行。

《税收征收管理法修正案(征求意见稿)》

第八十九条　纳税人、扣缴义务人、纳税担保人同税务机关在纳税上发生争议时,必须先依照税务机关的纳税决定缴纳或者解缴税款及税款滞纳金或者提供相应的担保,然后可以依法申请行政复议;对行政复议决定不服的,可以依法向人民法院起诉。

当事人对税务机关的处罚决定、强制执行措施或者税收保全措施不服的,可以依法申请行政复议,也可以依法向人民法院起诉。

当事人对税务机关的处罚决定逾期不申请行政复议也不向人民法院起诉、又不履行的,作出处罚决定的税务机关可以采取本法第四十一条规定的强制执行措施,或者申请人民法院强制执行。

关于本条,共有三种修改意见。

第一种意见,修改为:

第八十九条 纳税人、扣缴义务人、纳税担保人同税务机关在纳税上发生争议时,可以依法申请行政复议,对行政复议决定不服的,可以依法向人民法院起诉;也可以直接依法向人民法院起诉。

当事人对税务机关的处罚决定、强制执行措施或者税收保全措施不服的,可以依法申请行政复议,也可以依法向人民法院起诉。

当事人对税务机关的处罚决定逾期不申请行政复议也不向人民法院起诉、又不履行的,作出处罚决定的税务机关可以采取本法第四十一条规定的强制执行措施,或者申请人民法院强制执行。

理由: "先缴纳,再救济"的方式和行政复议前置程序,无疑增加了纳税人的救济成本,使经济不景气的纳税人无力启动救济程序,实质上是对纳税人诉讼权利的一种限制和剥夺。在税收征纳关系中,纳税人多数情况下处于弱势地位,目前我国纳税人权利保护意识已经起步,但仍需要进一步完善和加强。在救济程序上,应当进一步彰显对纳税人权利的保护,给相对人更多的程序选择自由。建议废除现行《税收征收管理法》"先缴纳,再救济"的方式和行政复议前置程序,真正实现纳税人权利救济的公平、公正、高效。

第二种意见,修改为:

第八十九条 纳税人、扣缴义务人、纳税担保人同税务机关在纳税上发生争议时,可以依法申请行政复议;对行政复议决定不服的,可以依法向人民法院起诉。

当事人对税务机关的处罚决定、强制执行措施或者税收保全措施不服的,可以依法申请行政复议,也可以依法向人民法院起诉。

当事人对税务机关的处罚决定逾期不申请行政复议也不向人民法院起诉、又不履行的,作出处罚决定的税务机关可以采取本法第四十一条规定的强制执行措施,或者申请人民法院强制执行。

理由: 这是一种折中的制度设计。废除了"先缴纳,再救济"的方式,但仍然保留了行政复议前置程序。

第三种意见,修改为:

第八十九条 纳税人、扣缴义务人、纳税担保人同税务机关在纳税上发生争议时,必须先依照税务机关的纳税决定,缴纳或者解缴百分之五十的税款及滞纳金,或者提供与百分之五十的税款及滞纳金相应的担保后,然后可以申请行政复议;对行政复议决定不服的,可以依法向人民法院起诉。

当事人对税务机关的处罚决定、强制执行措施或者税收保全措施不服的,可以依法申请行政复议,也可以依法向人民法院起诉。

当事人对税务机关的处罚决定逾期不申请行政复议也不向人民法院起诉、又不履行的,作出处罚决定的税务机关可以采取本法第四十一条规定的强制执行措施,或者申请人民法院强制执行。

理由:这是一种对现行制度变动最小的制度设计。仍然保留了"先缴纳,再救济"的方式和行政复议前置程序,但对缴纳税款及滞纳金或提供担保的范围限定在百分之五十的比例之内,减少相对人的财务负担。

第六章 附 则

建议7:关于税务代理中的注册税务师与注册律师、注册会计师的法律地位

《税收征收管理法》

第八十九条 纳税人、扣缴义务人可以委托税务代理人代为办理税务事宜。

《税收征收管理法修正案(征求意见稿)》

第九十条 纳税人、扣缴义务人有权委托税务师事务所办理税务事宜。

税务师事务所,由符合条件的注册税务师出资设立,是注册税务师的执业机构。

注册税务师和税务师事务所的管理办法由国务院税务主管部门另行制定。

建议修改为:

第九十条 纳税人、扣缴义务人可以委托税务代理人代为办理税务事宜。

税务代理人是指律师、注册会计师、注册税务师以及法律、行政法规规定的其他代理人。

理由:《税收征收管理法》并不仅是面向税务机关的法律,更是面向所有的适格的中介机构的法律。因此,《税收征收管理法》只宜设定一般性的税务代理规则,并同等适用于律师、注册会计师、注册税务师。该项修改只提及注册税务师,涉嫌行业垄断和歧视。将《征求意见稿》中的注册税务师扩大为适格的中介机构,将律师、注册会计师、注册税务师平等地纳入税务代理规则中来,有利于创造公平、公正、有竞争的税收法律服务市场,有利于提高税收法律服务质量,有利于保护纳税人的合法权益,有利于维护税收秩序。这既符合我国税务代理的实际,又符合国际发展趋势。

附录二:发达国家和地区税收征管法律制度及其特点(节选)[*]

在发达国家和地区长期的税收立法和征管实践中逐渐形成了较为完善的税收征管法律制度,虽然各有其不同的特点与优势,但因其具有相同的本质属性,故存在相互借鉴的价值和基本规律。把握国际税收征管法律的最新发展趋势,客观分析我国税收征管制度所面临的问题和挑战,有助于经验的借鉴和制度的创新。

一、发达国家和地区税收征管的立法模式

在展开讨论之前,首先需要明确各国和地区税收征管的立法模式;而考察国内外关于税收征管的立法体例,大致可分为三种模式。

第一种是综合法典模式,这是将所有税收法律、法规编纂成体系庞大、结构复杂的法典,其内容包括适用于所有税收活动中的一些共同性问题的总则规范、税收实体规范和税收程序规范。采用这种模式的国家较少,只有美国(《国内税法典》)、法国(《税捐综合法》)、巴西。在统一法典模式下,并不排除以其他形式规定税法问题,如美国,有关税权划分、立法程序、开征的税种及其限制等由《宪法》及其修正案规定,税收程序中的一些重要问题也适用联邦行政程序法的规定。

第二种是"分税立法"的模式,即个别税目单独制定税法,而个别税法中,均规定各该税目的实体事项、稽征管理及救济程序等。我国台湾地区早期的"立法"便是采用这种模式。该种方式的优点是便于个别税法的制定或

---

[*] 本文为 2012 年 6 月 5 日刘剑文教授应邀给时任国家税务总局局长肖捷和总局党组讲授法制课时的讲稿。限于篇幅,仅节选了部分内容。

修正,但同时也易形成各税法对同一事项规定的重复、分歧或矛盾,不利于纳税义务人和税务机关在实际操作中的适用。

第三种是分散模式,也称单独立法模式,即单行法律、法规模式。这是将所有税收法律问题(包括实体问题和程序问题)都采取单行法律、法规的形式,没有就有关税收的共同问题制定统一适用的法律。例如,我国单独制定《税收征管法》,即属于此种模式。

总体上看,采用上述第二、三两种模式的国家和地区,往往也制定有税法通则。将重要的、基本的税收法律规范集中规定在一部税法通则中,以便对各单行税法起统领、协调作用,而有关各税种法、征管程序、救济程序等专门税收事项仍采用单行法的形式。目前采用这种模式的国家有德国、日本、韩国、俄罗斯及东欧国家等,而比利时、爱沙尼亚、捷克等国也正在制定税法通则。例如,日本就既有《国税通则法》,也有专门规范征收程序的《国税征收法》。

通过介绍这些国家的税收征管立法模式,我们可以看到:各国选择采用不同的立法模式,有其政治、经济和立法文化等因素的影响,同时也是与各自国家的宏观立法体系相吻合的;而这三种立法模式,也是各有其优、缺点的,并没有一种绝对的"最优模式"。因此,我国的税收征管立法,采用当前这种单独立法的模式,有其合理性成分,并没有在形式上作大修改的必要。

二、涉税信息管理与征管信息化建设

(一)涉税信息管理

各国开展涉税信息管理的主要做法包括三个方面:

第一,纳税人有提供涉税信息的义务,但也有例外的规定。德、英、荷、澳等国均规定,纳税人通过电子申报的方式,主动向税务机关申报有关涉税信息;税务机关有权要求纳税人配合,提供涉税信息、资料和文件。美国则主要通过规定纳税人提交年度申报表、扣缴义务人提交有关信息申报表等方式,收集涉税信息。例外情形主要涉及纳税人可不提供其获得的专业咨询意见。澳大利亚规定,纳税人可以不提供律师、会计师向其提供的专业咨询意见。虽然各国在这一问题上的规定,表述上存在区别;但本质上是一样的:电子申报或者纸质申报没有本质区别,纳税人都需要提供相关涉税信息,否则无法自行申报。而纳税人不能提供专业咨询意见的做法,是很好理解的,就像犯罪嫌疑人不能告诉法官"律师告诉我应当怎么说"一样,否则咨询就没有意义了。这体现了"保护纳税人"的理念。

第二,第三方有义务提供有关涉税信息。德、澳、英、荷等国规定,税务机关可以依法向涉税信息第三方出具通知书,要求其提供具体的涉税信息。银行作为扣缴义务人要向税务机关报告利息所得税扣缴情况、纳税人姓名和纳税识别号等。澳大利亚还规定税务机关在开展纳税审计时,纳税审计人有权要求纳税人开户银行提供有关涉税信息。当然,第三方涉税信息的提供也有例外情形,对此各国的规定有所不同。例如,德国规定,第三人有权以会被起诉或受到伤害、需要保护职业秘密、以及是纳税人亲属等理由,拒绝提供信息和文件资料;美、荷、德等国规定,律师、税务顾问等依法有权拒绝提供第三方信息。这体现了个体权利和国家权力之间的一种衡平。

第三,税务机关与其他政府部门之间交换涉税信息的做法不尽一致。一种做法是部门之间依法交换信息。如澳大利亚规定,除保密法规定的例外情形,澳大利亚交易报告与分析中心、证券与投资局、联邦警察局要向税务机关提供纳税人涉税信息;同时,澳大利亚税务机关要向统计局、企业监管局、社会保障机构提供纳税人的信息。美国联邦国内收入署主要从公开的渠道收集有关信息,也可以经高级官员批准,商请联邦其他部门协助提供具体的涉税信息。德国规定,经联邦参议院批准,联邦政府部门可以向税务机关通报可导致拒绝或限制某项税收优惠的具体行政行为、补贴或类似的扶持措施和从事非法雇佣的线索等。另一种是税务机关不与其他政府部门交流涉税信息。如英国规定,除特定条件外,税务机关不能向政府其他部门提供纳税人的涉税信息。需要指出的是,税务机关工作人员在获得与使用纳税人、第三方和其他政府部门提供的涉税信息时,要严格遵守保密的规定,否则承担相应的民事、行政和刑事责任。

(二)征管信息化建设

各国进行税收征管信息化建设的作法主要包括三个方面:一是建立统一的税收征管计算机信息系统,夯实税收征管基础。美、澳、荷等国建立了专门的税收征管计算机信息系统,并不断更新完善。德国则规定全国范围内应使用统一的税收征管电子处理程序,还专门设计了纳税申报的软件系统,免费提供纳税人使用。税务机关与纳税人通过软件系统实现电子信息交流。二是确定个人税收身份识别编号,方便税收征纳双方处理涉税事务。个人所得税是税收征管的重点与难点，美、德、澳等国通过税收信息化建设，极大提高了个税的征管效率：第一，普遍建立了个人税收身份识别编号制度，每个公民出生即获得该编号并终生使用。第二，个人获得收入必须向税务机关或扣缴义务人提供该编号；扣缴义务人特别是雇主通过电子数据方式向税务机关报送纳税人的个人信息和扣除项目，迅捷完成扣除和申报；税务机关通过软件系统，在数据库中查询纳税人身份识别号码，自动完成纳税信息的归集和比对，提高了核实税收申报数据和纳税情况的效率。第三，广泛采用信息化手段，开展税收风险分析和税收审计。美、德、澳、英、荷等各国普遍采用数据自动处理程序，通过计算机软件进行税收风险分析，自动处理低风险的案例，密切监管高风险的案例，并适时开展税收审计，以节约征管资源、降低征管成本、提高征管效率。

三、税收征管程序中的纳税评定、税务检查与税务稽查

从宏观上看，税收征管程序包括税收征纳程序和税收救济程序两大方面。其中，税收征纳程序是税收活动的一般程序，又可将之区分为税收管理程序、税收确定程序和税收征收程序等三个程序。严格上讲，税务稽查作为税收确定的手段，是内含在税收检查中，而税收检查本质上也是为了确定应纳税额的多少，故可将其纳入税收确定程序的范畴，是税收确定程序中的特殊程序。在一定意义讲，税务稽查与纳税人诚实推定权是紧密相连的。而我国目前在税收征管程序中存在的一个比较突出的问题是税收确定程序和税收征收程序没有严格区分开来。

税收征管程序十分复杂，囿于时间限制，我想重点介绍这个程序当中的纳税评定问题和税收检查、税务稽查问题。

（一）纳税评定

应纳税额的确定是整个税收程序制度的中心，对各类税收征管制度都具有极为重要的影响。税收管理制度是为应纳税额的确定提供健全的纳税环境和涉税基础信息，税收检查制度是为确定应纳税额而查明应税事实和取得证据材料，税收征收程序必须以通过税收确定程序所作出的税收确定处理为前提和依据，使税收确定处理所确定的应纳税额得以实际履行，税收处罚多数是纳税人因虚假申报应纳税额而承担的法律后果，税收救济制度通常是解决应纳税额确定中产生的争议。由此可见，几乎所有的税收程序活动都是指

向或围绕应纳税额的确定程序而展开的。而我国现行税收征管制度的一个重大不足,便是没有明确提出"税收确定"的概念,没有明确区分税收确定行为与税收征收行为,而是直接用税款征收行为涵盖了两类性质完全不同的税收法律行为,导致有关税收确定的基本程序制度在税收征管法上严重缺失。因此,我们有必要借鉴发达国家立法经验。从国际范围看,税收确定的方式主要包括申报纳税方式,核定征收方式预约定价和信件裁定等特殊税收确定方式。纳税评定是申报纳税中的一个环节。

1. 税收确定与纳税评定的关系

在此,有必要先对税收确定程序与纳税评定程序的关系作一个说明。纳税评定,是指税务机关在纳税人提交申报资料基础上,考虑风险分类对纳税人的纳税义务进行衡量和审核确认的过程。具体而言,外国税收法律中对纳税评定的界定包含两层意思:其一,审核分析申报纳税人的申报情况,判定纳税人是否足额申报纳税。其二,对应申报未申报纳税人的纳税义务进行核定,最终确定纳税人的应纳税款。

通过进一步的比较和分析,我们认为,纳税评定是由英文单词"tax assessment"直译而来。"assessment"在英文中具有"评定、估价"的意思。所谓纳税评定,是指征税机关利用获取的涉税信息,采取特定的程序和方法,对纳税人和扣缴义务人纳税申报的真实性、合法性和准确性进行分析、审核和评价,从而确定征税基础和应纳税额的一项征管制度。

在申报纳税方式下,纳税评定是被普遍采用的一项税收确定程序。在该程序中,首先由纳税人通过纳税申报的形式,行使应纳税额的初次确定权;然后由征税机关通过纳税评定的形式,行使应纳税额的再次确定权,两者共同行使,使得应纳税额最终确定。因此,在申报纳税方式下,应纳税额的确定由纳税人的纳税申报和征税机关的纳税评定共同完成。因此,纳税评定是与纳税申报相对应和配套的一项税收确定程序。多数国家在税法上规定了这项制度,由专门的纳税评定机构具体负责实施。

相对而言,纳税评定是税收确定程序的组成部分,而税收确定程序处于税收管理程序与税收征收程序的衔接位置,承上启下,将纳税人原本抽象的纳税义务明确化、具体化,为税收征收程序提供依据。少数应纳税额在纳税义务成立的同时,即可直接依据法律的规定而确定,不需要通过特别程序来确定,称为自动确定方式。例如我国的企业所得税预缴、印花税缴纳等,其计税依据的金额或数量相对明确,应纳税额的计算也非常容易,没有必要采取特别的确定程序。再如日本《国税通则法》第15条规定:"在国税纳税义务成立的场合,除在纳税义务成立的同时无需经过特别程序应纳税额即确定外,均应依国税法律规定的程序,确定其应纳税额。"本条文前半段即涵盖无需经特别程序应纳税额即可自动确定的方式。但对于大多数税收来说,其税基和税额的计算都较为复杂,并且征纳双方对此经常产生分歧,需要为其设置特别的确定程序。就应纳税额的特别确定方式而言,我国主要包括申报纳税方式和核定征收方式。通过对发达国家税法的总结归纳,上述提及的纳税评定即是与申报纳税和核定征收中"法律规定了申报义务但纳税人不申报"这两种情况相对应的一种税收确定程序。

然而除与纳税申报或应申报未申报情况相对应的纳税评定程序外,税收确定程序还应包括另两种确定方式:其一,即上文所提及的直接依据法律规定的自动确定方式。其二,在法律不允许施行申报纳税方式下,由征税机关核定征收。在这种方式下,征税机关对纳税人征税义务及具体额度直接认定,无需纳税人行使应纳税额的初次确定权,充分体现了税收债务的法定性和强制性。

在美国、德国、法国、日本等国的税法中均有对纳税评定的比较细致的规定。上述各国对纳税评定权的设定、纳税评定的方式和过程、期限和法律效力等内容均作了细致规定。

2. 纳税评定的国际立法经验

根据纳税评定遵循的程序、采用的方法和法律效果的不同,纳税评定包括简易评定和普通评定两种形式。

简易评定是一种简单、快速的纳税评定程序,是在收到纳税申报后,及时对其进行形式审查并作出相应处理的一种纳税评定。纳税人每期递交纳税申报之后,征税机关都必须及时对其进行形式审查。审查的内容包括纳税申报表格是否填写完整、附送资料是否齐全、是否签名、是否存在计算错误或笔误、是否适用法律不正确等。如果对纳税申报进行形式审查后没有发现问题,税务人员就将纳税人姓名、税号、税种、纳税期限、应纳税额等,填入纳税评定清单,由主管税务人员签字之后,纳税评定的程序就正式完成,有关税收确定的效力从签字之日起发生。纳税评定清单不发给纳税人,如果纳税人请求出具税收确定文书,征税机关必须重新签发一份纳税评定处理决定书,载明应纳税额等事项。如果简易评定中发现纳税申报存在计算错误或笔误,或者适用法律不正确,可以要求纳税人进行修正申报;也可以直接对其进行更正,并将更正情况通知纳税人,听取纳税人的陈述和申辩,然后再按照更正后的数额向纳税人签发税收更正处理决定书。

在法律性质上,通过简易评定作出的纳税评定处理具有确定应纳税额的效力,但属于保留事后调查的税收行政处理。德国《税收通则》第164条规定,"应税行为未经终结调查的,得普遍或在个别案件中,基于事后调查之保留作成税收确定处理,并无须附具理由。预缴的确定,属于基于事后调查保留的税收确定处理"。因为采用简易评定时,征税机关只对纳税申报进行形式审查,不对申报的应税事实进行调查,而是完全依纳税人提供的资料审核。因此,对经过简易评定的纳税申报,事后征税机关可以启动普通评定或税收稽查进行详细审查,如果发现税额确定不正确或存在违法,应当作出更正处理决定或行政处罚决定。

普通评定是纳税评定的一般形式,是指征税机关根据已获得的涉税信息,主要运用数据信息对比分析方法,对经过简易评定的纳税申报进行分析、评估、审查和判断,提出确定应纳税额的意见或移送稽查部门处理。普通评定的工作内容和工作流程包括:根据宏观税收分析和行业税负监控结果以及相关数据设立的评定指标及其预警值,对纳税申报进行对比分析,筛选确定重点评定对象;对所确定评定对象中的问题或疑点进行深入案头分析和评估,必要时可进行通讯核查或税务约谈;对评定确认的问题要求纳税人自行改正或通过实施税务检查予以确定。

普通评定主要采用案头审核方法,运用相关评定指标及其预警值对纳税申报进行对比分析,以发现纳税申报中的问题或疑点。在此基础上,如果需要提请纳税人陈述说明、补充提供证明资料的,可以采取税务约谈。对于案头分析和税务约谈中确认的问题,税务机关可以要求纳税人限期自行改正,纳税人据此提交修正申报。如通过税务约谈仍无法查明纳税申报所涉应税事实,税务机关可以实施税收检查来查明应税事实的真实状况。在税务机关通过各种方式确定应税事实的基础上,税务机关应当依据税法确定纳税人的当期应当税额,并告知纳税人。

(二)税务检查与税务稽查

税务检查(Audit),在有些国家也被称为"税务审计"。美国、法国、德国等国家税法规定,税收管理部门对纳税人纳税情况进行检查,如果发现纳税人有严重地违反税法行为,会移交到另一个部门进行税收违法犯罪调查,这个部门类似于我国的稽查部门。因此,稽查是对涉税违法行为的调查,而不是对纳税人申报纳税情况的检查,更不是帮助纳税人自查。纳税人自查是在申报过程中或者申报后一定期限内对自己申报行为的纠正,是纳税人的自主行为,各国都规定了纳税人有进行申报纠正的权利和义务;而稽查是对纳税人的纳税义务履行是否合法的继续调查,目的是纠正已经发生的税收违法行为。

从美国、日本等发达国家的情况看,税务稽查和日常的税务检查存在如下的区别:

(1)发生的阶段不同:前者是在税款征收程序终结之后对已经发生的税收违法行为的调查,是事后的监督方式;后者则是在税收确定过程中,为查明应税事实而实施的职权调查行为,是事前的事实查明行为。

(2)调查的事实对象不同:税务稽查是对纳税人已经完成的纳税义务履行行为、税务机关行使征税权和采取税收强制措施等情况的调查;税务检查则是为确定应纳税额而对纳税人与纳税义务相关的经济活动进行的调查。

(3)目的不同:税务稽查的目的是纠正已经发生的税收违法行为;税务检查的目的查明尚不明确的应税事实,从而确定纳税人应当缴纳的税款数额。

(4)实施机关不同:税务稽查一般由专门的稽查机构实施,而税务检查则由负责日常税务确定与征收的机关实施。

税务稽查是对纳税人税法遵从状况的纠正,也是衔接税收征管程序与司法程序的重要阶段。为更好地发挥税务机关的这一事后监督和违法行为的纠正功能,税务稽查机关不应介入日常的税收确定与征收过程,不应承担应税事实查明的职能。如在税收确定或征收过程中,由于此时应纳税额并未确定、纳税人尚未履行缴款义务,其税收违法行为尚未确定的发生,也并无以稽查予以纠正的必要。如允许税务稽查机关直接进行不明的应税事实的调查,一方面否定了税务机关的职权调查,另一方面也直接导致纳税人任何申报的疏忽或过失将被视为违法行为,也否定了税收强制措施的必要性。如纳税人未申报或未如实申报,税务机关应当通过税务检查查明应税事实,这是其依法征税的必然要求。即使应税事实因此而无法查明,税务机关也可以行使税款核定权,确定其应纳税款。

通过国际比较,我们会发现,我国现行的税务稽查制度存在明显的不足之处,例如,税务稽查的职责不明、稽查与征管机构间的职能划分不清、税务稽查刚性不足等问题,这就需要对发达国家的相关制度有所了解。

1. 税务稽查制度的国际经验

(1)美国。美国税务机构的设置分为三级,即联邦、州和地方。各级税务机构中都设置了专门的税务稽查部门。联邦税务机构以国内收入局为主,它行使征收税费、评定税负、税务稽查等职能。国内收入局总部设在美国首都华盛顿,下设东北、东南、中、西四个大区税务局,大区税负局下设33个分区税务局。分区税务局在各地设有地区性办公室,执行日常业务。国内收入局中的税务稽查部门主要是稽查部和刑事调查部。前者主要职责是一般的稽查,即检查处理民事欺骗性质的涉税违法案件;后者则主要是侦办刑事欺骗性质的重大涉税违法案件。在税务稽查过程中,若稽查部发现社会违法案件存在严重的犯罪行为时,就会移交给刑事调查部,由其查办。

美国税务稽查人员拥有很大的执法权力。例如,稽查人员可以向纳税人发送举证通知书,要求其提出相关资料加以证明。稽查人员有权查阅纳税人的账簿,扣押有关材料,冻结银行存款,监视、跟踪纳税人等。稽查人员在紧急的状况时,有权向司法机关申请逮捕令,逮捕涉税违法犯罪的纳税人。法律还赋予了稽查机关在一定条件下,可以窃听纳税人的电话、用录音作证的权力,从而有效地打击了税收违法行为。

美国的税务处罚由行政处罚和刑事处罚两种处罚方式构成。税务行政处罚主要是罚款,不按时申报罚款25%,不如实提供税务资料罚款25%,不按时缴纳税款罚款20%,一般行政处罚的最高罚款限额为100%。税务欺诈的处罚最高可达200%,而且要承担刑事责任,如坐牢。刑事处罚最重为终身监禁。

美国税务稽查的内部监督有两种情形,即税务稽查事前制约与税务稽查事后制约。前者是由稽查部下属的稽查支持与处理办公室来实行的,它在稽查结果出来之前对案件的情况和法律的适用实施监督检查;后者的执法主体是质量检查处办公室,它主要针对的是已经处理完毕的税务案件,通常按7:1的比例对案件实施抽样复查。如果复查过程中没有出现任何问题,那么稽查工作人员的级别会得到提升。反之,会要求其辞职或者调离稽查工作岗位。

（2）德国。德国税收管理体制有其自身的特色，即实行税务征收、税务稽查和税务违法案件调查分立的模式。征收局的主要职能是处理联邦、州、地方的税收管理工作和中小企业的稽查工作。征收局负责日常税收检查工作中，如果发现涉税违法现象，则要移交给稽查局处理。除此之外，稽查局还要负责大型企业的日常稽查。税务违法案件调查局即税务警察的职能是侦查稽查局移送的重大犯罪案件和公民举报的违法犯罪案件。它拥有刑事侦查权，经过侦查，作出如下处理：一种情况是构成犯罪的案件由法院审理；另一种情况是未构成犯罪的案件由征收局处理。征收局、稽查局和违法案件调查局这三个机构的只能虽然有所不同，但是它们之间相互联系、分工合作。这一方面避免了各机构之间重复稽查，节省了人力和物力资源；另一方面提高了办案的效率和准确度。

德国征收局、稽查局和税务违法案件调查局的执法权限各不相同。征收局稽查处的执法权限主要包括检查纳税人的纳税申报表和查阅纳税人的账簿等。稽查局不仅可以检查纳税人的生产经营所，而且还可以查看纳税人的存款状况等。税务违法案件调查局拥有的权力包括税务检查权、侦查权和起诉权。税务检查局同征收局稽查处和稽查局行使的职权大致相同。侦查权是指税务违法案件调查局可以使用警察在刑事侦查中使用的手段。例如，对调查对象实行24小时以内的拘留、对嫌疑人的生产经营场所和住宅进行搜查、扣押证据、监视居住等。起诉权是指调查局对违法案件调查后，若认为构成重大犯罪，则可以直接向法院提起诉讼，而不用移交检察机关。因此可以说，税务违法案件调查局行使警察、检察和行政执法职能。

德国对违法纳税人的处罚措施主要有补交税款、加收高于银行同期存款利息的滞纳金和交纳一定数额的罚款。而对于构成刑事犯罪的违法案件则由调查局直接向法院提起诉讼，由法院给予一定的刑事处罚。

德国对税务稽查工作人员执法行为的监督包括两种方式，即内部监督与外部监督。内部监督由财政部与税务局中分管税收工作的行政长官实施，他们通过询问和翻阅税务稽查资料来了解税务稽查人员的工作情况。而外部监督则由同一级别的审计部门在实施。

（3）日本。日本税务机关的建制分为厅、局、署三级。税务稽查工作由税务机关中调查查察部下设的调查课和查察课来执行。调查课和查察课在调查对象、行使职能、工作性质等方面各不相同。调查课主要是对一般纳税人行使税务稽查职能,追究涉税违法行为人的行政责任,来保证税收收入。而查察课主要是对性质恶劣、具有故意行为、金额巨大的偷逃漏税案件进行刑事侦查,追究其刑事责任,以打击犯罪。查察课在机构组织上隶属于同级税务机关,但是业务关系上却由国税厅的查察部领导。税务警察虽然与警察一样拥有刑事侦查权,但与一般警察不同,表现在税务警察隶属于税务机关,且不配备枪支。

日本税务稽查部门在税务稽查工作中采用的执法手段主要有两种,即一般调查与强制调查。这两种执法手段的共同点是都由同一部门实施,都对涉税违法行为进行调查。不同方面表现为:(1)调查对象不同。一般调查是对一般违法纳税人进行的,而强制调查的对象是涉税犯罪的纳税人。(2)调查内同不容。前者的调查内容主要有查阅纳税人提交的申报书、询问纳税人有关税收问题等;后者除了拥有一般调查的权力外,还可以在征得有关部门同意后,采取扣押证据、监视居住和搜查人身等刑事侦查权。(3)执法程序不同。一般调查采用的是行政程序,而强制调查则采用司法程序,如果经过查证构成税收犯罪,则交由检察机关按照法定程序处理。

日本的税收处罚措施主要有经济处罚和刑事处罚。经济处罚主要是罚款。例如,纳税人不按规定期限申报纳税,按应交税款 15% 课以罚金;所申报不实,按实际数与申报数之间的差额,处以 10%—15% 的罚金;纳税人采用欺诈手段偷税、骗税的,按应补税款处以 35% 的罚金。经济处罚严重的甚至可以冻结其财产。日本的刑事处罚分为秩序犯罪和偷税犯罪。对秩序犯罪这,一般处以 1 年以下徒刑或课以 20 万日元以下的罚金;对偷税犯罪者,一般处以 5 年以下的徒刑或课以 20 万日元以下的罚金。

2. 各国的税警制度

从国际范围来看,为了弥补税务稽查执法性和刚性不足的潜在可能,许多发达国家通过税警制度来对此进行补充和完善。

德国的违法案件调查局实际上是一个不配备武器、不授予警衔的税务警察机构,具有警察、检察和行政三种职能,兼具税官和警官的双重身份。

俄罗斯、意大利则实行独立的税务警察制度,脱离于公安、税务部门之外,自上而下自成体系,属于司法部门,是国家的一种特殊武装力量,可以保存和携带枪械和其他专用武器。其优势在于高压集权、政出一门、反应迅速,便于协调行动,统一指挥,能有效打击税收犯罪。

日本则在大藏省国税局内部设立查察部,也称税收犯罪调查部,并在各地财政局内部设立相应的查察部,从而完成了税警机构的组建。国会通过《打击国税犯罪法》,授予查察官(即税收犯罪调查人员)调查税收违法犯罪行为的刑事调查权和一系列相应的刑事侦查权,即税务警察不仅有权对一般税收违法行为进行调查,还有权进行犯罪调查。税收犯罪行为由查察官直接移交检察机关追究刑事责任,不必通过警察部门。因此,从形式上看,税务警察属于税务行政人员的一种,但实质上整个调查过程适用的是特别的司法程序而不是行政程序。在取证的严格程序方面,税务调查体现了行政合法与效率兼顾原则,由税务署长同意就可以进行。税收犯罪调查程序要严于课税调查程序,强制调查权须经法院授权才可以行使。

从各国关于税务稽查的职权与税警制度的选择来看,税务稽查的功能主要定位在打击和惩戒税收犯罪。为了实现这一功能的有效性,各国除了设置专门的负责机构外,还通过法律赋予稽查机构更多的权限,即在一般的询问、检查权限之外,还规定税务稽查人员在调查案件时拥有搜查住所、封存账簿、查封财产等刑事侦查权。虽然程度不同,但税务稽查部门或多或少都拥有一定的刑事侦查权,如强制检查权或人身自由限制权,从而为打击税收犯罪提供了强有力的保障。需要指出的是,有关国家开展涉税犯罪刑事侦查的部门不尽相同。美国的财政部门和德国的税务机关中有专门负责涉税犯罪刑事侦查的部门,而英、荷、澳等国则由专门的刑事侦查部门(通常是检察机构)负责涉税犯罪刑事侦查。此外,各国均有规定依据税收违法行为情节轻重给予相应行政处罚的规定。

四、税收征管强制措施

(一) 各国概览

总体上看,有关国家对于纳税人不及时履行纳税义务的,税务机关依法审慎实施强制措施。税收征管强制措施是在纳税人未按税务机关确定的应纳税额履行纳税义务的情况下采取的强制其进行税款缴纳的措施,是税收征收程序的组成部分。如德国规定,税务机关应当遵循民事诉讼法有关保全措施的限定条件,审慎实施税收保全措施。对于动产的强制执行一般通过国有拍卖机构公开拍卖的方式完成,对于不动产的强制执行则需通过法院的协助来完成。再有,各国一般都规定纳税人欠缴税款应当支付欠税利息。如美国规定,参照每季度的市场利率确定欠税利息率,按日计算复利。澳大利亚则分段计算欠税利息:在纳税时限届满至税收评估修正之间的,在央行基准利率基础上加收3%;在税收评估修正至纳税人最终缴付税款之间的,在央行基准利率基础上加收7%。同时,美国规定,税务机关向纳税人退税延迟的,要加算同期市场利率。

(二) 税收强制执行

鉴于时间关系,这一部分主要结合国外立法情况,谈谈税收强制执行的问题。我们以美国、德国、日本这三个典型的发达国家为例,进行说明。

1. 美国

为了提高税收征收效率,完成税款及时入库的任务,美国税法赋予了税务机关自主灵活的强制执行权。美国最高法院就指出,税收强制执行是一种简易的非司法程序,是得到法律授权的一种自助(self-help)方法,联邦税务局借此可以迅速便捷地行使被拖欠的税收债权。对于负有缴纳国税义务人财产的查封和扣押这种情形,税务机关无须经过司法机关授权或批准,即可对自己作出的行政决定强制执行。只有税务机关向法院申请执行时,司法执行程序才会启动。美国税收债券的强制执行是行政主导模式,司法执行作为最终的执行程序,在一般情况下不会被启动。联邦税务局会给纳税人提供各种机会,促使纳税人主动履行纳税义务。只有当这些手段都无效时,才能启动强制执行程序。美国税法在对税务机关授权的同时,也对其进行了严格的限权。美国税收强制执行程序的规定是相当周详的。税收强制执行被批准开始之前,必须履行一些前期程序,才能正式进入强制执行阶段。例如,美国在税收核定完成之后60日内,税务局应当尽快向纳税人下达催缴税款通知,纳税人在收到通知21日后仍未清缴,强制执行程序才可以启动。不过,在执行程序正式启动起30日之前,税务局必须再次通知纳税人,即"强制执行预告",使纳税人知晓税务局准备强制执行的意图。这种强制执行预告的安排,有利于纳税人在执行日期前30日内,向复议部申请"正当程序听证"。

联邦税务局完成上述程序之后,其强制执行权还必须遵守一些限制。例如,美国联邦税务局要受到宪法限制,不能违背宪法修正案规定的"不合理的搜查和扣押"。税收强制执行要受到征收时效的限制,税收被核定之后,一般情况下,只有10年的征收时效。在征收正当程序听证过程中,相关的强制执行措施必须中止。在税收征收的任意阶段,纳税人可以向联邦税务局提议和解,和解提议处理过程中,税务局不能采取强制执行措施,和解提议被拒绝之后30天后,以及和解提议被复议的过程中,强制执行也不允许进行。此外,税务局还要受分期缴税协议限制、破产程序限制等诸多限制。

2. 德国

1953年,联邦德国颁布了《联邦行政强制执行法》,但德国的税收强制执行制度独立于该法之外,有关税务方面的金钱债权的强制执行适用税法的有关条款。德国税收证券的执行适用特别的立法——《税收通则》。《税收通则》第6章的强制执行对税收债权执行的有关问题作出了全面的规定,共分为通则、金钱债权的强制执行、金钱债权之外其他给付的强制执行和费用4节,每一节规定的内容非常具体细致。例如,第二节金钱债权之强制执行,共六款,包括通则(涉及催告、债务原因之记载、停止征收、第三人权利及对配偶、用益权人、继承人等强制执行的规定)、连带债务之分配、对动产之强制执行(包括通则、物之强制执行、对债权及其他财产权之强制执行)、不动产之强制执行、假扣押、担保之变价。

德国税收强制执行方式区分为两种:一种是通过扣押执行金钱债权或执行不动产;另一种是通过代执行、执行罚或直接强制的方法强迫相对人履行作为、容忍或不作为的义务。税收强制执行可以参照《民事诉讼法》的有关规定,德国《民事诉讼法》对执行金钱债权做了规定。对于动产和不动产的执行也要加以区分。对物品的扣押分为扣押实物、在扣押物上贴封条、公开拍卖实物。对债权的扣押后果是第三人不得向被执行人履行给付。执行不动产的方法是,申请登记保全抵押,申请强制拍卖以及申请强制管理。执行动产比强制拍卖或管理不动产有优先性。德国的税收强制执行制度采用以行政机关为主,以法院执行为辅的分权模式。德国认为行政行为就是行政执行的充分基础,无须法院的执行名义。法律赋予了税务违法案件的调查局非常大的权力,同时又十分注重权力的相互制衡。法院虽不能监督行政行为的合法性,但法院可以监督每项执行措施的是否符合法律规定,使税收执法符合效率、公平原则。

3. 日本

在日本,当纳税人不履行纳税义务时,通过处理纳税人财产强制实现税收债权的程序,称为滞纳处分或强制征收。滞纳处分分为狭义滞纳处分和交付要求。狭义滞纳处分是指国家或地方政府通过扣押纳税人的财产,以满足税收债权的程序。它由财产的扣押、财产的折抵、分配折抵财产等一系列处分行为构成。交付要求,是指国家或地方政府要求正在进行强制换价手续的执行机关,交付对滞纳人的财产进行换价的换价款,据此满足税收债权的程序(相当于民事执行中的分配要求)。日本税收征收机关拥有强制征收权和自力执行权。在扣押纳税人财产时,法律规定征收人员拥有调查权限。征收人员进行强制执行,认为有必要调查纳税人财产时,可在必要的范围内,质问纳税人或与纳税人具有一定关系的人;或者检查他们有关财产的账簿、文书。上述质问、调查,由于法律并未规定它是直接强制的方法,因而是任意调查。但是,如果纳税人不接受质问、检查,而法律规定了罚则时,则这可作为间接强制对方接受的手段。征收人员为进行强制执行认为必要时,还可以搜查纳税人或与其有一定关系的物品、居住场所或其他场所。搜查与一般质问、检查不同,它是一种强制调查。《国税征收法》是关于国税滞纳处分的基本法。关税及地方税的滞纳处分根据关税及地方税法的规定,比照国税征收中的滞纳处分办理(见《关税法》第 11 条及《地税法》第 68 条、第 72 条第 68 款第 6 项等)。日本实施强制执行必须履行纳税告知和督促程序。从发布督促状之日起 10 日以内没有交纳完毕的,便实施扣押。日本的扣押程序按照财产种类的不同,分为对动产、有价证券的扣押程序,对债权的扣押程序,对不动产的扣押程序以及对无形财产的扣押程序。扣押的财产原则上要通过招标或拍卖等方式进行公开出售,有时也根据随意契约予以出售。必须注意的是,这里同样适用比例原则等有关行政的基本原理,禁止超过必要限度的及无益的财产扣押。应注意的是,这里同样适用比例原则等有关行政的基本原理,禁止超过必要限度的及无益的财产扣押。

日本除了根据《国税征收法》实施强制执行外,有时还根据《民事执行法》进行强制执行。为调整二者的关系,日本制定了《关于滞纳处分和强制执行等程序调整的法律》。

刘剑文教授媒体访谈报道情况简表*
（2009年至2014年1月）

	领域		采访媒体	采访时间	访谈报道标题
1	财税改革与财税法治	十八届三中全会精神解读	小康	2013.12.6	政府限权 一场正在进行的改革
2			中国青年报	2013.12.3	专家热议"财政是国家治理基础"
3			法制日报	2013.11.30	十八个税种仅三个由人大立法 专家建议税收立法权收归全国人大
4			工人日报	2013.11.30	学者建议税收立法权逐步收归全国人大
5			今日早报	2013.11.28	房产税推出将是一个渐进过程 立法是其最后形式
6			新华社	2013.11.27	财税改革强调"完善立法" 法治成重要任务

* 为方便读者查阅相关资料，本表将访谈根据其内容分为六大领域，每大领域中又细分为若干专题，专题内部按照时间由正及远顺序排列。

（续表）

	领域	采访媒体	采访时间	访谈报道标题
7		南方都市报	2013.11.27	房地产税立法必须直面小产权房问题
8		经济参考报	2013.11.26	推进财税法治巩固国家治理基础
9		光明日报	2013.11.26	财税改革，改变了什么？
10		新华社	2013.11.25	跨年度预算平衡机制有助于解决年底突击花钱问题
11		人民网	2013.11.25	房地产税与房产税含义迥异 有望立法先行
12		新华社	2013.11.24	财税改革释放新动力——专家评说财税体制改革新看点
13		华夏时报	2013.11.24	财税改革要聚焦于"事" 许善达建议消费税转为地方税
14		中国房地产报	2013.11.21	征房产税需政府百姓良性互动
15	十八届三中全会精神解读	法治周末	2013.11.20	房地产税立法要找准目标
16		法治周末	2013.11.20	专家建议尽快修订房产税条例 已暂行27年
17		光明日报	2013.11.19	加快房地产税立法传递啥信号？
18		中国经济周刊	2013.11.19	专家解读全会公报：推动发展成果惠及全体人民
19		中国青年报	2013.11.19	房产税立法与税改寻求最大公约数
20		证券时报	2013.11.18	未来7种与税收有关立法需调整
21	财税改革与财税法治	长江商报	2013.11.17	专家观点：房产税立法跟行"税收法定"
22		大公报	2013.11.17	首提"加快房产税立法体现中央和地方"两个积极性"
23		新华社	2013.11.16	财税改革力促中央和地方"两个积极性"
24		新京报	2013.11.16	首提房地产税立法体现"税收法定"原则
25		东方早报	2013.11.15	媒体解读财税体制改革：应给予地方更多自主权
26		新华社	2013.11.14	财税体制改革须"法治先行"：明确央地的事权是重中之重
27		经济参考报	2013.11.14	法治化 透明化 专业化——发达国家打造现代化财税体系的做法

(续表)

	领域	采访媒体	采访时间	访谈报道标题
28	十八届三中全会精神解读	每日经济新闻	2013.11.14	中国税收制度大都是暂行办法:18种税只有3部法
29		新华网	2013.11.13	聚焦公报:深化改革新指向
30		京华时报	2013.11.13	财税改革强调"花钱责任"
31		每日经济新闻	2013.11.13	确定财税改革方向 事权和支出责任格相适应
32		每日经济新闻	2013.11.13	全面深化改革 2020年取得决定性成
33		新京报	2013.11.13	三中全会重点提出改革税制 建立现代财政制度
34		经济参考	2013.11.13	十八届三中全会:完善税制 建立现代财政制度
35		北京商报	2013.11.13	三中全会改革词
36	财税改革与财税法治建设	民主与法制时报	2014.1.13	财税法是"理财治国安邦之法"
37		财会信报	2014.1.13	2014年财税立法修法步伐如何迈出?
38		中国青年报	2013.12.26	房产税立法能否成为落实税收法定的突破口
39		法制晚报	2013.12.9	18税种仪3个通过人大立法
40		新京报	2013.11.8	财税改革要理顺事权与财权
41		光明日报	2013.11.7	财税改革应与税收立法同步
42		经济日报	2013.11.6	三专家解读增值税等税收改革
43		法制日报	2013.11.6	全国人大收回税收立法权释放明确信号
44		深圳特区报	2013.10.25	"税收调控"不能代替财税改革
45		第一财经日报	2013.10.17	财税法治:新一轮改革的"牛鼻子"
46		中国经营报	2013.9.25	设税权归人大 法治化加速财税体制改革进程
47		21世纪经济报道	2013.9.2	深化财税体制改革的重点领域突破口
48		中国税务报	2013.4.17	走向财税法治,用公平正义放飞中国梦

(续表)

领域		采访媒体	采访时间	访谈报道标题
财税改革与财税法治	财税法治建设	中国税务报	2012.12.29	税法应该是兼顾国家与纳税人的"利益协调法"
		法制日报	2012.11.2	税收法治成为构建法治社会突破口
		中国税务报	2012.5.16	落实结构性减税需要财税理念的转变
		中国财经报	2012.2.14	2012：税制改革走向哪里
		中国税务报	2011.12.30	2011年，税收牵动百姓心
		南方周末	2011.9.8	趣解收税十一年 收税前，听丈母娘的声音
		财会信报	2011.8.29	专家呼吁加强国地税合作 进一步完善分税制
		中国税务报	2011.8.17	加快立法步伐 营造和谐税收
		光明日报	2011.2.28	树立税收立法的榜样
		财会信报	2010.11.29	提升税收立法层次 转变税收征管机制
		民主与法制时报	2010.11.15	车船税讨论激烈 依法治税或可实现？
		新华每日电讯	2010.11.1	立法"激辩"的背后：透视车船税草案论争
		光明日报	2010.10.26	车船税的加减法
		新华网	2010.10.25	中国立法调整车船税强化节能减排
		财会信报	2010.8.30	车船税法草案引质疑 全国人大推迟审议
		中国财经报	2010.2.9	2010年税制改革瞄准什么 多位财税专家建言支招
		财会信报	2010.1.18	财税改革成今年经济发展重头戏
		中国税务报	2009.2.4	中德两国面临共同的税法问题
		中国财经报	2009.2.3	专家学者眼中的2009

(续表)

	领域		采访媒体	采访时间	访谈报道标题
68	财税改革与财税法治		京华时报	2013.7.4	人大回复税收立法权回归议案
69			第一财经日报	2013.7.3	人大回复税收立法权回归:将上报人大财经委
70			经济参考报	2013.3.27	税收立法权如何回归全国人大
71			中国经营报	2013.3.25	财税改革起步 增值税有望进入立法程序
72			财会信报	2013.3.18	两会好声音:"建议全国人大收回税收立法权"
73		设税权回归全国人大提案	中国经营报	2013.3.16	"最应规范的政府权力就是征税权"
74			华夏时报	2013.3.16	两会上的收税权之争
75			财新网	2013.3.15	北大教授刘剑文:废止税收立法授权条件成熟
76			新世纪	2013.3.15	税收立法权问题溯源
77			中国经营报	2013.3.11	人大代表呼"设税权"收归人大
78			第一财经日报	2013.3.11	人大收回税收立法权还无时间表
79			晶报	2013.3.10	财税体制改革 是新一轮改革的"牛鼻子"
80			中国经营报	2013.3.9	32名人大代表建议设税权收归人大
81			中国经营报	2013.2.23	国务院"设税授权"废止动议
82		纳税人权利保护	法制日报	2010.4.8	有关专家建议明确纳税人权诚信推定权
83			财会信报	2010.4.5	思想的碰撞:宣传纳税人权利是一种自信
84			上海金融报	2010.2.12	"两会"将聚焦哪些民生热点?

(续表)

	领域	采访媒体	采访时间	访谈报道标题
85	"三公"经费	红网	2014.1.8	"三公"经费的"余钱"需要花得明白
86		每日经济新闻	2014.1.7	多地压缩"三公"经费 超预期余钱补贴民生
87		新京报	2013.12.14	专家：行政"三公"经费有很大节省空间 压缩是必然
88		新京报	2013.8.9	7省份标准年内公布三公经费 部分省份称先研究其他省份
89		第一财经日报	2013.7.23	"三公"真假账：5万元公务接待 工信部称接待200批客人
90		南方报业集团	2013.7.21	多部门住房公积金超标超预算 工信部超出8000余万
91		新华每日电讯	2013.7.19	中央部门被指"晒三公"，有何新变化
92		新华每日电讯	2013.7.19	哪些部委最节约？哪些单位花"冒"了？
93		新华每日电讯	2013.7.19	决算明细账百姓看什么——五问中央部门决算公开
94		人民日报海外版	2013.7.19	中央压"三公"省了5亿5
95	预算法	深圳特区报	2013.5.25	中央部门去年公车费用40亿
96		新京报	2013.4.19	接待标准还需细化 最好精确到人
97		人民日报	2013.4.19	92家中央部门晒三公细账 行政经费首公开
98		京华时报	2013.4.19	部门预算同晒
99		东方早报	2013.4.1	中央部门去年"三公经费"超支
100		法制晚报	2013.3.6	"三公"防变通 花费算细账
101		法制日报	2013.2.4	从预算报告看政府吃喝
102		法制日报	2012.8.1	公款吃喝年耗上千亿 专家建议加快预算科目设置改革
103		人民日报	2012.8.18	"三公"公开 尚有四大期待 提高财政透明度
104		人民代表报		公开"三公"经费 规范"三公"支出
105		政府采购信息报	2012.7.25	力推集中采购

(续表)

	领域	采访媒体	采访时间	访谈报道标题
106	"三公"经费	新华每日电讯	2012.7.20	"三公经费"公开面面观:账要看细更要看得明白
107		21世纪经济报道	2012.7.20	数字看不透
108		经济参考报	2011.8.11	"三公"经费如何接受百姓监督?
109		工人日报	2011.8.8	晒"三公"让百姓读懂很重要
110		新华每日电讯	2011.8.8	"三公"经费问题不在花多少,要看绩效
111		新华每日电讯	2011.8.2	重要的一步 热切的期待
112		中国经营报	2011.7.25	三公示缘何姗姗来迟 预算法修改须加速推进
113		中国经济时报	2011.7.8	中国工程院独一家公开决算
114		中国改革报	2011.7.6	我国公开"三公"经费已开始起步
115		新华每日电讯	2011.7.5	中央单位"三公"经费首次公开
116		人民日报	2011.7.5	去年"三公"支出94.7亿元
117		新华每日电讯	2011.5.6	亮细账晒"三公",公众才能看明白
118	预算公开	法制日报	2013.7.22	声音·法治
119		京华时报	2013.7.19	专家谈预决算公开问题:细节缺失 无法判断合理性
120		京华时报	2013.7.19	76中央部门公车39604辆 69部门支出162亿
121		新京报	2013.4.19	"预算公开是将权力关进制度的笼子"
122		华夏时报	2012.3.19	反对票走高 增加财政透明度呼声再起
123		民主与法制时报	2012.3.19	438票背后的声音
124		新华每日电讯	2011.5.22	88个中央部门已公开2011年部门预算
125		新华每日电讯	2011.3.7	代表热议晒"账单",望"账单"晒得更透
126		法制日报	2010.3.6	预算报告五大法治看点

(续表)

	领域	采访媒体	采访时间	访谈报道标题
127	预算公开	法制日报	2009.3.7	普通百姓关心政府预算报告 想知道钱用在哪儿了
128		第一财经日报	2009.3.2	地方两会频现"争议开支" 专家呼吁加快预算法修改
129		中国新闻周刊	2013.9.2	《预算法》修订再受阻 或等三中全会定调
130		华夏时报	2013.8.31	预算法争议太大修订进退维谷
131		人民日报	2013.8.21	关注人大预算监督:谁来看好政府的钱袋子
132		光明日报	2013.6.4	财税改革如何发力
133	《预算法》修订	财经	2013.4.22	预算法修改延期背后:人大和公众权力约束逐渐上升
134		华夏时报	2012.9.3	预算法修订博弈继续
135		中国商报	2012.8.14	《预算法》修改仍有待改进之处
136		检察日报	2012.8.13	人大可提前介入预算编制
137		华夏时报	2012.8.9	《预算法》修改"专家版"上报
138		财经信报	2012.7.30	拷问预算法修订:"管好纳税人的钱袋子准说了算?"
139	预算法	华夏时报	2012.7.30	"预算外收支不再遁法外"
140		第一财经日报	2012.7.27	预算法修订应赋予全国人大更多核心权力
141		民主与法制时报	2012.7.9	预算"紧箍咒":松紧博弈
142		光明日报	2012.6.28	强化监督 预决算公开拟入法,以便社会监督
143		新华每日电讯	2012.6.27	加强对10万多亿元公共财政的监管
144		新华每日电讯	2012.6.27	预算法修正案二审 重申地方不得自行发债
145		第一财经日报	2012.6.27	北大法学教授刘剑文:财政部分未来可考虑退税
146		上海证券报	2012.3.13	
147		法制日报	2011.12.10	预算法修改,构架公共治理新体系

(续表)

	领域	采访媒体	采访时间	访谈报道标题
148	《预算法》修订	第一财经日报	2011.11.17	预算制度改革大幕再启
149		财经国家周刊	2010.11.9	预算法修正案草案征求意见 预算外资金将成历史
150		第一财经日报	2009.3.2	地方两会频现"争议开支"学者呼吁加快预算法修改
151	预算法其他	中国青年报	2013.9.15	政府部门预算支出为何常"前低后高"
152		人民日报	2012.12.12	如何全口径管好国家"钱袋子"
153		检察日报	2012.11.19	三个新提法蕴含三个新动向
154		人民日报	2011.1.11	专家学者谈治理"小金库"：健全制度 不留死角
155		法制日报	2010.3.6	预算报告五大法治看点
156		法制日报	2009.6.17	中央再下决心向小金库开刀治理难暴露执法立法软助
157		法制日报	2009.3.7	普通百姓关心政府预算报告 想知道钱用在哪儿了
158		法制日报	2009.2.19	预算法为何管不住地方政府乱花钱
159		法制日报	2009.2.5	政府注资当透明依法
160	其他财政法问题	中国工商时报	2014.1.24	"节俭令""通出年会"升级版"
161		新华网	2014.1.15	年会"升级版"初现，奢靡之风能否不再？
162		法制日报	2014.1.14	新修订《党政机关国内公务接待管理规定》内容细化具体 待顽疾效果立竿见影
163	反腐倡廉	法制日报	2013.12.28	聚焦惩治"舌尖上的腐败"：高档餐饮整治进萧条期
164		法制日报	2013.12.10	公务接待新规细致入微利于整治"软腐败"
165		中国经济时报	2013.11.27	治理公务用车 关键做到"不反弹"
166		第一财经日报	2013.11.26	中央发反浪费条例：取消一般公务用车 根治公务接
167		东方早报	2013.11.8	财税法治是反腐的治本关键

(续表)

	领域	采访媒体	采访时间	访谈报道标题
168	反腐倡廉	新京报	2013.10.30	中央制定党政机关厉行节约反对浪费条例
169		中国青年报	2013.10.22	纪委书记"签字背书"能走多远
170		新京报	2013.10.16	专家建议将会议费管理纳入预算法
171		第一财经日报	2013.8.2	中国30年阶梯式反腐路径：从除敌硕鼠到打老虎
172		瞭望新闻周刊	2013.8.17	乡镇公务接待初显节俭风 基层干部盼制度化约束
173		华夏时报	2013.10.19	专项转移支付改革"卡壳"，谁也不想放弃审批权
174		南风窗	2013.7.31	近2万亿"戴帽资金"如何改革？
175	财政转移支付法	东方早报	2013.7.11	财政转移支付可能"挂钩"常住人口
176		经济参考报	2013.7.5	2万亿财政专项支付资金遇阻 相关部委不放审批权
177		光明日报	2013.7.4	严管"项目资金"：把利益关进"笼子"
178		经济参考报	2013.6.3	国务院取消和下放117项行政审批项目
179		中国青年报	2013.5.16	超7亿专项转移支付呼唤制度规范
180		财经	2013.5.20	财政补贴寻租链
181	地方债	每日经济新闻	2013.12.31	地方债半年增13%，近200个县债务率逾100%
182		中国新闻网	2013.12.31	中国地方债规模低于预期 专家称不能掉以轻心
183		东方早报	2013.10.23	地方市政债试点扩围声起
184		半月谈	2013.8.6	"击鼓传花"地方债：走后哪管债台如山
185		中国网	2013.6.11	财政收入"地方进"一步好转
186		经济参考报	2013.4.16	中央财政收入年内首现负增长 同比下降5.2%
187		学习时报	2013.3.11	遏制负债冲动关键在摒弃土地财政
188		21世纪经济报道	2012.7.17	争议预算法二审稿 预算公开稍有进展

刘剑文教授媒体访谈报道情况简表 | 329

(续表)

	领域	采访媒体	采访时间	访谈报道标题
189	地方债	新华每日电讯	2012.6.27	明确地方政府不得自行发债
190		人民政协报	2011.10.25	地方债发行松绑风险管控是关键
191		新华每日电讯	2011.10.21	地方政府自主发债短期难以实现
192		证券日报	2011.10.22	地方发债试点破冰 五大问题释疑
193		第一财经日报	2009.3.10	2000亿地方债分配：中西部居多 沿海较少
194		中国社会科学院报	2009.3.26	控制债务风险，推动财政民主
195	其他财政法问题	华夏时报	2014.1.24	县财政：当一个"穷"字了得
196		证券时报	2014.1.24	去年地方政府性基金收入超4万亿
197		财经	2014.1.20	模糊的政府性基金
198		每日经济新闻	2014.1.16	地方表态财力流向：民生领域优先
199		华夏时报	2013.12.21	新机构或克隆国开行 解决城镇化资金饥渴症
200		理财周刊	2013.12.20	突击花钱何以陷入两难境地
201	财政收支法	华夏时报	2013.12.14	政府4万亿存款去留两难 年底突击花钱或不可避免
202		京华时报	2013.12.13	12月或突击花钱24933亿元
203		北京商报	2013.12.12	连续三个月保持两位数增长 今年财政收入目标有望实现
204		法制晚报	2013.11.21	政府收费 花在哪了要说清
205		北京商报	2013.11.14	财政向民生工程倾斜 烹任协会两度申请餐饮业免征
206		新华社	2013.9.17	价格调节基金存废之争：花在哪人快速回升通道
207		京华时报	2012.12.5	财政部专家回应年底突击花3万亿消息
208		上海证券报	2012.5.24	财政向民生工程倾斜 新医改、保障房等将受惠
209		北京商报	2012.5.15	北京居民收入增幅超财政5倍 产业结构调整显效
210		新华每日电讯	2011.11.9	今年我国财政收入将创历史新高 结构性减税有待进一步推进

(续表)

领域		采访媒体	采访时间	访谈报道标题
税收实体法		北京商报	2014.1.21	房产税立法有望年内提请审议
		经济参考报	2014.1.21	加快房地产税立法
		新华社	2014.1.10	2014年:房产税改革立法"先行"
		中房网	2014.1.8	房产税试点似乎并不成功
		新华社	2014.1.3	房产税立法通道 公平成最大考验
		天和网	2013.12.25	房产税立法先行 逐步扩围依法增加试点城市
		财经	2013.12.16	土地增值税复杂 税制设计复杂 地方无征收动力
		华夏时报	2013.12.5	房产税试点3年不成功 土地出让金或并入
		人民日报	2013.11.27	国税总局相关负责人表示:"房企欠税"存误读
	房地产税	中国经济网	2013.11.26	税务总局:房企欠税爆料人驳任志强:说我错拿出证据
		京华时报	2013.11.26	土地增值税"欠缴"打了谁的脸
		经济参考报	2013.11.26	舆论聚焦另有原因
		京华时报	2013.11.24	税总:无房产税还需政策配
		新京报	2013.11.8	开征房产税试点扩大消息
		新京报	2013.8.29	两部委齐提议扩大房产税试点范围
		中国证券报	2013.7.17	推进不动产税制改革 加大对房产财产征税力度
		中国新闻网	2013.6.26	房产税只闻其声不见其影 五大要素成其争论热点
		新浪网	2013.6.21	房产税开征箭在弦上 淡看房政府"税"富人
		新京报	2013.6.20	北京财政局对外表示:尚未上报房产税试点方案
		新华每日电讯	2013.5.30	针对存量房改革,谁将人围"新试点"?房产税改革还是增量房?

| 211 |
| 212 |
| 213 |
| 214 |
| 215 |
| 216 |
| 217 |
| 218 |
| 219 |
| 220 |
| 221 |
| 222 |
| 223 |
| 224 |
| 225 |
| 226 |
| 227 |
| 228 |
| 229 |
| 230 |

(续表)

领域		采访媒体	采访时间	访谈报道标题
税收实体法		法制日报	2013.5.28	声音·法治
231		中国经济时报	2013.5.27	新一轮房产税改革 三四线城市或更主动
232		中国经营报	2013.5.27	房产税试点扩容时间表已明确 存量增量无定论
233		京华时报	2013.5.21	房产税试点有望新增数城市
234		光明日报	2013.4.27	房产税:普遍征收难在哪?
235		第一财经日报	2013.3.4	二手房"税震"或致市场速冻
236		北京晚报	2013.2.21	楼市调控还有哪些储备政策
237		财会信报	2012.2.13	专家:房产税扩征成定局 怎样扩容关键看今年
238		北京商报	2012.2.6	房产税扩征条件尚未具备 实施一年效果低于预期
239		新华每日电讯	2011.3.3	解析房产税六大疑问——代表委员热议房产税改革
240		人民日报	2011.1.29	房产税增加持房成本 引导住房消费趋于理性
241		新华每日电讯	2011.1.28	遏高房价不能寄望房产税
242		证券日报	2011.1.27	用"税"改变房地产生态 "一剑封喉"
243		新华每日电讯	2011.1.23	房产税引而不发,我们真的准备好了吗?
244	遗产税	天和网	2014.1.8	遗产税开征传闻四起 有人欢喜有人愁
245		21世纪经济报道	2013.11.23	遗产税开征压力增大 对财政增收影响有限
246		中国新闻网	2013.11.23	专家建议5年后开征遗产税 起征点应在500万元以上
247		每日经济新闻	2013.11.12	遗产税,开征的路还有多长
248		中国青年报	2013.10.15	开征遗产税对年轻人意味着什么
249		京华时报	2013.10.9	专家称遗产税起征点80万不实际 应500万元起征
250		财会信报	2013.7.2	遗产税短期内无法开征

(续表)

	领域		采访媒体	采访时间	访谈报道标题
252		遗产税	新华网	2013.3.5	"市场的声音"之：两会内外七大"税"问
253			法制日报	2013.3.4	专家热议遗产税：称不必担心富人转移财产
254		中国（上海）自贸区	天和网	2013.10.24	上海自贸区成为财税体制改革的新窗口
255			第一财经日报	2013.10.25	上海自贸区进口税收优惠政策落地 改革重点非税收优惠
256			京华时报	2013.9.30	财政部：自贸区按15%征税不成熟
257		个人所得税	第一财经日报	2013.3.4	李书福宗庆后等三老总献策个税改革
258			东方早报	2011.8.17	各方齐评国税总局"将错就错"
259			新华每日电讯	2011.6.28	个税3000元起征点为何维持不变
260			上海证券报	2011.6.27	个税修正草案今起二审 工薪阶层减税力度再加大
261	税收实体法		财会信报	2011.6.20	国税总局颁发新规章立法模式 打补丁式的税收立法应再持续
262			新华每日电讯	2011.6.16	近半意见要求修改个税起征点
263			中国青年报	2011.6.2	现行个税调节收入分配功能被夸大了
264			新华每日电讯	2011.6.1	23万条意见里的百姓视角
265			中国证券报	2011.6.1	个税调整需突破税制结构改革难点
266			光明日报	2011.5.18	个税起征点，能再提高吗？
267			法制日报	2011.5.18	提至5000元最应数据支撑
268			人民日报	2011.5.18	尽快推行个税起征点调整改革
269			中国税务报	2011.4.27	个体工商户个税负最多降近6成
270			法制日报	2011.4.23	专家认为个税起征点调整目的明确 可以减轻中低收入者税负担

(续表)

	领域	采访媒体	采访时间	访谈报道标题
271	个人所得税	新华每日电讯	2011.4.21	三问"新个税"
272		第一财经日报	2011.4.21	个税减负:月应税收入1.9万成临界点
273		第一财经日报	2011.3.3	免征额再提高 个税改革仍待深入
274		法制日报	2009.10.15	陈发树们巨额套现应否缴税专家建议尽快明确相关规定
275		法制日报	2009.9.24	单位发放福利是否应扣缴个税
276		人民法院报	2009.6.21	受赠房屋个税新政解读
277		法制日报	2009.2.10	最大问题不是修订法律而是加强征管
278	月饼税与加名税	中国商报	2011.9.6	"月饼税"引热议 福利到底该不该缴税
279		新京报	2011.9.6	加名税免征尚存六大疑问 为何加名税各易减税难
280		新华每日电讯	2011.9.2	"房产证加名税"有定论,夫妻同免征!
281		人民日报	2011.9.1	民生三问:月饼加名税,是不是伪命题
282	资源税	法制日报	2012.8.13	再生资源回收利用行业很受伤
283		财会信报	2012.4.16	资源税扩围 矿泉水也将纳入征收范围
284		中华工商时报	2011.10.14	煤炭资源税提高或影响下游产品
285		第一财经日报	2011.7.19	资源税改革试点或扩大到煤炭
286		法制日报	2009.8.12	"暴利税"不清不楚资源税改革
287		经济参考报	2009.6.18	当前是推出资源税改革的好时机
288	增值税	北京商报	2014.1.24	生活服务及通信业年内营改增 整体税负有升有降
289		财会信报	2014.1.20	一般纳税人小规模纳税人并存受质疑
290		北京商报	2013.12.13	铁路运输和邮政业"营改增"敲定11%税率
291		中国经营报	2013.11.11	"营改增"百日试点:部分企业税负上升 立法完善成期

（续表）

	领域	采访媒体	采访时间	访谈报道标题
292	增值税	北京商报	2011.10.28	谁将受益增值税改革
293		财会信报	2010.3.1	2010：增值税立法如何作为？
294		中国税务报	2010.1.27	破解增值税立法四大难点
295		财会信报	2013.9.2	增值税法草案正在起草中 企业套利空间将压缩
296		南方都市报	2013.9.1	中国首签税收多边协议
297	国际税收	中国税务报	2013.5.22	中国加入国际反避税行列
298		中国税务报	2011.12.21	研究国际税收问题需要有大视野
299		国际在线	2013.8.28	变"我向世界靠拢"为"我与世界彼此靠拢" 专家称一举两得
300		中国税务报	2009.7.15	中国加入多边反避税避税联盟博弈愈发激烈
301		法制日报	2009.6.29	围绕转让定价，多方利益博弈愈发激烈
302		中国税务报	2009.4.8	利用避税地交易避税难遏制
303	其他	新华每日电讯	2014.1.22	完善税收协定 塑造健康合理国际税收秩序
304		证券日报	2011.10.22	夫妻房产变更免税 假结婚避税谨防"鸡飞蛋打"
305		上海金融报	2011.7.1	7大新规本月实施 基金3规则最具看点
306		经济观点报	2010.1.7	网店征税"不该""急吼吼"
307		新华网	2010.1.1	管理层新年送大礼 大小非转让统一征税
308		法治周末	2010.10.27	透视限售股转让征税新规四大信号
309		中国新闻周刊	2010.2.8	影著协理事长未表态：大部分网吧都有盗版
310		解放日报	2009.8.15	既得利益格局阻碍 物业税高悬7年难产之谜
311		上海金融日报	2009.7.31	提供法治支持 推动金融建设迈向新征程
312		检察日报	2009.9.16	上海金融法治建设迈向新征程 让市场主体平等竞争

刘剑文教授媒体访谈报道情况简表 | 335

（续表）

	领域	采访媒体	采访时间	访谈报道标题
313	《税收征管法》修改	经济参考报	2013.11.3	新税收征管法"难产"五年后有望出台可期
314		财经	2013.7.15	税收征管法修改偏废
315		法制日报	2013.7.18	税款滞纳金上不封顶 与行政强制法冲突应尽快修改
316		经济参考报	2013.7.17	建立国家与纳税人的和谐关系
317		法制日报	2013.7.16	为什么税务争议鲜无几
318		财会信报	2013.7.15	专家揭秘"双重前置"让纳税人望而却步
319		南方都市报	2013.7.8	税收征管法修订：纳税人权益保护引热议
320		工人日报	2013.7.6	税收征管法修订被指加大行政征税权
321		华夏时报	2013.7.6	把征税权关进制度的笼子里
322		法制日报	2013.7.1	税务官司零诉讼尴尬
323		财新网	2013.7.1	税务行政案件仅占"民告官"案1%
324		京华时报	2013.7.1	税收征管法修订 部门立法色彩仍浓
325		财新网	2013.6.26	专家建议税收征管法修订 税收争议应先复议后缴税
326		21世纪经济报道	2013.6.20	税收征管法修订 私权保护存缺失
327		中国商报	2013.6.18	税收征管法征求意见 涉税信息共享机制博弈空间大
328		财会信报	2013.6.10	时隔12年税收征管法将再修 个人"面对面"征税方式是否渐近
329		华夏时报	2013.6.7	《税收征管法》"小修" 加强自然人财产信息共享
330		中国经营报	2013.5.25	《税收征管法》修订绕行个人财产信息共享
331		财会信报	2013.2.4	税收增速创三年最低 税收征管该如何改革？
332		财会信报	2012.12.24	税收征管法修订遇涉税信息共享难题

（续表）

	领域	采访媒体	采访时间	访谈报道标题
333	《税收征管法》修改	中国经营报	2012.12.15	《税收征管法》修订受阻"涉税信息共享"
334		财会信报	2012.12.13	地方税征收"过头税"专家称征管法已到必改时刻
335		中国税务报	2012.12.3	刘剑文：应加快税收征管法修订步伐
336		法制日报	2013.12.5	骗税高发暴露当前税收立法粗疏
337		新京报	2013.12.18	空姐代购案重审判3年
338		中国新闻网	2013.12.12	追缴"熟脸"欠税不应止于公布黑名单
339		法制日报	2013.12.5	骗税高发暴露当前税收立法粗疏
340		财新网	2013.8.26	全国人大常委会将"卡马乔逃税"问题
341		央视网	2013.8.20	北京地税正核实"卡马乔逃税"问题
342		财会信报	2012.7.23	税总"驯化"税务行政裁量权
343	税收执法	工人日报	2011.9.4	6000万人免税只是百姓税负的开始
344		法制日报	2011.7.15	中国最大橡胶防老剂企业圣奥涉嫌"偷逃税款"的背后
345		中国税务报	2011.5.20	始于纳税人需求 基于纳税人满意 终于纳税人遵从
346		中国税务报	2010.8.25	增值税专用发票犯罪死刑拟取消
347		法制日报	2009.4.21	诸多偷税企业命运逆转
348		中国税务报	2009.4.17	刑法修订引关注 宽严相济成现实
349		中国税务报	2009.3.27	《刑法》"逃避缴纳税款"法律责任界定很明确
350		中国税务报	2009.3.2	《刑法》："逃避缴纳税款"取代"偷税"
351		时代周报	2009.11.12	长城系"老鼠仓"深入调查

(续表)

领域		采访媒体	采访时间	访谈报道标题
其他	其他	华夏时报	2014.1.22	新土改"谋定后动" 土地承包权可抵押融资
		北京商报	2014.1.17	政府工作报告解读 市场化改革:为经济转型注动力
		南方都市报	2014.1.12	不动产登记将统一推进 专家称别对房价影响期待太高
		法制日报	2013.12.17	财税法是整治环境污染重要着力点
		经济日报	2013.12.15	"霸王条款"该如何治理
		经济日周末	2013.12.12	专家:公共交通调价必须兼顾效率和公平
		法治时报	2013.12.11	民间智库要做改革的"轮子"
		华夏时报	2013.11.9	《土地管理法》修改再延
		华夏时报	2013.10.12	资产评估终结多头管理 草案二审稿调强放权协会
		检察日报	2013.9.20	"以房养老"如何与现有法规对接 专家:应进行责任区分
		京华时报	2013.9.7	民间投资政策部分细则难落实

352	353	354	355	356	357	358	359	360	361	362

编后记

行笔至此,本书就要告一段落了。相信读者朋友看到这里时,对于财税法也已经有了不一样的认识:财税法是中国重要的"民生法",关涉每个人的生老病死、衣食住行;财税法是"钱袋子的法律",是规范政府收支行为的法律;财税法是"公共财产法",通过规范公共财产的获取、分配和管理全过程来实现良法善治;财税法还是"纳税人权利保护法",是"收入公平分配法",是"利益衡平法"。

其实,本书也正是希望通过具体可感的财税事件,为读者打开一扇认识财税法的新窗口,使人们摆脱"财税法就是归于进行宏观调控的经济法""财税法是政府的事,和普通人无关"等思维误区,开始从国家治理的高度来理解财税法、走进财税法、甚至是"爱上"财税法。

本书由北京大学财经法研究中心研究人员陈立诚负责整理、编辑。全书共分为六个单元,每个单元均由编者单独命名,根据主题收录相关的访谈、报道、评论,并配备了"导读"和附录阅读材料。为了补充说明文章中的相关内容,或展现法律法规最新修改变动情况,还添加了"编者注"等内容。需要专门说明的是,对于一些多人访谈,为了照顾内容的完整性,本书保留了其他访谈对象的观点。在此,谨向有关专家、学者们真诚致谢!此外,编者还对部分访谈作了文字上的修饰和适当增删,在此一并说明。

最后,感谢为本书的出版提供大力支持的北京大学出版社及王晶编辑。还要对长期支持我国财税法治建设的各家新闻媒体和记者朋友们表示衷心的感谢!媒体是沟通政府、学者与民众的一座桥梁,也希望你们今后能够继续向社会发出财税"好声音",传递法治正能量!

北京大学财经法研究中心
2014 年春节